万载县历史文献资料汇编

罗艳春 编著

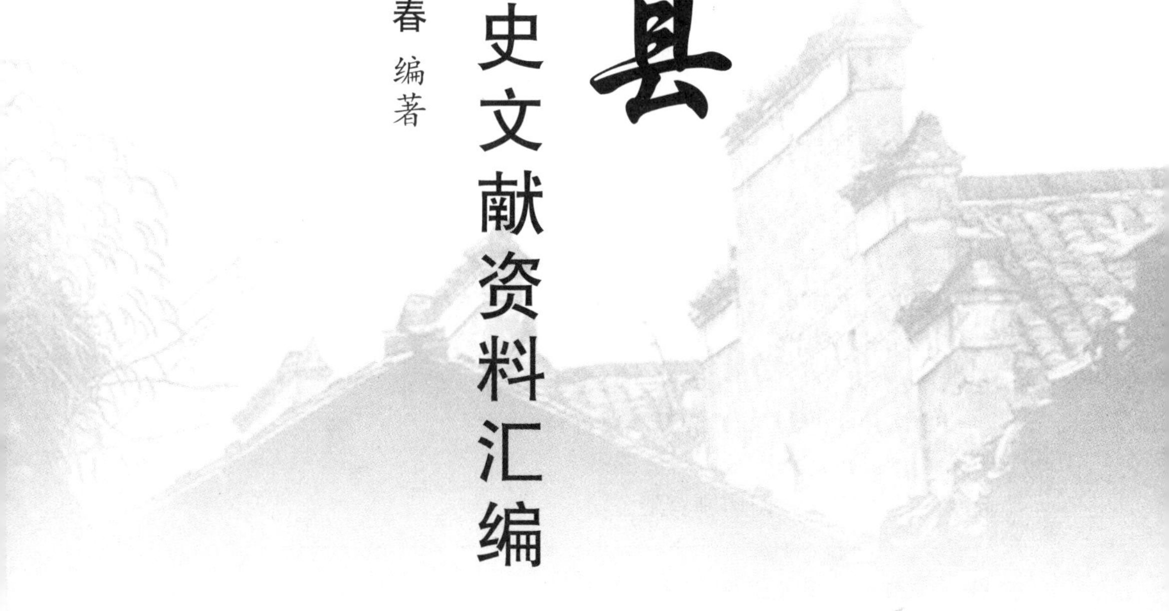

天津社会科学院出版社

图书在版编目（CIP）数据

万载县历史文献资料汇编 / 罗艳春编著. -- 天津 : 天津社会科学院出版社, 2017.12
ISBN 978-7-5563-0432-5

Ⅰ. ①万… Ⅱ. ①罗… Ⅲ. ①万载县－地方史 Ⅳ. ① K295.64

中国版本图书馆 CIP 数据核字(2017)第 311557 号

出版发行： 天津社会科学院出版社
出 版 人： 钟会兵
地　　址： 天津市南开区迎水道 7 号
邮　　编： 300191
电话/传真：（022）23360165（总编室）
（022）23075303（发行科）
网　　址： www.tass-tj.org.cn
印　　刷： 天津午阳印刷有限公司

开　　本： 787×1092 毫米 1/16
印　　张： 19.5
字　　数： 316 千字
版　　次： 2017 年 12 月第 1 版　　2017 年 12 月第 1 次印刷
定　　价： 68.00 元

目　录

族谱资料

东　都

一图　安仁坊、建城坊

一甲　王兴

宗族组织概况：

与二图四甲王宝，西都二图三甲王胜孙，二都四图十甲王泰，八都三图二甲王世昌、六甲王永兴同大祠

族谱摘录：

六房祠堂图说并赞

王之在万，自华公始。元初建祠于县城后街福寿坊王家桥头，以享祀之。粤稽祠基据通谱所载，前至门外球场下大路，后至杨姓石墙，左至介我基土，右至徐家巷，直出官街直十六丈三尺，横六丈四尺。至明季甲申兵燹，殃被回禄，可怜焦土。于清乾隆三十四年，前贤南星公及协同六房诸公倡建，中为享

堂，堂东西为序为房，堂之下为庭，有亭焉。左右为庑，前为槽门，又前为大门。堂之上为神寝，正中安奉始祖主位于其中，长幼房祖次之，各房迁居之祖又次之，并附左右配食神位。两旁壁外分奉左右祔食神位。寝之后有倒厅以为栖息，两侧有耳房以藏祭器。右后旁有庖舍以司鼎鼐，上有仓以备储蓄。右侧环祠为店，以资屏障。堂构巍峨，规模丕焕，迄今二百余年矣。观其图虽仍壮丽，究其实则不无朽腐之处。古云：小易为功。俟大难为力。但愿诸君子乘时而修葺之，庶先灵可以永慰焉。遐不敏，因其图而详其说。且赞之曰：……

二十五世孙思遐谨撰

笔架山三房祠制

祠堂规制，上为神寝，正中为龛，安奉三房房祖考妣，及左昭右穆配享。两旁壁外分奉左右祔享。寝之下为堂，堂左右为房。堂下为庭，有亭焉。亭左右为廊，前为槽门，又前大门。槽门左附以账房，右附以仓房。左侧绕有横屋，并祠外店房，祠后环有店房。

祠基

祠基创自前清乾隆十一年，价买龙国信国选兄弟明德坊房屋一所，价银四百零三两。同年即建祠宇，后连本祠店房至官街，前连门外球场至笔架山水圳，左连本祠店房至河堪，右至下梨花椿巷。其形胜，鹅峰前拱，龙山后张，远则雁塔挺峙，笔架回澜，山川钟灵之秀，前清朱宪曾以我王氏俎豆馨香，人文蔚起，宜与笔架文峰并垂悠远以记之。

二十五世孙思遐谨述

幼房祠制

祠堂规制，中为堂，堂左右为房，堂之下为庭，有亭焉。亭左右为廊为房，以藏祭器。前为槽门，左右为房。又前为大门，堂之后为神寝。正中一龛安奉房祖及各迁居之祖，并左右配享。两旁壁外分奉左右祔食。左侧才有横屋，上为止公祠，中为庖舍，下为仓房。

契据节载

祠基创于清道光十七年，价买介我二公后裔开运、舒元、财成等福寿坊王家桥头六房左侧房屋相连数栋，东至杨姓墙直上直下，西至六房祠墙直上直下。南至杨姓田、六房祠田，北至杨姓墙横过为界。价钱五百九十六千文。本年即经始缔造。此本祠所由始也。

二十五世孙思遐谨述

贤三公祠记

闻之先贤有言曰：君子治宫室，必先祖庙。盖以祖庙之设，上足以妥先灵，下足以联族谊，诚一举而两善备焉。吾族王氏自华公而庆衍六房，合建祠宇于福寿坊，以享祀之，即合之所谓大祠也。未几我绪公续建祠宇于大宗之旁，志源公续祠于高城，达道公续祠于李家园，各祖其祖，各祀其祀。岁享时荐，神人欢合，诚甚盛也。而我贤三公位居华公绪公之下，志源达道二公之上，是我李家园高城两房之房祖也，而独无专祠以祀之，可乎哉？吾族采伯文波晓村诸前辈有见及此，前清光绪末季适宋氏有明德坊之屋出售，遂以钱 百 千文购之，以为崇祀我祖之所，实合明德惟馨之典，善莫大焉。越数年，就此旧址焕乎维新，鸠工庀材，创兴盛举。前为大门，次为槽门，中为官厅，上为寝堂，左右翼以回廊。前旁以为仓厨，规模大备，气象昂然。无何工未竣而资先乏，遂致中道而止。迄今虽寝堂焕然，所余一切装修尚付阙如，殊不足以壮观瞻。噫嘻，箴辞有云：成立不易。诚哉其不易也。……

二十五世孙思遐敬志

本支祠堂图说

宗分大宗小宗，祠有大祠支祠，不独王氏为然矣。我李家园乾隆十有一年合南田高城建三房祠于学宫前笔架州侧。迨乾隆三十二年合西门后街万家陇复健六房祠于邑之王家桥头，崇祀兰溪公牌位，以各房迁居祖配之血食之，隆于今为烈。而支祠则创于十三世祖鹏公，迄国朝顺治间殃遭祝融，仅焦土比及。

雍正乙巳岁，合族庀材复建。厥后风雨飘摇，榱题倾坏，且规制卑隘，终不足以歆妥侑。嘉庆二年撤迁旧模，鼎新栋宇，而寝庙焕乎一新矣。此固祖考之遗泽流衍，其所以欢欣鼓舞，前后兴作者，非偶然也。后之人披图想像，嗣而葺之，庶先灵可以永慰焉。赞曰：……

二十二世孙秉芝谨撰

禾埠三公祠堂记

我房祖达道公开基于李家园，根深叶茂，源远流长。十传至位贤公辈，兄弟五十有四。其中怡怡相得者，以我位佩世三公为最。族先辈仰体三公孝友之雅爱，爰欲特祠以合祀之。维时适佩贤公支下有禾埠遗宅一所，众遂备价退买，安奉祖灵于其间，使三公怡怡之乐永聚于冥冥之中。虽曰规模卑狭，不足以壮观瞻而妥先灵，然不过因陋就简，以为后日改造之基础。先人之继述可谓至矣。先人之谋运可谓尽矣。迨至民季，朽坏将倾，虽稍为整造之无益也，爰欲撤其旧而新是谋，召集会议，众志佥同。斯时遐亦幸与其议。由是而鸠工，由是而庀材。图度经费，毅然改造。前为大门，次为槽门，中庭肃穆，寝堂壮丽。两旁翼以回廊，左右饶有横屋。美奂美轮，一应俱备。昔之所谓朽坏将倾者，今则焕乎维新矣。昔之所谓规模卑狭者，今则气象堂皇矣。以视吾族之三六五房各祠，似亦可以后先辉映焉。三公之先灵其妥以矣乎？前人未竟之志其竟矣乎？吾侪报本之心亦于此而安矣乎？……

廿五世孙思遐谨志

资料出处：上海图书馆藏，民国二十七年版《万载王氏宗谱》

二甲　李钦

族谱摘录：

安仁坊李大祠述

吾县风气近古，族而居者必遵家礼为祠堂，以严岁祀而洽其族。辛、彭、宋、郭且无论，如张、王、龙、刘、陈、周、唐、鲍、易、胥之属，城内外十余祠相望，而吾李独前未有。李氏自节度使陇西公就葬宜春以来，子孙岁时省觐转徙来县者无虑数十派，前明已彼此来往，屡议建而不果，盖族之不收也，久矣。陇西公之盛德而乏祀也，习以为常矣。譬之人家五世在堂为诸孙者，争私其父以逮其祖，置高曾饿而不问，于义安乎。然县境诸李以屡析而繁，贫寡特甚，综计之不抵邻邦巨族十二三。夫始之谋既差池，逮物力薄而反能同心撙节以举苟完之事，有非偶然者，此吾于县城李祠之兴不可以无述也。各支多散居乡曲，惟仁寿房旧居小北关县西锦衣坊，康熙中自高村来归，族人时从商榷焉。乾隆二十三年戊寅七月，仁寿房刻支谱于仙塘馆，一日，房长善也公过而叹曰：“谱垂竣矣，祠无由建，若之何？”方与堂弟瀛才及子侄济弼、芳春等发议，适田背房长天英先生之侄克逊至，以语之曰：“是必谋诸锦衣坊定策公、本中父子，且其侄思赞具才干，居高村，召而来必有济。”乃相与赴其家，适思赞在坐，片言投合，因涓吉合祷于城隍神，连得吉签，众皆喜，就局刊布知单。定策公、善也公、克逊、思赞会钱四千为兜夫之费（后祠众还清），将以遍质诸房之从违也。月日克逊、思赞、君弼、济弼四人北行入欧桂西乡，至衡江，房长荣及公及弟汉三置酒欵话，谓众曰：“会银取息，非计也。悬欠难收，群情易涣，不如倍其数置祠，以祀以讌，众必允乎。”皆曰然。明日，附近早禾田、高田两支来。明日，东宿银田。明日北行，宿十八渡。明日，思赞导入东乡高村，嘉玉先生欵宿于庭山书屋。明日东下往湖里，湖里为大支，领事之俊曰御宾，与思赞相得，衣冠出迎，亦欵宿书室。明日钦文等请宴于支祠，导往郭前及淳江近支。明日西南行，宿柘桑。明日午饭于麻田，克逊导而南宿怀旧乡之田背房。明日江边六甲两支来，遂东下沙潭。是行也，先后历十五支，郭前辞以贫，麻田则富有而畏为贫支所累，淳江颇持异议，众皆不强之。十二支既齐同，明日顺西行回县。越两日，荣及公命其子浚源来从。思赞、济弼西行迳缅村里，宿车上。明日抵万载乡，宿东孟山。明日宿庙背。明日届株陂桥而转宿怀旧乡之谷源。先后历五支，庙背、株陂桥尚踌躇，亦谢之。明日回县。仁寿本房之众及江东房皆自来，瀛才置酒相劳，荣及、御宾、汉三与席。间招城南周家市之支，以异议中止。月日十七支如约具费来，乃涓吉合宴于西隅锦衣坊英文公之享堂，在席五六世子孙五十余人。费既集，会安仁坊辛挺发以基宅园店来售，则固陇西公曾孙征古构宅祀先之所也，府县志显然，累朝旧业，不日成交，非祖宗在天默相之灵，何适获此。明年即宇为祠，议举高村房嘉玉先生为尊长主之，以远不就，更举定策公，固辞，弗获。是秋乡试荣陛幸获售，十一月望前一日十七支綵丝乐进主，明日荣陛代行祭先礼，岁以此日为例。既而湖里房魁南公、衡江房荣及公相继为尊长，规制渐备，虽祠宇苟完不能无待于增廓，然数十年来公私皆指为李氏之祠，知其同出于一本而敦睦有加矣。嘉庆丙辰，予度夏明觉院，衡江后学伦谓长辈在者如晨星，遂条济弼亲历之言请为记，示后以无忘，因为举予之夙闻及此祠之有合于古者并告之。夫物必相萃而后能升，吾宗累世耕读，多比户不相知，今乃能殷然合祠，以致孝享，固升之机也。荣陛偶叨一弟，沉浮下县，抱清白以归，幸不贻父兄诮胡升之足云。若夫承先祖厚泽，奋其头角，继武前使以仁孝儒术礼法自衿，以吏能政绩，明恕活人，进而希乎西平之家法，因出绪余以壮祠宇，增封树型，礼让毓才，贤继此举而光大之者，事讵有艾，虽未易遽言，抑岂可后于他姓乎？荣陛老矣，濡汗记此，于吾各宗之贤有深望焉。六月六日高村支荣陛，时年七十。

资料出处：江西省图书馆藏，民国十年版《安仁坊李氏大祠合刻田册章程及李谱提要享册序》

三甲　邓继生

族谱摘录：

邑东安仁坊邓氏祠堂记

堂以祠名，孝享地也。祖宗之灵，式凭于兹。子孙之诚，伸致于兹。故祠堂重，即其事应详。吾邓氏祠堂自前明四世祖璋、璘二公就始祖肇基处锦衣坊凤真阁后，鼎建峻宇，肇祀春秋，东西隅固悉聚族于斯矣。乃二百年来，变迁不一。启祯以后，屡经寇斥，廷屋灰烬，旧址邱墟，为问凤真阁后邓氏之堂犹是当日存焉，否乎。故宫禾黍，触绪堪悲，此予前高曾列祖目睹阽危所常痛哭而流涕者也。顾祖宗之灵原与子孙为依附，子孙去其乡矣，祖宗守故土能乎？族曾伯祖迪英公、君昭公、翊治公，仁孝士也，思欲另营广地，重建宗庙，用昭邓氏光，商予曾叔祖联卿公及伯祖佑人、及人公共其任。原有本邑同姓奇圃淑文、淑元公，亦以伊地宗祠颓废，荐享难伸，商吾东西隅合建祠宇，因敛公费约三股而均之，奇圃一，东隅一，西隅一焉。时本朝康熙三十九年，构祠基于安仁坊，计直长九丈余尺，横阔五丈。岁辛巳，即起栋宇，辉墙壁，而祠堂一新，然门径犹未扩也。门径原系店房，中二间系东隅我祖律天公业，左右皆祠管。岁甲午，因以左右二店基兑中律公二店地，乃竖前门。前门计四扇，四扇外左右遗二间，转与律公另竖店管业焉。厥后雍正甲辰，族长乔龄公又以中堂窄隘，倡族人易旧宇重新之，宏敞壮丽，今固巍然在望也。前门官街外亦係店，店逼祠门，堪舆家忌其狭踢，幸右面前店系西隅乾公业，右后及左面前后俱我先君礼仕公业。二公以祖庙重地，毁其店慨然卽基地悉助於祠，而奇圃诸公亦平股捐银，资其修砌。迄今空阔晓亮又伟然。祠门前一毬场大观焉。毬场自前街直至后街，计长八丈。自左乾公众店直墙至右公路，计横三丈余尺，永归祠管。此祠门前之基地也。祠之后亦有昔戚属胥炽昌原管基地，与吾祠后墙此连。岁乾隆壬午，正欲出售，族长宗鲁公以为屋旁之屋，地旁之地，千金难构，商族众许以成交，因计公帑所存约能指办，遂兑价二百金而买胥姓基以作寝堂地。维时右界即砌围墙五丈余尺，墙外系易姓基，其左及后皆有旧墙。左墙至巢姓土，后墙至横路前即本祠后墙。今以后墙麾去则通融一片，他日竖寝堂，起廊屋，悉恢恢有余地，此又祠之后基也。吾窃思之，祖庙之振兴，家门之昌炽，兆焉。我族自重建宗庙开扩祠基以后，士勤诗书，民安本务，家有雍穆之行，户传礼让之俗，而且芹藻文人，辟雍俊彦，悉济济夫后先辈出焉，不可谓非祖宗默鉴之有灵也。后之人登是堂而思贻谋之远，益当知创业垂统，其所以上妥先灵，下贻燕翼，诸君子六十年来拮据之艰，固未可一日忘之也。今因录谱，故撮其略以为后人示。

寝堂记

均堂也，而祠与寝异名祠者，所以骏奔走伸孝享也。寝者，义主与藏神主以妥先灵，如生人之有燕息地也。故将祭则奉其主以祀于堂，既祭则纳其主以安于寝，此诚缺一不可者。我族建祠历有年矣，而寝堂未之备，初以祠后郎胥姓宅无隙地可建，既而胥业出售。宗鲁公等将众财购就之，建寝有基矣，又以公帑告匮，故辍止主牌虚立配祔寥寥血食，不升孝思莫展致足感巳。东房鋕公錞公，西房世标公际崑公廷笏公，奇圃房皆明公等好义士相与奋然曰："祠堂原为祭设，今因宗祏设于堂中，致地窄狭周折不便，遂久旷祭典，寝堂之建讵可缓哉，即虑无财，曷不义捐建，按乐助之多寡分别配祔请享酬功乎？"于是询众众悉协，遂踊跃劝输得千计，爰诹吉日，鸠工庀材，财不妄费，身不告瘁，经始于乾隆癸丑之秋，落成于甲寅之冬，更将餘财修葺头门竖罩亭于中庭之前，而我族祠宇由是宏深肃穆壮观瞻焉。而烝尝之典，亦于是岁肇与焉。嗟夫植基不易，成事有时要必子孙之精神，克奋斯祖宗之精灵以妥，而祖宗之精灵既妥，即子孙之受庇无穷。忆自寝堂告竣以来人文蔚起秀气勃发，较前渐有喜色，非寝堂之轮奂有以妥先灵而垂默佑之休乎。然非诸公劳心劳力，又何以覩斯堂之成，则诸君子之功不可没也，爰为之记。

清道光十六年岁次丙戌孟冬月穀旦

西隅裔孙士燵原稿

资料出处：犹他家谱学会藏，民国二十九年《奇圃邓氏族谱》

四甲 张伦

族谱摘录：

清乾隆已亥重修祠堂记

古者党正族师，月吉读法，使民咸知礼教焉。近世乡校之法不行，每月朔望于家庙中，聚族之长者而议焉，事之当兴者举之，子姓有乖悖之行者斥之，则祠图者祀奉先祖之所，即所以教训子姓之地也。我族旧无祠宇，前明崇祯元年二十一世祖温五纠六支之人而建立焉。噫嘻，明至崇祯民生蹙矣，而公独奋兴此举，其所以上为祖宗，下为后裔计者至远大也。迨乾隆已亥，年久朽蠹，族长琢斋公集族众议更新之，咸愕然无应者。公随问祭会有钱若干，众应曰零星放贷，难以齐收。公曰，捐其息，宽其期，可毕敛矣。众曰，不能敷用。公曰，六房各出钱四十千，以济其事。众曰，犹未足。公毅然曰，是在得人耳。苟非其人，赀财虽多，于事无济也。苟得其人，何患寡乎。众难其人。公曰，吾侄作肃可任其事。乃使人促作肃至祠而命之曰，斯祠创自前明崇祯元年，家长温五所倡建者。温五即余高祖仁所公也。斯时人情之拮据十倍于今，而丞丞以此为急事者，念祖宗不可以无庙，子孙不可无教，识大体者盖如是耳。今蚁蚀将坏，余可坐视耶。予试思之，规模必宏，选材必良，勿徒饰华美，须坚朴以垂久远，勿使有冗费，筹划必极其周详。凡诸事宜，一以委子。作肃应曰，敢不敬承叔命。于是择匠诹吉，经始于已亥之秋，告竣于庚子之冬，共用过钱一千二百余千。斯时共事者承皋之力为多，学瀚明允志泗启图朝拔亦与焉。其规制中为堂，深三丈二尺，宽二丈五尺。堂左右为房，堂下左右为廊府，深二丈五尺，宽三丈二尺。前为祠门，门内外有宇深二丈四尺，宽三丈七尺，门外有场深一丈八尺，宽四丈一尺，前有石栏杆焉，堂后为神寝，深三丈四尺，宽三丈二尺，左右藏祭器房也。神寝正中为龛，始祖考妣暨左昭右穆配享神主在焉。左右壁外各为龛，分奉左右祔享神位。其左后为庖，有小厅。岁丁卯，族有修谱之役，拉予襄其事，父老语予曰，斯祠今犹焕然其新者，皆琢斋公之力也。事久不传，则后之人无从稽焉。君盍记诸。余应之曰，唯唯。退席濡墨而书于祠堂图后。

乔居作屏记

重新六房祠记　北新容真谨识

宗灵之所以陟降，子孙之所以报德，端赖有庙而为之凭依也。溯我祖六房之有家庙由来旧矣，创建于明之崇祯，重修于清之乾隆，不过当时所用之材料，均系半闭。至民国十七年间，蠹蚀倾欹，□□堪虞。后裔应嘉玉崧先生等，深以为怀，乃集族众提议重新，类皆赞许。时梦楼先生以敬谨将事，唯恐经费不足，莫克有成，颇以为虑。然以重修祠宇，系属钜典，亦欣然从之，爰组织建造局，推玉崧先生主其事，乃将旧有栋宇纯全拆弃，鸠工庀材，沿基址兴工建筑，将昔时之板壁易为陶砖，木柱易为石柱。不幸至是年玉崧先生一病不起，继推应嘉先生董其成。先生夙夜关怀，劳瘁过度。至民十七年又一病不禄。后乃推日光继之，未几又一病弃世。嗣经萼楼先生继续总司，迄民十八年秋，我祖六房祠始上栋下宇，焕乎维新，翼然于康乐集贤之间矣。然是时祠宇之规模大约告成，只以世局多故，财用不赀，因而停顿。其中沟渠各方之装修，悉尚欠缺。至民二十四年苏稿先生身列六房族董会椽，偕众等商洽协谋，集资将沟渠等饬工修理完毕。第神龛未漆，主牌未修，至民二十八年适仁甫先生外回，六房族董会改组公推为主任，乃召族等会议，谋竣其事。先生乃不辞其劳，雇工漆神龛，修主牌，至民二十九年完竣。于斯时也，我六房之神庙成矣。是年七月始祭告我祖，登宗矣。嗟嗟猗欤休哉，惟念重修祖祠经过春秋十余度，玉崧应嘉日光苏稿仁甫总其成，初开柏龄炎林钧治等服其务，萼楼始终斡旋其间，鲁生先生撰书楹联，俾祖祠之落成，宗灵之有依，子孙之得以瞻拜奉祀，窃喜而识之。

乔居汉昭公祠堂记

堂侄钧治自谱局走书宜阳，告以昭公祠既无图，复无记，钧治盖关怀祠事者。既已倩人绘图矣，谓记之作，非叔草属。忆予十二龄时，读书于文庙前之陈源房祠。一日早，午门人声鼎沸，数十人扛一巨木，佥曰此张昭公祠之栋梁材也。予于昭公祠之建筑，印象如斯而已，余则茫然，其敢贸然作记乎？因复书钧治，言予欲作记而无从着笔。钧治年事少于予，其茫然之程度当不亚于予，惟对祠事较予热心，兹趁予暑假归里，又趣锦文垂铭二兄为予述建祠之经过，垂铭曾任会计，犹能道其一二。据云，吾六房祠右侧有祠曰乔居，奉祀乔居支祖汉昭公，数翼残椽，破旧不堪。萼楼禹门霭庭诸前辈倡议重新，设局经营，由萼楼公董其事，禹门公、霭庭公共襄之。原筹经费四千缗，结果超出一倍有奇，乃挪移各会公款，以资弥补。兴工于民国三年正月，落成于四年二月，颜曰昭公祠，仍以支祖名也。祠宇堂皇，灵爽足式。七七以还，一再被炸，前后左右均遭惨祸，而吾昭公祠仅门首及客厅受小创，岂非祖灵呵护之欤。至于祠堂之形式及其环境，则有图在，兹不复赘。

中华民国三十二年七月　三十一世孙烈谨撰

北新世懋公祠堂记

尝思莫为之前，虽美弗彰，莫为之后，虽盛弗传。我北新张氏固已彰于前而传于后也。念自世懋公由获富迁居城北，历年已远，往者前辈五七甲诸公于小北关内创买基土二栋，欲构支祠，为祀事之所，无如制作浩繁，斧资缺如，有志未逮，此地遂为旷土。厥后乾隆三年发与子欣竖造，立有赁帖。斯时虑众囊之告乏而空言兴作也，于是同支诸公起立祭祖堂，计股分若干名，原期醵钱生息，为建祠资。节年陆续置产，收额租六十余担，上为祭祀之需，下为花红之用。嗣是典昭崇祀，各出钱文为进享费，然祖庙之修未起而灵爽之式无凭。道光壬午，于魁公祠后买彭姓屋二栋，前有球场，后有园土，左至城巷，右至张墙，出入巷衢，巨制煌煌，祀世懋公于其堂。庚寅冬，将先年起立祭祖堂之入，及后补入者，俱请进牌位。自今以往，后嗣子孙必登科出仕，而后诸人不得援前为例。今日者俎豆莘莘，冬至祀事堂构虽未华丽，异时有贤子孙度宏规而大起，吾知……诸公诏晋以记之，晋遂退席濡墨而为之记。

北新雅魁公支祠记

我北新十六世祖雅魁公讳纶，号贞斋，明天顺三年岁贡，任湖北随州知州，谱系传赞，历载炳如，六支祖外，独同配食于湖上昆冈公。噫公昔日既进享于大祠，今时当祭祀于小宗。往者旭升兄尝缀散为聚，立魁公支祠，有志未逮，不幸卸世，曾嘱余，余识之不忘，每与房长诚宗公及支众言，皆有同心。嘉庆壬申秋，诚宗诸公顾余曰，小北关内有邓姓屋出售，上下二栋，前后多余地，价约二百三十千有奇，购之可作支祠，以成尔兄旭升之志。予曰，韪哉诸公之美志也，于此不急，乌乎急者。今虽众无余产，起立主牌堂，自可成事。于是德兴松山公暨东标朝陛等至魁公支下散居乡者，如银田蓝田烟竹吹藜平山头墓前陂头等处，不惮邀集，酌定配食二十千文，生监减四千，贡减八千，祔食三千文，生监减四百，贡减八百。一时踊跃，不逾月捐配祔牌位若干名，定主醵钱，一一详载之。但进主之需尚未捐，而购屋之价宜先出支。叔文富独力承借外钱以偿屋价，及收集主钱还讫，所谓睽孤者……当此之时，余偕诸公相与慕魁公之烈，遂为堂而祠之，请前代簪仕列祖为配焉。夫公之赫赫不可尽者固不系于祠之有无，盖人之向往不定者非祠则无以致其志也。故作庙奕奕，自发馨香于俎豆矣。嗣是陆续进享，创置田产，上为春秋祀事之供，下为支裔花红之用，后来祠内有登科第者请入配食，非是必出钱若干缗而后可。迨癸酉岁建竖上栋寝堂，越壬午复建下栋槽门，又买祠后彭人基土，直四丈横七丈五尺，旋建厨房□屋，仍留墙外园土一片，规制已定。每岁冬至后五日，祀事目睹心存，实不忘其所自来也。诸公诏余以记之。余缀此以弁其首，并以成旭升兄之志云。

清光绪辛丑重建北新祠宇记

房祖世懋公、雅魁公祠创自嘉庆道光年间，先辈已详记之，惟是兹祠栋宇有购诸他姓，因旧而未全易者，历年既久，渐形朽坏，渗漏湫隘，甚非所以妥先灵而重祀典，议新者屡矣，扼公款不充辄止，如是者又历有年。当是时，建新祠之希望已印注于奉族人之脑汁，渐积渐充，勃上而不可遏，最后佥毅然曰，人孰无居，而忍视宗祠若此，于此不急，乌乎急。必待有所凭藉，始假手居成功，此程度极卑之氏族，非所以语文明。吾族孝友肃敦公德，从无缺点，倘规议一颁耳，事属祖先，无不热心赞助者，何懦为不然。前人缔造丕基自无之有，尚不觉其难，孰为继之而不克负荷乎，有过而冷齿者矣。于是议始决，属役赋丈，虑财用。祠后边右地址颇狭，适与重公支下成于宣诰科生三公之地连，成于公众遂助地横三尺五寸，直二丈五尺。宣诰科生公众亦割地横直丈尺若干，仅受时值，以建祠故。故成就若此易也。分册走达各支，办捐配祔，而堂兄菱舫和普承先人志，首助钱缗二百，各支均踊跃捐资恐后，不越月，检核各册，不下二千缗。巨款既集，卜吉裁工，展拓规模，崇隆基址，时光绪辛丑三月也。迄癸卯春岁，凡□周告竣，寝庙二，中堂一，回廊及槽门二，幽邃轩爽，蔚然改观。寝庙二者，一奉魁公，一奉懋公也。懋公故有享堂，距数十武，以狭促不适祀事，爰移建于魁公正寝后，址连而寝分。址连则相通，寝分则昭穆仍不相紊。又以余材及旧料之尚坚实可用者，建横厅一，全栋于是库厩官厅，斋厨宿室悉备，凡用过钱缗五千有奇。既成，祀先祖于宗堂，昭穆咸序，新庙奕奕，俎豆莘莘，顾予蒸尝盖可知已。馂余，诸先生曰，是举也，不可不记。则目蕃而诒之余曰，有是哉，诸公劳其心竭其力，同其志，各尽义务以达此目的，而相与有成，甚盛烈事。蕃不能献尺寸之效，方滋愧也，而是区区者又敢以不文辞。虽然余曷记。余于兹祠之成，而见吾同族人之心矣。今天下竞言合多数之分子，以成拓都，谓之团体。窃谓与其团体，不若团心。体团而心不能团，筑室所以多道谋者，兹祠之始庀工也，经费浩汗，祠中储款用如决机不给，则挪移各会不给，又挪移各支犹不给，当事者又多方挪移，盖支绌也若此，卒使巍巍焕焕，转瞬成功，虽群昭群穆，灵爽实式，不亦甚赖卑族一心，化狭小之见，俾承办者得以实力经营，无所障碍，无所避忌耶。则又未尝不笑乡之迁延岁月，怯于一试者，果为过虑。而吾同族人之能团体也何如，能团心也又何如，自有价值矣。语曰，众志成城。又曰，有志者事竟成。窃愿吾同族之人之永之也。是役也，手册劝捐，集腋成裘，则心铭前辈，及子屏舒再佐钧之力，而堂兄镜芙，堂侄铭开、复轩与焉。总持全局，组织庶务则首士子缉及蒸云世书之力，而堂兄菱舫和普与焉，皆不辞劳顿，克己奉公，惟子缉蒸云世书三人略支膳费而已。时议者以此次建祠得力于和普子缉舒再数人为尤多。余之记也，和普嘱蕃毋言，蕃以谓在兄为祠宣力功，不欲居善已，若蕃当言不言，是谓没人之功，人其谓我何，且何以为纪实而昭兹来许，勿溢美可也，没也可乎哉。并志之，楔诸家乘，俾后之览者有感情焉。蕃谨记。

北新重建支祠记

丁未六房续修家乘，予亦共襄其事。公余，谈及各支事务，诸公曰大小支祠，惟北新焕然可观，相联二寝堂，一妥世懋公灵，一妥雅魁公灵，较前相距数十武，祖孙每形睽违，今则灵爽相聚一堂，中有官厅，陈宗器，设裳衣，荐时食，位置一一减宜，左右两廊，前有槽门，每逢祭祀，奏乐于廊下，践位行礼于门内，左侧六扇五间，正屋及厨房□屋全栋，宗庙有事，为合支人斋宿之所。外有头门，包藏祠宇而不尽露。合观则规模宏而不失之散漫，分勘则材料坚而不过于绮华，诚六房中之大观也。闻始事时储存仅六七百金，告成日不下五千余金，此中斡旋，令兄菱舫和甫煞费苦心，盍记之以告后世。予曰，祠之步武安详，颇壮观瞻，经理者几费心力，诚如诸君所言。但专功于一二人，非惟家兄不敢当，即予记之亦难免受子鲜之讥，何则石重千钧，一夫莫举，鼎名百斛，独力难扛，况当日之任，有重于千钧百斛，非合群策群力，断不能□观厥成者，请为诸公详之。我北新自嘉庆壬申购小北门内邓姓屋，祀十六世祖雅魁功，道光壬午复于魁公祠后购彭姓屋，祀十一世祖世懋公，当时即欲鸠工改造，展孝思之忱，因囊橐未充，有愿莫遂，只得稍为修饰，俾先灵之式有所凭而已。厥后祀产渐增，正用又渐大，故屡议修而不果，因循惰忽，年复一年，虽未斜看东西，而风侵雨蠹，旧贯断难久仍。家兄遂于光绪丁酉岁，与合支商议，一切应用及各会宴饮，概行停止，每年所入生息，于永唐典以为将来之措。阅五年辛丑，全祠朽坏，大有岌岌之势，又邀集诸绅耆，告以事关报本，勿因任重而畏难，毋因赀薄而姑待，前辈毫无所藉尚能两次创买屋宇，以奉列祖，吾等席前辈遗业，不能更修造以安列祖，不几令后人笑我拙乎。众皆曰，事诚善矣。惟旧基狭隘，不能大增廓耳，必得重支成公科公暨宣教公众土地若干，方为尽善尽美。三公子孙果玉成其事，将右侧连祠之基，或估值捐主，或捐助而不受值，任祠经营，无一抵牾于其间。然族内人众，意见不一，有过虑者谓蓄积富，事业隆。今长物几何，遽有事于土木，恐平地为山，仅覆一蒉而即止也。即裘成集腋，捐资入享，祠规之常，奈迩来四壁家多，千金产少，搜寻虽能遍，细流终无补于河海，且创制浩繁，局费亦非旦暮竟功者比，不若俟资斧足任所为，而用之不竭之为愈也。众奋然曰，道傍筑室，何时有成。昔年无人肯出而担任者，大抵为此辈所误耳。今基址既定，盍议章程，立规制，举长材以司其事，□吉期以肇其工，踌躇奚为。如谓捐款难有素□，族人所信服之心，铭子屏舒再佐钧镜芙诸人出而劝捐，何难之有。恐局费大有素称勤俭之子缉试书蒸云维持，局事何大之有。卒之奉先心切，劝捐者多方晓谕，俾各户争先恐后，多至一千六七百金，局内事事从约，自辛丑迄癸丑，三阅寒暑，不及何曾一日之费，兼之钜细躬亲，不辞劳瘁，下至木头竹屑，储为日用所出。□□者竭力于局外，督工者尽心于局中，□无戾天之翅，能盘旋云际，以入九天，皆此数人之力也。宗兄承父命，捐助钱二百千文，倡提此举而已，功云乎哉。琛谨记

成于公祠堂记　嗣孙容真谨识

书曰，黍稷非馨，明德惟馨。是德卲者允宜俎豆千秋矣。溯我祖成于公生平慈善，焚券赠舟，济贫周急，诚有大德者，故昔邑侯曹公赠其匾曰曲江硕望。何侯旌其寿曰椿老桂馥，而子孙之散处乡隅若平山头、凤颈里、武家坊等处，漫衍已数十世矣，不有家庙，奚以报德而收族耶。考我祖之禋祀虽旧有享堂，然历年悠久，蠹蚀不堪。迨民国甲寅春，四支首士文盛世书东金麟经等召集绅耆，假平山头仓屋会议建筑，询谋佥同，沿老屋旧基重新规划，上下三进。其时地其尚不足，经我支科公子孙欣然以余地相助，又幸以我支助地建魁祠，公许搭墙，故爰于魁祠右侧兴工建筑。经始者佐钧先生董其事，从正寝外并建左右两扇，右腋中下横厅，附房五间，厨房浴室□室门楼曲巷，无不备焉。乙卯秋经吉□终其事迄丙辰冬告成，阅时三载矣哉。我祖之寝庙奕奕，焕然一新，子孙之得以报德，宗族之得以收萃，不诚大可庆乎。兹又值重修谱乘，并绘刊祠宇图，以垂久远。是为记。

祠产原委说

乾隆辛亥春，族众议以祠中事件悉付诸余，余力谢不敏，市心秀田公告余曰，己亥之修祠也，尔父静轩公日则相度工料，稽核瓦石，夜则会计簿帐，权其出入，疲精劳神，可谓至矣。今日者不有人焉以维持之，将见祠产日微，祭祀不供，其何以为族乎。余闻而怅然者久之，痛吾父于庚子之秋，因祠务而积成劳瘁，扶病居家，遂致不起。原其初心，亦无非为祖宗计耳。余小子义何容辞，于是询诸父老曰，祠产若何。佥曰，止有蠡山田二百六十把，店房租息可得三四十金。岁之所入，不敌岁之所出，尚欠债项二百余金，可若何。议将蠡山田出售，余独曰不然。夫业产之有无，在乎樽节，不在乎厚薄。生食为用，恒足之道，圣经贤传，不可易也。余于是汰冗费，崇节俭，因者因，革者革，权其轻重，计其子母，不数年而帐项□矣。先是祠中店房租开者，俱有拼底，数年后，用费银七百余两，而店之拼底皆转租息，重矣。又数年续买黄茅田二百五十把，蠡山田五百四十把，用过银数四百余两，而稻租倍多矣。昔年祭祀六房轮承，器皿物件，移借艰辛，尔年来凡诸祭器纤悉备置。抚今追昔，庶免于仰屋而筹器皿不备之叹焉。但愿后之人相与维持于不敝，使祠业日增，是则余之所厚望也夫。乔居亨衢记

续祠产原委说　嗣孙容真谨识

孟子曰，君子创业垂统，为可继也。是则创之者有人，而继之者亦须有人，方可继续增置，以发扬光大，虽历千万世，可以究其原委而弗忘焉。癸未秋，吾祠续修谱牒，行将告成。纂修伯龙念及祠产，嘱余立说以识之。念余生也晚，祠中置产历年悠远，莫得其原委，本不敢贸然承认，固辞者数次。嗣辑修顺新嘱询及新任首士固卿，据云亦不得其颠末，乃批阅旧存谱牒，及新刊祠产册，始略知一二。查我祖肇有基业，溯自明崇祯始。厥后稍负债累，经乔居静轩公洎公之子亨衢公维持有方，始续置田产于清乾隆，时亨衢公曾立有说，志于谱乘。考我祠之产业，自明崇祯起置，有集贤街屋宇，同处店房，衙前空土，蠡山、黄茅、揭家塅、源头冲、汤家垅、兴江石保塅湖潭上窑前等处田庄，袁郡

试馆等业。又中元会、春祭会、纱灯会、颁胙会、祭器会、小宾兴斯文会等，均陆续置有业产，已于民国二十七年刊有六房祠产暨各会契据册，纪载清楚，可以备查矣。第其中创置之原委，产册未详，仍难穷其究竟，是为遗憾焉。总之，仗我祖之英灵，历代后裔经理祠事，煞费艰辛，存至公至正之衷，成屡创广拓之绩，用能有光我祖垂裕后昆者也。惟于此次重修谱乘，预算经费规定六房共筹六万元，时值国难，物价日涨，超出预算浩大。经召集族众会议，不得已决议现在科举停顿，在袁郡试馆实不中用，并收息无几，乃将试馆标卖，结果计获法币十五万元，除拨六万元补充谱局接济外，于本年八月间经族董会主任顺新、祠产管委会主任贯一提倡，置业首士锡平忠厚苏稿云轩邦藻固卿等同意，又召集族众会议，询谋佥同，果得买宋治星杨家坊田租三十担，立有契据一纸，经首士收存。廑念祖宗创业艰难，惟愿我后裔等矢慎矢公，守成旧业，开创新基，光前裕後，庶几继志述，类不背孟子之诏示，实不胜盼望之至。

资料出处：上海图书馆藏，民国三十二年《万载张氏六支族谱》

五甲　潘舜

六甲　龙际会（本易钦，嘉靖五年改）

族谱摘录：

合族重修族谱序

族之有谱由来重矣，约以二十年一修，诚恐远而难稽也。我族世居康乐坊，向有族谱，后移居黄田，屡因兵燹，谱遭残佚，爰纂修于康熙丁丑（1697，康熙三十六年），再辑于乾隆己卯（1759，乾隆二十四年），重修于嘉庆丙寅（1806，嘉庆十一年），迭经前人参考详明，其搜讨厘定之功，良非易易，迄今又阅七十余年矣，人事之变迁，子孙之繁衍，若再迁延，久益无征，合族屡议续修，较阅世系，几历春秋，今幸刷装告竣，凡所为条例训范序跋传赞，前谱所载，一仍其旧，他如节孝之有可纪以及亲友之赠文，皆慎择而增载之者，潜德幽光亦不可没也。谱成而世系明矣，世德昭矣，愿族之人当肃夫水源木本之思，严夫长幼尊卑之分，岂徒识其支分派衍而已哉。斯谱也，第欲留续修之考核有所本而后起者将有以佐余等之编辑所未逮焉，是尤为合族之厚望也，夫是为序。

时

大清光绪四年戊寅季夏中浣吉日

合族重修谨序

附载东都一图六姓图会公产纪略

郡县之置有都图，图有甲，甲之户首姓名籍贯而登之公府，凡差役诸务悉按而行之，罔敢越焉，遵国制也，户之人遵循而世守之，先事而预筹之宜也。万载为袁州属县，有东西两隅二十四都一百四图，我等籍隶东都一图，图有十甲，每甲一户，其户名一甲王兴，二甲李钦，三甲邓继生，四甲张伦，五甲潘舜，六甲龙际会，七甲胥祥，八甲易利谦，九甲龙仕高，十甲袁有童，共十姓。从前诸先辈措银起会，名曰图会，为办公资，其裕后之意诚美也，会起年月，远而难辑，闻自康熙雍正年间，幸际国家升平，渐积至乾隆八年稍有赢余，置买龙姓明德坊店房二间，又于乾隆十四年买邓姓集贤坊店房一间，迨乾隆二十六年，我一二四六七九等甲六户议欲买田，其三五八十等甲四户坚执买店，各持意见，彼此不合，遂将所有余息概行分拆，仅存店房三间，其店租又议分收，而东都一图之公赀无复余息矣。嗣一甲王兴，二甲李钦，四甲张伦，六甲龙际会，七甲胥祥，九甲龙仕高等六户体先辈意，为善后计，各出钱三千文，即于是年另起生息曰六姓图会，并六姓分得店赀，逐年添入，轮流接领生息，除帮办社仓及各公费外，渐次有余，至乾隆三十年买巢姓小北关外王家贩等处田一百一十把，乾隆四十一年买辛姓厂塘田六十把，乾隆四十五年买阳福春下厂塘田六十把，乾隆五十年买李姓厂塘田一百六十把，乾隆五十七年买张姓厂塘田七十把，乾隆六十年买汪姓厂塘田一百七十把，陆续共买早迟田六百四十把，于东都一图立王李张龙胥龙户纳粮，自此六姓办公稍有所资矣。第事贵起先，尤宜善后，爰渐六姓起会缘由叙明，各业契券汇辑印刷装订成本，六姓分收以便稽查（十姓店契附查），其契据择诚实人具字领存，听众查验，三年一轮，不得措留，违则公罚，所有银钱租谷，仍轮流接领生息，照旧管理，各矢公慎，总期于公有济，俾后事者得悉其由而不忘所自，庶几公赀常存而后之人亦有所感发而不负当年之意云。

嘉庆二年岁次丁巳三月上浣东都一图一甲王兴二甲李钦四甲张伦六甲龙际会七甲胥祥九甲龙仕高六姓会众公议

祭祀会

报本追远首隆祀事，吾族自先祖以来，每届冬至恪供祭祀，迄今数百年矣，乾隆四十五年各房宴会时，长幼列坐以乐神庥，谈及本族公财虽足以供祭品而凡建立祠宇及一切喜庆诸务，措理殊觉甚难，爰谐众议，即于本年起立祭会，每人出钱六百四十文，后嘉庆十一年贤茂出银二十两正，以补乾隆四十五年各房起会之数，公同生息，俾他日此会足以供祭用而祠庶后日可创，造一举无，诸美悉备，其在斯欤。

一 立会簿 起会若干人，每人出钱若干，总计若干钱，周年加几利息，立簿一本详为登注，付族长收存，仍择殷实公正首事协同经理，凡会钱出入，首事亦立一册，于冬祭时查对本利若干，如期交出放借，来冬复总计本利若干，如前收放，积为祭祀公费，如有侵渔，除追罚外，仍行重惩。

一 立会规 日后会钱以及图会每年所分店钱与谷钱，皆当买立田业，每岁抽租若干以供祭用，凡族房长禁首及办祭人等照款分颁胙肉，其余祖父有名起会者皆得照股赴席，及有孙子出继某房，止承某房股份赴席，允为定规。

起会人名开后

盛禄 盛位 宗贵 绍贵 贤茂 崇文

丁会序

乾隆庚辰续修谱后，于今四十七年矣，屡因公财乏给，议修不果。嘉庆十年起立丁会，每丁出钱一百文，公同生息，以为重修谱牒计，报新丁者出钱一百文，亦仍存留生息，第立法原期尽美而奉行尤贵一心，嗣后修谱若援此为例，不惟不足以示劝惩而恩抚妄继妄丁等弊稽核更难，今与合族公议起立丁会，编立一册，凡我族人于添丁之时，不论乡市，即自书生庚，随带丁钱一百文赴本房房长报名注册，于每年冬祭日送祠编行列次，即费用亦无虞不给也，出者仅一百文而诸美既可预卜，诸弊又可预杜，讵非吾族人所宜一心奉行者哉。

时

大清嘉庆丙寅年仲春月下浣 谷旦

裔孙 发祥 敏行 撰立

会规四则列后

一 立丁册 每年冬祭前豫立三本，族长收一，房长各收一，每户本年生丁，其父照谱书名派，生第几男，取名某，于某年月日时生，随带丁钱一百文赴本房房长报知登册，俟冬祭送祠，次将所添丁先后日月查楚分载，一岁既周，来冬复起，倘有吝惜小费，匿不肯报，又或故为阻抑，除丁钱算利追给外，更行责罚。

一 收丁钱 定数一百文，另立一册总计领，计收放数目，仍同前集一样三册，一体登注，付各领收以凭质证，用绝弊端，如有刓补损坏，临期藏匿违误，均于公罚。

一 放丁钱　冬祭日当众总计本年添丁若干，共收钱若干，周年加几利息，择殷实公正者放借于来冬，将本利收回，复同本年添丁钱共计若干，如前放借，积为异日续谱公费，如有侵渔，查出除罚外，仍照家规重惩。

一 严继续　承继有生男未及周岁而出抚者，生父仍当如期将生庚名报登，但于本名下注明出继某户某房为嗣，不拘本房外户，总期昭穆不混，毋得尊卑凌越。

资料出处：江西省图书馆藏，光绪四年《康乐坊龙氏族谱》

七甲　胥祥

族谱摘录：

祠堂图说

礼曰：君子将营宫室，宗庙为先。盖宗庙所以妥先灵，合族属也。我族两房自明季兵燹流离，业多遗失。幸际国家升平，人丁渐繁，共有祀先之心，苦无建祠之地。至乾隆七年章房下应龙公孙枝咸敦族谊，愿将所管小北关内仁寿坊基址，择助公祠，订议自寝堂上下，官厅门楼门面一直地基，听与圭房孙枝合建祠堂。两房公管，所有祠内左右房间过厅并地基及祠外左右，余其仍属章房子孙管业。又门楼东边厨房亦系公管，其建祠用费，两房公银二百四十两，章房银四百两，圭房银六十二两。此乾隆七年公约所载也。嘉庆十三年立约重修祠宇，将大祠丁会所管莲塘田四百把。又圭化衍三公支下合起崇祖会，所管莲塘田三百零五把，俱愿出售帮助建祠。又章房应龙公支下起有蒸尝会，亦帮助钱三百千文。以上均归公用，所有祠堂寝堂上下官厅及头门厅面左右房间过厅厨房永作一族公产。祠外左右余基仍属章房子孙管业。此嘉庆十三年公约所载也。爰录图说，俾后世子孙知所由来，益加敬宗睦族之至意云。

胥氏宗祠祭屏记　辛从益

祭何以有屏，神所依也。尊者坐必设屏，君子事亡如存，祭之日为屏以依之，庶神之妥而飨焉尔。或曰，屏谓之树，古礼天子外屏，诸侯内屏。礼记言，鲁太庙制云疏屏，天子之庙饰也。正义疏刻也，刻于树屏，为云气虫兽。然则非卿大夫以下可用。管仲树塞门，孔子讥之，今之屏乃僭欤。曰，古礼岂可泥哉。自汉以来，屏之通用久矣，汉书陈万年传，召子咸诫床下咸睡，头触屏风，赵壹传壹柴车革屏，魏志以白屏风赐，毛玠晋书吴隐之，以竹篷为屏风，唐宋诗人用屏风者甚多，皆士大夫也。且今之围屏谓之软屏，与礼树屏别，生则用之，没则设而祭之，乌乎僭。然则古祭何以无屏也。曰，古者天子诸侯祭太祖及四亲二祧皆各就其庙之室而祭之，主各有祏，不须屏也。惟大袷乃出群庙主于太庙而合祭之，各昭穆筵几所依，当必有其物焉。礼文不详耳。至于卿大夫士则各祭于其庙之室中，主不出堂，与今祠堂祭不同，故皆不需设屏，少牢特牲馈食二礼可证也。盖尝论之古今异世，礼不相袭，惟得乎礼之意，即乎心之安而已。天下族有大小，位有尊卑，其为人子孙报本追远之情则一，使必如古者大宗小宗之制，自别子本支外诸弟主皆不得入庙，此在封建之世以适为重，不得不然。然而求诸祖考及子孙之心，皆有所未安。若夫俾通族子姓皆得伸其合敬同爱之情，则今宗祠之制为尽善。盖以别子为始祖，凡始祖之子无论适庶，其主皆得入祠，数世以后，支派渐繁，神主渐多，祠或不足以容，于是始较其功德爵位而有配祔与否之分，各支子孙无有不得遂其报享者矣。享毕则主各藏于寝室，当祭则出主于堂，而以屏隔之，左右配祔各为桌屏，惟始祖中为大屏，昭穆皆拱向焉，所以明特尊也。吾邑宗祠皆用大屏，然或以岁只冬，祭屏不常设，临祭时往往转相假贷，于是吾舅氏胥祠族长诸公殷然念祀先大典，屏为灵爽凭依，而假于人，非所以敬祖而安神也，乃于造祭器之余，特建祭屏并遣表弟君珮来征余记。窃惟胥氏自先茅受封，代有闻人，当春秋时栾却胥，原与吾族之先辛有二子竝为晋望族，胥之来江右迁万载，未暇详自何时，度与吾辛不甚相后，即今人文之盛亦几与吾辛埒。且其宗风淳厚和睦，识者谓其族之宜昌也。夫人道莫先于敦本，今祭屏之设，既不悖古义，而皆出于尊祖敬先之诚，率是以往，必能藩屏其宗族，可知语云和气致祥，必有伟人辈出，为国家屏翰而益光大其宗者矣。遂欣然援牍而记之。

资料出处：1994 年版《万载东隅胥氏族谱》

八甲 易利谦

族谱摘录：

新建祠堂记

圣天子御极之二十三年，岁在癸卯，族人会于新构之祖庙，庆落成也。经营有余财，即于是冬举祭典，旁观者窃叹功成礼成，为祠办公所罕有。登其堂，栋宇巍峨，籩豆陈设，妥先灵而裕后昆，吾得以咏斯干歌楚茨颂美扬休于无已。溯乾隆年间旧祠有址，祭祀无田，履其地则风飘雨零，几等荒烟蔓草。瞻其模则榱崩栋折，谁与春露秋霜，惟族叔能盛力挽颓风，始得岁收店租生意，嘉庆辛酉置田七十把，族之有田肇此，而庙之倾圮如故也。嘉庆甲子，先君家计尚薄，毅然与有信公倡修之，悉心董其事，济万象升理出入步登会贵朝宗其位监工匠而寝庙为之一新矣。丙寅纂谱，按祠堂记仅载九年修整祠堂官厅，十年建神龛修祖牌数语，后建站亭未赘，无足怪。何前之庙废颓未及书，庙之修理者未著其人耶。且庙旁竖店三间以供祭祀，并未纪其业耶。噫是皆略也，因补之以见今日承先有自，昔日创始为艰焉。斯时田与店租无几，除祭外乏赢余。自丙寅以及丁丑己卯，进享钱文，经有信公生息，陆续置田三百数十余把。嘉庆乙亥、道光癸未二次共进享钱四百余千，则系先君正轩偕叔父穆堂生息陆续置田一千一百余把。通计祠收额租二百余担，祠中丁钱每年不过八九百文不等。先君续领之本利，交出一百六十余吊存祠公放，未购产。浸浸乎用有余无忧不足也。士子盘费增给，祖宗享祀丰洁，盖在此时。先君与有信公易箦后，叔父穆堂与族征祥、裕南、象恒、玉宝皆体前人意，务节俭。叔父与吾不忘先君言，常以改建宗庙为念。辛卯集族人议停祭，諏吉告庙，甫一年纷纷来告者，恐事大难成，欲复行祭，吾止而绎之曰：天下事有志竟成，夫何难之有。穆堂叔父尤以捐垫坚其说，其人闻之皆唯唯而退。越七八年间，积少颇多，族之人始跃然曰：祠建有日矣，待其人而后行也，冥冥中祖宗亦鉴之，盖欲择一子孙以建祖庙，必遣之先修神庙，以试其才力何如。戊戌适修城隍祠，初举首事多矣，阖邑辄解体。继举叔一人，群情踊跃，捐输恐后，胜一邑难胜之任，三载告竣，虽讳不勒名，而名之藉藉者，佥曰神庙有功。不数年祖庙之建，责又难辞，命树攀司会计，景谟禄牙发元襄厥事，一切鸠工庀材之法，更觉游刃有余。四面缭以石墙毬场，双辟圈门便行人。前槽门出入分东西，门左右有房，翼以两廊，中站以亭，进为堂，旁有厢房，由堂而升为神寝，安始祖及配食神主。寝东西为夹室，安祔食神主。祠后墙外留旧寝并入店内。祠右灶库上下建二栋，上栋有房厅，安续禋堂神主以昭肃穆。祠基仍旧，位置移出丈余，培土五尺余。昔之卑陷若坎者，今则增高其地矣。昔之规模稍隘者，今则恢宏其宇矣。美奂美轮，亦坚亦固，经始于癸卯仲春，毕工于是岁仲冬，费金三千六百有奇。用之廉，成之易而速，非其人莫任也。族皆归功于穆堂叔。叔曰：此一姓报本之心有然也。吾束手以观厥成，能不咏斯干歌楚茨颂美扬休于无已乎。兹承族命，记其本末以昭兹来许云。

时

道光二十五年岁次乙巳孟冬月下浣　谷旦

十九世嗣孙师重敬撰

建祠纪事

祠之经营已立记综其实，而用之数目复纪事述其详，非好烦也，盖公事不敢私，备载之上以对宗祖，下以诏后人云。岁壬寅冬，购存梁柱大小去价二百四十六千石，树磜堦并搬等项去价一百四十三千八百廿七，窑砖去价一百八十千，石灰二十八千。此壬寅之先事而筹也。癸卯正月廿四日辰諏吉兴工，二月十二日平基。闰七月初二辰上梁，十一月初六圆工，共计木匠四千四百五十工，去工食钱三百七十五千三百四十六。利市廿三千八百六十三，泥水五千零七十五工，去工食钱四百廿四千二百廿文，利市廿五千三百六十八。石匠九百九十七工半，去工食钱一百廿三千零七十七，利市四千九百。锯匠一千二百十七工，工食钱九十九千五百六十七，利市六千六百五十八。巴陵工人包饭工钱六千五百零六，雕匠六百五十七，工半工食钱四十八千二百三十五。陆续去各色树木板椽六百十六千一百一十文，陆续去肩树力钱廿三千九十五，砖瓦四百零九千一百九十文。墙角杂石钱四十三千二百三十文。石灰三十千三百零九文。买铁器钉等五十五千二百廿五。竹钱三十一千九十。择期七人利市共五千八十文。起大岁二次，利市六千二百包。各匠煤炭钱三十三千廿四。雇火夫二名，工钱十九千九百六十一。纸结钱十千二百。香烛灯油等件十五千三百三十八。起工至圆工各匠酒席钱九十千。各匠大小牙嚌钱六十二千五百。外去供各匠饭食钱六十千。付局内监工火食九十四千七百六十四，火夫二名在内。做祠匾油漆神龛各处飞照屏门金硃等项漆匠工钱并利市共钱五十四千四百四十二。买零细等项廿九千一百七十文。用失底钱一千三百廿一。收卖木皮钱十四千六百五十。收卖墙土钱十八吊。除收二项共用钱三千三百九十三吊六百六十七。此癸卯用数已明。甲辰夏秋彩画祠宇并建仓整老寝堂店房用钱二百廿九吊八百廿六，通共用钱三千六百廿三吊四百九十三文。予忝居族督，躬亲其事，命树攀汇总毋遗漏毋虚耗毋浮载，以明公事不敢私焉耳。

督修嗣孙锡纯敬撰

道光二十五年岁次乙巳孟冬月下浣　谷旦

祠堂记

尝闻天子七庙，诸侯五，大夫三，士一，宗庙之制虽不同，而尊祖敬宗之心无贵贱，一也。倘宗庙不建，祖宗神灵于何式凭。春秋祭享于何崇祀，则宗庙之所关，固不重哉。予族自始祖仁则来万，震、节诸祖显宦相承，祠宇历新。后元明两遭兵火，古祠因而废坠，祠基因而失所。至康熙丁亥，族众捐资创买县东建城坊九仙塘祠基上下三栋，又创寝堂基址一栋两廊。康熙戊戌鸠工庀材，鼎建官厅，堂庄宇严，修建门楼规模正大，赀费不啻四百余金，其中钦若叔、必达善生兄弟众等之力居多焉。至乾隆二十九年族众捐资鼎建寝堂，同人会竖造门楼。嘉庆九年捐收乐助修整寝堂官厅，十年建神龛修祖牌，去其旧染之污，扩其诒谋之意，妥先灵而光祀典，盖焕然一新焉。后之人宜敬而承之，稍有废坏，旋为修葺，将见易氏宗庙前对龙渡，后倚鹅峰，受东来之紫气，挹龙江之秀水，其盛也将拭目俟之。

雍正乙卯琼撰

嘉庆丙寅文坛续撰

资料出处：易定国藏，民国十一年《万载东隅易氏族谱》

九甲　龙士尚（原作士高，从乾隆审册改）

宗族组织概况：

与西都一图三甲龙云尚、十甲龙彭陈同大祠

族谱摘录：

宗祠记（康熙55年）

余族自小府始基以来，仲六五郎居邑东，季六七郎居邑西，至万历修谱之日，祠堂犹未建也，迨崇祯二年两房子姓于建城坊市彭德辉房屋以为祠堂，中遭甲寅之变，仅存寝室，门壁荡然，适康乐坊有遗址一片，居东西两房之中，原系东房基土，庚午春族众佥议敛银一十八两，并谭姓余土，市为祠基，越十年庚辰乃移建城坊寝室，鼎新于此，聚族众之精神以致孝享，而列祖在上之灵实式凭焉，然中堂、门庑尚阙如也，甲申季冬，安仁坊孟五郎亦属六龙之裔，其十七世孙元吉等补银均修，共襄盛举，始营中堂及门庑，以成巨观，四届井然，世守勿替，今兹续谱，爰附记于祠图之末，俾后之人披图而知其因革缘起云。

时

清康熙五十五年季春月

十八世孙文炳敬撰

整修祠堂记（乾隆27年）

庙以宅神，主乎反精，故古者宫室不取乎壮丽而祖庙必贵势高而体长，势不高，外无吞山水之秀，体不长，内无以展俎豆之仪，昔吾族祠宇上下三进，规模气象亦云备矣，然未免隣于卑促，族之人往往欲整之，因念事关重大，每议而未敢轻举，长者曰适百里者宿春粮，适千里者三月聚粮，盖言所需不可不早计也，一旦欲舍旧而谋新，即因革相半，计其支费，大约非数百金不可，祠中所入，仅供岁用，若欲远图，将何取给，计者曰，有一策焉可以给矣，夭者人之始也，祖父者，人之本也，谁非子孙，顾无敦本之念乎？族中稍有力者，咸劝其进主，每主略助银三两，取之者廉，输之者众，积少成多，整理之费奚患乎不给。长者又曰，天下事得其人则举，失其人则废，古今同，慨独予族然乎哉。以坚而不易举之事，非得二三敬慎之人久任其劳，或假公济私，或始勤而终惰，财费而绩弗成，将奈何，是以屡议而姑俟之，厥后房叔廷熙，族弟济万，克上三人总理祠事，共见治办有条，可付以重，族长宗滨等爰定整理之议，其支费取给于进主，其督修责成于三人，乾隆二十五年仲冬吉日鸠工庀材，以始其事，次第经营，增高继长，全乎革者寝堂也，移上丈余，培高数尺，规制皆取诸鼎，中栋大半因其旧而参之以化裁移培亦复然，两廊引而长之，化一而为三，仍其旧址，但增高其势者惟下栋为然。历年两载，俱已告成，由今视昔，其规模气象岂不超然远哉，寝庙巍峨，堂阶纡徐，山水之秀俯而吞于外焉，俎豆之仪舒而展于内焉，我祖宗之灵，陟降在兹不亦快然而无憾矣乎。今岁春，攀云，学高，植棠，朝阳，凌云，腾蛟等掇芹者六人，或其默相之欤，予奚叹神宅精反，非众助奚以开整理之始，非督修爰以观整理之终，言能成允，事能成功，此余乐得而记之也。

时

清乾隆二十七年岁次壬午季冬月　　谷旦

二十世孙攀龙敬撰

重修祠堂记

古之君子将营宫室必先寝庙，其或风消雨蚀即朽败则岁时修葺，而或更新之，所以妥先灵，非以侈观瞻也。我族之有祠宇也，创建建城坊始于前明崇祯之二年，中遭兵燹之厄，门壁荡然，虽有亦若无焉耳。我清康熙庚辰则移建于今之义井，续增续修，至甲申而规制始备，口基原载，前据江岸，后距刘人基土，左至官街，右至朱人墓，前人记之详矣，厥后月久而岁深，雨漂而风摇，无以肃瞻仰而慰先灵，则有廷熙公，济万公，克上公整葺而黝垩之，焕然一新，视向之制又峻且邃焉。自是以来，月益久，岁益深，风雨之飘扬益甚，向之焕然一新者几几有栋折榱崩之危，族人大惧，恐恫于神，屡欲谋而新之，然难其事而卒不果，今上即位八年，始有不畏艰巨，不畏人言，毅然一呼群起而争应者十余辈出焉，于是赴议者盈庭，书助者云集，遂市材于山，鬻甎于陶，諏吉鸠工兴事，仍前之制而更增益之，中为享堂，左右为房，序前为庭，庭之上有亭焉，亭之两旁为廊庑，又其前为门，门之前后为宇，宇之左右为库室，堂之后则为神寝，中则始祖与配食之位居焉，左右则昭穆祔食之位居焉，昭穆之旁为二室，祭器于以藏之，堂之外右为义塾，资其地所以教育子姓也，左则为市肆，取其资所以供给祀事也。始事于癸亥之秋七月，告竣于甲子之十月，费金三千有奇，巍然奂然遂成伟构，既落成，诸公相顾而喜曰，是不可不有以记之。余思天下事固乐于观成而要勿畏于图始，当斯堂之未构也，用无积金，食无储粛粟，可谓难矣，乃一旦一人起而倡之，众人从而和之，奕奕寝庙遂焕于义井之上，祖宗默相之灵，抑亦子孙人事之力也，以是知有志者事竟成，古之人诚不我欺也，后之人志道德，志勋名，其苟有志者，其亦若是而已矣，然则斯堂之构也，上以妥先人之灵，下以长子孙之志也，维时董其事者，倡首德扬，提调添闻，国珍，司出纳明善，季坤，崇谦，元才，西载，局内经理会科，傅俨，志接，砥候，萃起，敏勷，局外经理房长及远，方来，咨士，孔辉，云升，崇固，禁首起凤，自申，贵子，成大，发元，廉发，双子，又局外经理崇善，备书于此，所以嘉其成劳劝急公也，其输金襄事者与书于左，俾后之人亦得以览焉。

重修祠堂捐助名额（未全）

志廉 340 千文，志任 80 千文，志周 72 千文，崇郰 70 千文，蒂锡 64 千文，志治 50 千文，山 50 千文，廷芳 40 千文，安藩 36 千文，孔谋、学贞各 30 千文，砥侯 26 千文，道纯、超浪各 25 千文，添闻、长寿各 24 千文，孔燦 23 千文，启云、尧广、超波、志健、崇周各 20 千文，云升、□仲、崇体各 16 千文，志义 15 千文，自安 14 千 4 百文，云春、再春、志祥各 14 千文，优秋、崇斐各 14 千文，惟远兄弟 12 千文，尧障、乾德、兼善、方绍、耀宗（西）、志洪、志云、学盛、学成（西）、云凤、含章、孔治、崇煌各 12 千文，方伯、胜宗（西）、志万、呈瑞、崇国各 10 千文， 月德 8 千 8 百文，启贵、季坤、凌翰、崇邦、成大各 8 千文，细伢子、柱子各 7 千 5 百文，绍元、五达、孔寿、肯堂、元来、孔修各6千文……

忠孝祠修册弁言

民国纪元之四年，族人以合建总祠属赓言为之倡，爰定名曰忠孝而集资以享祀，维时国体初更，流风未泯，承休养生息之后，又值鸦片将就禁绝之时，家有盖藏，野无偷盗，城乡远近，公私充实，吾龙氏之散处于乡党者，小康之户数以百计，而敬宗收族敦本善则之义，人心有同，就石塘株潭一隅及吾口舌所能劝到，愿书配享者三十九名，并祔享计得钱逾八千贯，统计二万数千贯，决议先交者九折，次交者九五折，逾年不交者以一分行息，但不取息上之息，初时以铜钱易银元，进而双元铜日益轻银日益重，其间盈绌之数固未易以一言尽也，乃积之四五年而购基址，又积四五年而兴版筑，经营十数载，栋宇粗成而祸乱横作，县城迭陷，红军与白军纷乘，难民偕莠民杂进，门窗毁弃一空，有熟悉情形者谓损失三千元以上，欲图补救而公私支绌，向之称小康者十不存一，祠堂之资，供提取会众之产，任没收而几于扫地以尽，即墙屋尚存，等于无主，然四年以来，得不至于再坏者，则集残破之遗以兴学而徐图补救，于事后往不可谏，来犹可追，以有配祔享而后有此祠，以有此祠而后人皆得展其敬宗收族敦本善则之心，倘从此而祸变不再，俾地方一线未绝之元气得以渐属，沃枝叶而培本根，有基勿坏，继长增高，庶读此册者知创造之艰难而不胜盛衰，倚伏之感也。（附注，册尚未修，先拟以俟。）

忠孝祠记略

夫人之所恃以安身立命者，推本于祖宗而植根于忠孝，不有以敦崇而光大之，奚以绵先泽于无穷而扶人道于敝乎。我龙氏之始迁也，由吉州而上高，时维一祖，至于万载始分两宗，各建祠堂，各修族谱，系盖六七百年于兹矣。昔吾先正有合建总祠之议，久而弗就，谓夫始分之难以终合也，新潮激荡，争言合群，固有勉强而行之者不虑声气之弗属，吾龙氏宗兄弟行也，宁以为已分而不可复合耶，宗人习惯辄引往事以增重，榜其室曰忠孝堂，揭其门曰忠孝第，嫁娶采舆之封曰忠孝世家，表一族之同光而可无一族之共建耶。吾闻治天下以孝而次于其亲，为人谋以忠而况于其上，懿夫人各有其亲而不敢遗其亲，人知事上而不敢犯其上，遵斯道也，是一族之庆而天下大平之几，即以通于古今中外之变而不仅为敬宗收族合群之常，乃凡人之所以安身立命者，此意至深远矣。

岁在丁丑谷雨后六日　　　　　　嗣孙赓言撰

注于左原有公裔捐助祀田四十把，附在学宫并注

倡议集资重修宗裔　　云腾　济海　赓尧　兆升　益贵　清生　逊斋　竹屏　云章　共用银币一千六百有奇，忠孝祠拨用二百元，其余概系宗支捐集，别立册

民国二十二年孟春月　　日　　龙姓合族重建

祠堂上下两栋，上栋厅一间，左右房各一长间，左边房外厨屋一大长间，厨屋外厕屋一间，中为过廊，左右各一间，前栋厅一间，左右房各一长间，门前毬场两片，有罗汉松一株，上至神寝后墙，前至门楼连学宫空基，左至辛达房墙脚，右至学宫墙脚，自神寝后墙至门楼，连学宫空基直长十八丈，上横阔三丈八尺，中横阔五丈六尺，下横阔三丈八尺为界。

重修龙山忠愍公祠堂记

纲常名教，郁积而为自然之理，充塞于两间，此天地之正气也。极之众说纷纭，用夷变夏，而未尝或息，则几希之存，视乎其人矣。余小子束发受书，窃尝讽诵文信国公正气歌，盖喜其忠义激发，撼河岳而耀日星也，顾歌辞所引十数人，居不一其地，生不一其时，后之人读其书考其事或摩挲其故物，凭吊其里居，临其丘墓，登其祠堂，不自知其慷慨激越叹息咨嗟而不能已也，夫时在千百载而上，地距千百里而遥，尚感人于不觉而仰慕之而兴起焉，矧其时与地俱近而如吾龙山忠愍公者乎。公之事迹著于皇明通纪及明史纪事本末，散见于私家著述及志乘，清乾隆二十六年曾建专祠于万载城内学宫之左，阅百六七十年以迄于今，不幸而毁，吾宗人谋所以复其旧，捐资有成，庀材鸠工而一新之，而函属记其事。呜呼，世之变也，群言淆惑，异学争鸣，以诗书为刍狗，以礼义为桎梏，拾人之唾遗，举吾国所固有而一切吐弃之，盖纲常名教之颠覆，患气隐中于人心，上下四五千年间而迁流遂至于此极，以视我生之初风俗之偷

薄，民物之凋敝，老弱之填沟壑，室家之荡析流离，少壮之转徙四方而谁为，为之孰令致之耶，所冀两间之正气犹有一线之延，由一邑而推之于一省于天下，即以兹祠之复为之嚆矢也。祠毁于十九年五月，复于某年某月，岁在癸酉夏四月后学龙赓言记于海滨之旅次

倡董及捐资名单与重新年月支用银元及屋基丈尺并

重修义井祠堂劝捐小引

古之君子将营宫室，宗庙为先，所以奉祭祀重本源也。我族龙氏义井祠堂建于清初，科名之盛，丁口之繁，与集贤祠相伯仲，迄今二百四十年一水贯流，清光送闼，局势宏敞，地脉钟灵。厅虑两岸堆高，河身淤浅，每逢积潦，一片汪洋，祠堂所在，湫隘卑湿，白蚁蛀木，梁柱将摧，长此以往，覆压堪虞，殊非所以妥先灵而壮观瞻也。丁丑之春，合族人士齐集一堂佥以谱牒告竣，栋宇宜修，经费虽绌，决议开捐，明知国难时期，经济困难，果能勉为其难，亦自众擎易举，爰公同定议，撤其敝坏，增高基础，规模仍旧，创造从新，预算经费万元左右，决议分四种办法，捐洋十元者进配享一名，捐洋四元者进祔享一名，捐洋二十元者作报效，生身后配享一名，捐洋十四元者作报效，生身后祔享一名，与斯文一体入祠襄事，综上办法，斟酌妥善，凡属同根各思报本，须知涓滴可成沧海，卷石频堆合为泰山，思葛藟之庇，本根类椒聊之实，繁衍务希慷慨，赞助量力捐输互助劝勉乐观厥成，祖宗灵爽，启佑我后嗣子孙者，岂有涯哉。是为引。

时

民国二十七年岁次春三月上浣　谷旦

二十六世孙赓尧敬撰

资料出处：民国二十七年《万载义井龙氏族谱》

十甲　袁酉童

族谱资料 | 35

二图　集贤坊、康乐坊、龙江坊

一甲　辛觐

宗族组织概况：

与本图五甲辛延、六甲辛顺，三图二甲辛达，四图二甲辛建孚、六甲辛建昌，西都一图九甲辛通同大祠

族谱摘录：

创建祠堂记　辯扬

别子为祖，继别为宗，继祢者为小宗。吾邑之辛，始于南坡居士，是为别子，而继忠公则大宗也。礼合有祠，乃自宋迄今，竟无有起而祀之者，何哉？无所藉也。道光丙申六房修谱，用余钱八百缗，欲瓜分者多矣。先伯属峰乃商同志，存为继忠公蒸尝，至今买有田千数把，积至同治二年，共得钱八百缗，有欲分领者，有欲买田者，余乃亟相宅，得福寿坊汪姓屋，坐壬向丙，其气正旺旦，与宗祠近。谋之子羹力肩其任，正价三千串，并外用谢中一切去钱四千缗有奇。前此所存不及五分之一，其藉无几。达乃捐钱三百缗，延顺觐昌各捐钱二百缗，顺潮玺公捐钱一百缗，孚捐钱二十缗，仅及其半。赖族踊跃，输钱逾万，乃择六年兴工，至八年冬落成。中为堂，堂东西为序为房，堂之下为庭，有亭焉，左右为庑，其前为旗门，门侧有塾，又前为露庭，又前为檪门，前后有宇。堂之后为神寝，左右为夹室，其右有厅，燕私处也。有房，以藏祭器。其后为仓为湢为溷，其左为庖。环祠为店者九，与厕而十。又择旧料之未蠹者，竖小北关店四间，竹头木屑均归实用，非子羹之力不及此。是役也，钱之以串计者盖万数千焉，是可谓之能矣。祠长十六丈五尺，阔八丈二尺，绕以砖墙，堂势尊严，如人之拱而翼。廉隅整饬，如矢之急而直，栋宇之峻，如鸟之革而

儆，檐阿之华，如翚之飞而矫。瞻其庭，殖殖乎其正也。相其楹，矗矗乎其高也。窥其户，哙哙乎其明也，入其室，哕哕乎其深也。尽美矣又尽善也，是非无所凭藉而兴者乎。然虽美而田不丰，祀犹匮也。先是雍正十二年，我大高祖俞可公邀同志出分金，起立永年二公墓祭会，置有田二千数百把。道光七年，族众起立集庆会，亦置有田千数百把。会内子孙见祠之成，有愿将田抵享者，祠亦不没其迹，拨租二年俾立子会。一举而三善备焉。夫有祠无田是空祠也，所以古士大夫有田则祭，无田则荐。今共有田四千数百把，虽不丰，亦不薄矣，后之人有所藉矣。祠成，余喜夙愿之慰也，为序其缘起如此。若夫董理者，子羹也。监造者，禄寿也。采办者，林福也。定中者，省身也。契中则康琪、茂元，不受中间分金者也。题额者谁，邑博蒋芳字篆云，与康熙时题宗祠额之朱容重同为南昌人。我南坡公为南昌山长，继忠公则南昌人推为畏友，两祠额假手南昌，岂其中有默相之者欤。于戏，是可以知祖泽之长矣。同治己亥孟冬敬撰

本祠丁册叙　觯扬

芝兰玉树册者，六房丁册也。丁曷为册，纪生齿，且以杜异姓之乱宗也。立册，礼乎？曰，礼也。礼：卿大夫子生，闾史书其名与其年月日时，而藏诸闾府。此册之所由昉也。其始丁卯者，祠于是年建，故册于是年立也。其书某人之子者，明所自也。书某人之子而必著其行者，叙长幼也。书某人之子而必纪其年月日时者，备遗忘也。报必于冬祭何？人众则见闻广，作伪难也。其必分房何？丁繁则名复，所以便勾稽也。丁必出钱四十者何？料费也。料费为修谱也。漏必加利二分者何？繁息且以昭划一也。一册立而诸善备也，是举岂不伟哉。抑予尤有愿者，芝兰玉树，生于庭阶，王谢之盛也。今斯册也，其为芝兰玉树不知凡几矣，所愿为父兄者加意培护，将见琼芽秋葩，绿蕙春秀，于以轶王而轹谢，是则予取以名是册之意也夫。

同治九年岁次庚午季冬月

新开坟山记　庆光

光绪壬寅秋，六房绅董暨诸前辈咸集于祠，慨然兴开坟山之念，而以距西南诚一二里许宋家坊狮子脑长方四正荒土一大片，系祠产，不费价买，且甚近，其左右上下亦皆山，为可适于用。时余亦与参末议，力赞之曰，善哉此要举也。遂钉定界至，即以本年十月某日为开葬之始茔，必立碑，碑必刻某房字样，以防异姓之混入。逾年，过其地，见其为前向，为后向，冢墓鳞次，方不胜恻然而叹，逝者之如斯。今适六房合修族谱，阅各世系所书葬所，因谓此亦不可以无记存亡之理一也。龙山清河渡桐木湾各胜地，窀穸安固，而子姓顾不免有体魄之靡所讬，度祖宗之意，当亦为之隐恫。孟子曰，养生丧死无憾，王道之始也。自后世圣人取诸大过，易衣薪而棺椁，而人遂动曰福地曰吉壤。吾邑多佳山水，奇峭平旷，各臻胜趣。讵不足供堪舆家之采择，而必陟高冈，凌绝巘，寻龙看脉，挥金不惜，而始可以有得，此岂尽人所能为力哉，亦岂临时所能骤办哉。兹山之开，纵不必有甚形胜，亦聊以救无坟山之穷，于族不无少便云。

光绪三十年岁次甲辰季秋月

延顺两房祠记

在昔程朱议礼，冬至祭始祖，立春祭先祖。先祖也者，继别继祢之祖也。我族介歧公与南坡公既立有祠矣，南坡公衍两支，其一英公，子长龟永公为延顺两房之祖，幼龟年公为觐达昌孚四房之祖，其一冠公子龟算公为通房之祖，此辛氏七房所由派，而我永公乃继别之祖也，传至十一世巢云公始为顺房之分祖，原其初则皆延房之同派也。延顺房旧有祠，久废，故基在康乐坊。两房子姓不敢忘所自，各捐金生息，历有年所。越辛酉秋，议建祠以祀先祖，斯固情不容已，亦礼所应尔也。遂鸠工庀材，诹日从事。中为正厅，翼以两廊，后立寝室，前列二门，缭以垣墉，栋宇巍峨，檐阿华彩，吾先祖之灵其安矣乎。落成而命记于攀。窃思人道莫大于亲亲，亲亲故尊祖，尊祖故敬宗，人能尊祖敬宗，则一本之恩已笃，后嗣之衍方长。今之日顾瞻榱桷，秋霜春露得以致其洞洞属属，肃然忾然之情者，惟此焉依。吾侪子姓拜兹堂，不虽代远人繁，俨若同居近属，未尝不叹先祖之留贻深且远也。自今以始，尚其喜相庆，忧相恤，善相劝，过相规，恩相亲，礼相接，庶几交相爱好，以毋忘先世之德，则岂独家门盛事哉。戴天履地，油然而忠爱生，勃然而报称作，斯无愧我祖宗理学相传之家风矣。爰笔而记之。

续修延顺两房祠记

返始报本，人有同心。祠宇之设，由来尚矣。吾邑辛氏延顺两房，实本一支，有明末曾合建祠宇于康乐坊，后经兵燹。国朝乾隆辛酉秋，因旧基复建焉。但其基址左右虽均，而前后短甚。虽寝室堂廊各设，而局促迫缩，终不足以肃观瞻而妥祖灵。昔之人讵不欲求善所，盖城中基地欲扩尺寸，虽多金不易得也。且寝室取材渺小，不十余年而辄倾坏，两房子侄卒徘徊观望，无有起而议修复者。虽间议修，复亦终止，一任风雨飘摇，而坐视如故，岂真冥冥中欲俟其时会而始克建此祠欤，不可得而知也。未几祠后左右空地旧属他人者，渐次而归吾祠矣。又阅十余年，祠前街外房屋一所属他人者，而丁未冬又归吾祠矣。是何昔日捐金以求尺寸地而不易得者，今何以上下四旁均齐方正有如是也。于是人心欢悦，通众妥议，相其形势，不独寝室改建，且欲撤旧规而悉更新之。维时祠中虽无一钱存，而承事者不畏避乐，任其事，载经载度，是董是劳。事忘其私，人忘其力，亦何昔之日当任而不任，今何任重而若轻也。且吾延顺房不下数百家，无有殷实之人，大多耕田及恃力以活者比比，一闻此举，无不思节缩倒廪，倾囊以助，抑何昔之日交相劝输而不输，今之日争先输之，而且乐也。工庸之费，稍廪之给，凡用银一千二百两有奇，其规制与兴仁坊总祠相称，诚足以妥先灵而肃观瞻矣。兴工于庚戌之季春，告成于是岁之仲冬，佥曰此余两房承事诸公之力也，而承事诸公曰，此余两房人报本之心真以切也，余等何力之与有彼此交让而不居，以是而归之时，会之冥冥，终不得也，实皆吾祖宗馨香之德之灵，一一有以默使之也云尔。是为记。

时

乾隆壬子岁仲冬月廿一世八十一岁嗣孙廷芝谨撰

延顺祠守祠谷记

粤稽延顺两房乾隆纪元前，已有祠址。辛酉秋始修复，越五十二年壬子更大拓规制，尽撤其旧而更新之，见廷芝公记。维时祠中无甚存款，统计户口不下数百家，大多恃力耕以图生活，然一闻此举，皆愿节缩以相助。事竣，所费约一千二百两有奇，迄今尚岿然，他祠莫之与京。越二年，存报本之心者，仍有所虑，以为祠成矣，而享祀缺焉，终无以展其孝思，于是延众房长宗亮等议将梅源水口里等早迟田壹百叁拾把，拨助祠中，并抵补该数，仍于是年三月初九日立约作助。同月十一日，复有光佐公清明会亦经房长宗亮等议将所管塔前江仔边等处早迟田壹佰壹拾伍把立约助祠，永为祭田。现今梅源一庄仍属两房祠直接保管收租，塔前一庄查祠簿，嘉庆道光以来收支俱不入账，历归守祠人取给。自咸丰五六年后，始见簿载佃户陈位立额定实谷拾石，与守祠人收。然逐年颇有增减，十年以后，簿内一收一支始明，定塔前谷八石与守祠人，迄今无异。想当年光佐公会必有别业相连，或因佃户归庄，或因陂田荫注，种种关系遂改为守祠谷，年拨八石，故虽助约载册，祠中得实谷而胜如管田，其根据事实，得以凿凿言之而毫无疑义者，不可不特为纪述，以资后人查覈焉。

二十三世嗣孙观涛谨述

延房台山公乡荐坊遗址纪事　廿六世嗣孙绣敬志

坊者所以训方型俗也，其制昉自前明。成进士者，得建坊，若仅领乡荐，则必品学兼优，膺当路之游扬乃准破格建坊，以明特奖。故乡荐坊之建，较进士坊尤难也。万邑惟吾台山公有之。公讳磊，字抑之，台山其别号也，中明嘉靖壬午乡试，贤名卓著，众口交推，曾邀奖建乡荐坊，邑志所称荐坊者是已。考旧谱所载，其坊在水西岸仓前，跨街屹立，年久朽塌，遗基仅存，且有址因数姓毗连，界限莫分，几致失业。光绪辛丑，嵩生范九与祠中当事诸君出而力争，对方慑服，经众调解，令侵占者出价贰百金，事乃寝。今左址祠竖店房一所，计内横四尺二寸，又外横一丈五尺五寸，直二丈三尺，岁入租金，愿后世子孙念此告朔饩羊，谨守勿失，庶至其地而景仰遗徽。店存即坊存，凡先人之足以训方型俗，与嗣孙善于继志述事者，流风遗泽，胥与之长存矣。

创建顺房祠记

粤稽吾族籍隶万邑，自有明天启四年起立总祠，我延顺两房遂接踵成祠于康乐坊，迄乾隆初而扩大之，迨乾隆末而葺新之。未几觐达昌孚各祠均陆续建筑，惟延房与顺房虽各置祀田，而未有崇祀房祖之所。我顺房前辈情殷报本，早经起立助祭会。然享祀蒸尝，究无所藉。至光绪癸未，始由会垣房长及秉彝寅阶仙洲诸公，督买祠基于两房祠前。首事连发鼎三祖培亦与有力，而堂构尚存奢望焉。时族众计虑所管栈下庄产等于石田，收入无几。适该处拥赀求田者多，业价陡起，因集会协议变价，存某钱铺生放，至千二三百缗。岁乙未，突遭倒闭，债务人扬言甘愿破产，而当事者顾瞪目束手，深恐其以瘠田抵赖，不欲负责，几几放弃。幸涛于年终解馆，寓两房祠课儿儿曹，朝夕与百生磋商数四，联同当事邀请我房秉彝及彼族梧瑞，撮和成交，踩买壅江田租陆拾石。涛与百生诸君并蠲弃中人酒礼，以弥受贵之损失。前款幸未凿空，抵找余数仍由当事者权子母，寸累铢积。越四年戊戌，始罄其所储，并一面筹募得二千五六百缗，从事建造。明年春，祠宇落成，除房长捐助屋柱十杆外，幸无虚歉。涛于时尚虑祀田不足，更倡议扩助祭会田六百七十五把，会股概请配食，各后裔倾忱赞同。又越六年甲辰，再起走廊樸门，垩坊装饰，乃得渐臻美备矣。噫嘻箴辞有云，成立不易，诚哉其不易也。回想此举，以较观达各祠，迟至二十年之久而谋及始基，又迟至二十年之后而方告完成，涛与秉彝百生虽毕力经营，未敢自伐而前后首事纶恩乙甫林实诸位，均能俭约克己，弗辞劳瘁，以成之，宜乎本房迄今莫不稍庆其得人而理也。继此人才辈出，更望一心维持，庶上足以慰先灵，下足以联族属。吾子姓盍共勉旃。爰不惮词费，覼述颠末，以资来叶考镜云。光绪乙巳冬月敬志

十二世孙观涛

顺支重建绿筠书屋记　继攀

距城北里许，志载绿筠书屋者，先远祖退庵公于明嘉靖己丑间建，以训课

子柏坡少坡二公者也。其地闲旷清幽，鹅峰屏列，龙江旋绕，植竹千个，绿荫交加，凿池一区，锦鳞出没，远瞻近嘱，宛若画图，山川之奇秀，亦云胜矣。室既成，延明师，访益友，购求经籍，牙签簇架，芸香满案，二公诵读其中，优游翰墨，尚论古人无虚日。退庵公暇则披鹤氅，扶鸠杖，缓步至止，俯仰舒啸，清琴三弄，小酌半醺，初何殊以童颜鹤发之姿，辉映于淇泉绿竹间也。外翰孝廉蓝公渫为之记。历年既久，栋宇废颓，迄今二百余载，缅想囊徽如昨，欲从而更新之未果。雍正辛亥，房叔祖国翰丽天士敏，叔遂生辈佥议重建，鸠工庀材，规模仍旧。不数月告竣，俾子姓有志读书者，得藏修游息其间，甚盛举也。岁壬戌，次见廷皋讲学于兹。余告之曰：汝亦知吾儒所学者果何事？将以为己乎？将以为人乎？为人不足道也。若自格致以及修齐治平，视大地万物，皆吾分内事，此为己者也。吾宗若稼轩南坡，躬逢理学接踵之运，得自附古学者之林，盖缘敦己实践，故能上不负君，下不负学，为世仪型，其流风余韵不犹在乎？至我柏坡公与其弟少坡公，敬承先人意，道足学富，皆可以觉世范俗，一时贤俊如吴公倬，宋公良佐皆师事之。虽怀才未获用于世，而孝友情深，古道照人，非敦本务实，乌能若是。登斯堂也，乐邱园之恬静，际盛世之休隆，愿汝曹朝夕切劘，毋惑歧途，毋囿俗学，毋半途而废，躐等而趋居敬以穷理，集义以养气，庶骎骎乎日远乎今，而进于古。由是处为正士，出为名臣，讵非吾道之幸与。不然舍为己之实学，徒猎经史以夸声华，扫藻翰以邀利达，非特为吾宗之羞，抑且为名教之忧，可勿戒哉，可勿勖哉。时乾隆壬戌敬志

顺支新建退庵公祠记　子敬

报本返始，人有同情，祠宇之设，思报本也。吾族自介岐公仕万，越南坡公始家焉。立祠以祀之，由来已久。南坡公长子英公为延顺觐达昌孚六房祖，多有支祠。远者尚思报答，迩且亲者独略焉，可乎哉？我退庵公乃继别之祖也。公遗下业井隅方，所分会钱，涂溪公倡议立会以为春秋祭扫之资，经理十数年，公谢弗理，由中公又经营数十年，陆续置买田数百把，共计租有四十余担，又与潮公合建店房一所。后莹斋公接管，又余四百多金，与吾父同管。莹斋公商之吾父，并诸公曰，建退庵公祠，和衷则事易成，义举则众竞劝。于是劝捐酌

酬以配食祔食为差，冬至祭祀按牌位宴于祠，而人自争先踊跃，遂得入钱若干。爰乃相其形势于绿筠书院旧基，佥曰斯境也，退庵公于明嘉靖己丑间建，以训我柏坡少坡二公者也。其地远挹鹅峰之秀，近环龙江之水。山辉川媚，霞蔚云蒸，洵足以妥先灵而展孝思也。由是鸠工庀材，诹吉从事，中为正厅，直下两廊，前列二门，后立寝堂，祠侧复建绿筠书院，仍旧迹也。其规制虽仿康乐坊延顺祠而稍狭，吾先祖之灵，其亦安矣乎。且我祖支下子孙棋列星布，相识为艰，得祠以联我本支，则岁时宴会有地，燕喜迎饯有所，于以报先人者在是，笃亲爱者在是，即规劝子孙亦在是。是举也，经始于道光戊申之春，毕工于是岁之冬，后之人登斯堂，勿第爱境地之宏敞，榱桷之巍焕，丹艧之辉煌已也，尚其憬然思先祀不可忽，本支不可乖也乎？咸丰初年，祀费不敷，柏坡公助十六担租田，少坡公助八担租田以供祭祀，永垂久远。于是备载其创修之由，成功之次，详为记之云。

时

咸丰辛酉三月上巳后三日谨撰

顺支统公祖妣墓址考正纪事

为人后者，承先祖考辨之德泽，以继志述事为兢兢，固也，而尤宜注意者有二。内则对祖考妣之享祀，外则对祖考妣之坟墓，慎毋忽焉。涛于民国十五年冬，因在总祠纂辑公册，既发觉祖牌错乱，经涛集会祠众，讲明误点，恭祝神寝祷告更正矣。明年清明，复发觉误认祖妣墓址事，是不可无所纪述。先是统公祖妣宋氏相传葬范塘，莫知其真确。查光绪甲辰谱载，竟有遇纲公合葬字样。证之咸丰辛酉谱亦然，知系相沿已久，以讹传讹。伏思伦纪所系，伯兄断无与弟妇合葬之理。查纲公统公，都得寿考而终。二比又皆子女成行。涛再三考虑，寝馈难安。唯纲公继娶亦宋氏，而未书葬所。既复着族侄思贤前去详勘纲公墓碑，虽剥蚀不清，俨然有宋氏二字，意必后嗣展墓，误彼宋为此宋，即据碑认作统公祖妣，而率意以书于谱。乃知百年来之误点，原伏于此，而我祖妣宋氏墓址委系早年失踪矣。爰另行镌碑，作宋氏婆之茔于统公墓左，以示更正。世系分注，亦查照改削，并纪述其事由于谱牒，庶以干前人之蛊，且资后世考镜云尔。

二十三世嗣孙观涛敬志

又垂裕堂簿序

遇统公讳正，顺房祖巢云公四世孙湫公幼子也。湫公七支，长遇霖，次遇纲，三遇纪，四遇绂，五遇绅，六遇总俱早乏嗣，有一二传而止者，有三四传而止者，惟纪公七传始乏。湫公遗赀，除纪公五世孙成远于乾隆初年立约分去，后因而并入统公众。迨稍有蓄积，曾与明栋公众合契买王家塅田四百把。明栋公得一百五十把，统公得二百五十把，额租合佃，历年摊分，以应挂扫及奖励学子之用。惟该处田租照把数算明，栋系八分之三，统公系八分之五。虽簿载税粮按此推收，契内既未辨别，佃帖亦未分明，双方首事总未免徜彷无凭。今特声叙明白，揭之簿首，俾后嗣一览而周知也。再查我祖先前未立堂名，只称统公会，殊属不合。仰绎祖讳与创业垂统之辞典相符，谨取名垂裕堂，免亵越之咎戾焉。

民国丙寅秋月九世孙观涛敬志

顺支德馨堂簿序

大凡举事必明其义，纪事必究其原，况祖先之遗泽所关，祖惠之名称所系乎？我明栋公为顺房祖六世孙，系光兰公次子。光兰公又即遇统公四子。统公乃湫公幼子也。湫公七支，长次三四五六各支俱已乏嗣，湫公统公遂作单传，所有遗产既起立统公垂裕堂，以应清明拜墓，中元焚楮，及酌奖本支学校毕业之用矣。我明栋公原有遗赀，前人设法保存，联同统公会众合契置买王家塅早迟田四百把，额租合佃，证以统公簿首凝之公序及簿载印契税钱，知统公众所得系二百五十把，为八分之五，明栋公所得系一百五十把，为八分之三。照把派粮，按额摊收，历年无异，收入租息以供中元焚纸。自光兰公至炳字派，上追一世，下及七世，以示限制。本支有中学以上学校毕业者，酌给奖励。三年一届备谳，交替轮管，无分阶级。自老年以至婴孩，凡是男丁均得沾席。惟数十年照例举行，而皆莫明所由来，佥称明栋公会，或则称大细会，更不雅驯。

长此慢然视之，不亟慎重以揭之可乎？查我明栋公原未立堂名，敬绎我祖讳字与明德惟馨之辞典相符，谨取名德馨堂，而今而后，庶免亵越祖先之咎戾也夫。

民国丙寅秋月七世孙观涛敬志

顺治癸巳重九觐户议修三房谱记　硎

余辛觐之三房也，自祖显忠分派以来，长永润，次永纯，又次永坚，上中下之所由名也。迨其相传渐降，子孙盛衰，衣冠隆杀，三房未获如一臂指，遂有各私门户之见。上与下立有私禁，中房亦立有私禁。其立禁之意，与余意大相剌谬也。其故维何？盖以父兄子弟之谊而权商贾子母之行，则是视青蚨如骨肉也，视父兄子弟若途人也。究且情衰谊薄，财詘义穷，几何不各立门户，自相离异也哉。余盖力挽前规，追思明末癸未，兵燹交讧，荒旱洊告。兹时也，海水群飞，天星乱动，父南子北，兄东弟西，邑姓之故老荒落，世族之谱系无存，比比皆然。独我祖天佑，厥后所足征者有故老焉，所式凭者有谱系焉。虽子孙支蔓，未必古若也。冠裳济楚，未必古若也。迄值兵荒水旱，百难轮转中，尚遗留二百有奇之丁口，亦云善矣。将来瓜瓞绵绵，犹未艾也。予尝读书怀古，志切祖鞭，每欲得先祖大宗谱载之所未及者，一一而重辑之，使三房诸子若孙稍知高曾祖父之箕裘，窃惓惓而无由也。岁癸巳，觐值总书役，节届重九，集饮间遍询各房长老，得上房伯祖讳应宸者，与余祖分相伯仲，犹能详其人，记其事。祖宗丘墓之所存，子孙源流之所出，援古证今，示若措掌，同坐诸子侄辈莫不举祝曰，天之所以寿若翁而启我后者，其在斯乎！其在斯乎！于是若翁出其唐祖开宣世系以示余。余见谱牒所载，其尊卑名号之纲维，以及生年卒葬之里居，与若翁同出一揆，无遁微芒。迨睹其像仪，恍乎若见其人焉。读其手泽，忾乎如闻其声焉。噫何期唐宋元明之大祖列宗复见于今日也。虽然运当清祚鼎盛，时异势殊，而明禋未改，后世祖宗何忍没没于无闻乎。筮卜是月之望，每丁敛钱若干，用以庀工梓材，将唐宋以迄今兹，补葺遗文，重弥缺漏，使五朝祖宗昭穆共成一帙，永为不替，是何虑久大之业不得传诸宗祖，福泽之嘉难以爰及苗裔也哉。后之子孙当阳蔚起，科甲蝉联，览斯集者当亦无负余初志云。

覲房祠记　斐均

显忠公，我覲房支祖也。忠公生子三，曰瑾曰玘曰瑜，子孙颇繁，人文亦蔚。溯我祖出自开宣公，七房既有公祠，先伯父硎倡率本支于康熙庚戌秋买房侄孙瑞馨九仙宫侧基土一片，创祠宇二栋，并立三房谱稿，此敦睦之意也。年久圮颓，余邀房众佳士万侯桂孙崑友赞臣旭上日珍其章等，敛财生息，于康熙丁酉尽举而新之，改立正厅一栋，计四扇，两廊各二扇，下及槽门，周围硎以砖墙，公财告歉，寝室缺焉。雍正甲辰，芳公支下子孙将芳公会银捐助四十两为倡，又创寝堂一栋计四扇，及神龛门壁天井，并砌门左圳上行路，桥石俱已齐备。举前之缺而未备者，焕然改观矣。由是祖灵可以安，子姓可以聚，岁时伏腊得以恭行时祭，且可以读法讲礼于其中。凡事务之本房可竟局者，二三父老于此乎共酌之初，不必遽烦公祠焉，可不谓美乎。于是备载其创修之由，及成功之次，详为记之，以示后人。

续修覲祠记　计偕

古人营建宗庙为先，本始之思，人有同然。我覲祠创始于康熙庚戌，再建于康熙丁酉，添造于雍正甲辰，历国朝来已三修矣。读静庵公修祠记而知昔人之创造，甚费艰辛也。然虽营构屡兴，规模未广，迨历年既久，而又渐即倾危，族之人咸谋所以新之，而难于其地。盖其时有以建城祠基颇近偏隅，而康乐店房屡岁薄收，遂有兴易地改建之论者，以致彼此龃龉，迁延未果。房长昌明公力排浮议，坚仍旧址，而三房子姓悉欣然从命。其时得乐助一千四百有奇，得享钱九百四十有奇，而又益以从事之权宜，盖至此而畚筑之功可以次第举矣。由是而鸠工，由是而庀材，图度经营，渐兴盛役。前为大门，次为槽门，中为庭堂，后为寝室，左右翼以回廊，旁基以祀伯祖，凡仓库庖厨毕具，其规制悉仿之大祠。是役也，经始于嘉庆之庚辰，毕工于道光之辛巳，约费数千金，而遂观厥成，以视昔日不已改观欤。祠既竣，复以赢余积累，渐次购呼田业，创兴仁店房，俾后之人岁享时荐，得以有赀，读法讲礼，得以有地。祖宗之留贻，讵敢忘之？余生也晚，未获躬亲盛举，而乐其事之有成。辛酉春，续修家乘，爰为之追记其涯略云。

觐支燕山公支祠记　儒谦

吾族自显忠公为我觐房始祖，传九世至燕山公，分迁仙居桥罗家山，椒衍瓜绵，颇称巨族，后人承积善之余庆，思竭诚而报德，特建祠宇以奉蒸尝。廿余年矣，今值觐谱续编，爰附记以传之。余维报本之思，人心所同而事之成否，则各有天焉。溯我燕山公先是康熙中有公余银捌钱，为数甚纤悉也，而诸前辈以为积微至巨，则百世之祀可基于此，于是五房子孙轮番生息，至乾隆间居然祭扫有资矣。道光初，积产渐丰，始议建祠。癸巳庀材具而基址尚未得所。戊戌买长春众社前早田数十把，我伯胜公复捐田上山土以充之，遂创构祠宇上下三栋，寝室厅堂，槽门毕具，左侧立仓库厨房，而公赀已乏。因议进享报功，得钱数百余缗，造神龛及站亭。壬寅岁，又驳祠前春阳众田壹截作球场并围墙。自是规模大备，而我燕山公祠俨与觐祠相等矣。继自今岁享时荐有资，讲礼读法有地，衣冠俎豆之盛，讵有艾欤。后之人瞻栋宇之轮奂，思水木之本源，亦当念我祖之盛德所致，与诸前辈之孝思所感，始能有志竟成若是。是为记。

达房修祠记　文彬

高宗纯皇帝御极之五十一年冬月，余以公车北上，走别我本房长玉书公。维时公年八十矣，而神明聪强，谓之曰，吾房幸有支祠，而规制卑隘持因，仍非久计也。吾与董事彩云君谋为更新，若事克谐，幸也。余闻而私心窃喜。既而余捧檄四川，筮仕眉州之丹稜，改官司军粮于巴塘，薄宦天末，远祠墓者十有余年。今皇上践祚之二年，长子元宸省余巴塘，始知我房已撤旧祠，而更新之。又二年，余改官户部，旋告假归，拜谒龙山公之庙，经双虹桥而北，至吾支新祠。入门登堂，房长彩云公引余升寝拜瞻神座，规模整肃，然后知有志竟成，而彩云公果能副玉书公之志也夫。事亦存乎人耳。我族龙山公既有公祠，各房亦立私庙，六化公起立清明会以来，祭扫有资，而赢余无多，未敢轻议。先房长颖长公司训宁州，而后经理非人，侵牟攘竞，逋负盈千。本支绅士敦请玉书公为房长，举彩云公董出入。数年来，积弊渐除，尽复旧产。及玉书公殁，彩云公继为房长，乃始就所购龙姓旧址，而寝庙焕乎一新。于是我支祖始有专祀，房之人春秋展敬，会聚有地，燕喜迎饯有所，此岂事之必待时耶，抑亦待人而后成也。且夫和衷则事易集，义举则众竞劝，祠之始止谷百有五十石，钱五十有二贯耳。彩云公集议劝捐，酌酬以配食袝食为差，而人争踊跃，入钱至二千三百贯有奇，乃命族叔景程，族侄秉初秀钟发元数人，经营其事，面势定规，临街缭以垣，径分东西，入为门，左右有房，翼以两廊，其中站以亭，缭以栏槛，又进为堂，旁有厢房。由堂而升为神寝，安本支祖考妣及配食神主。寝东西为夹室，安袝食神主。后及左右为墙，墙右侧为店房者二，为栈房者五。既厨灶库咸具。左侧续买刘姓房屋一所，园土一片。经始于嘉庆元年二月，至次年冬至落成，用金凡二千八百有奇而告蒇。鸣呼敏矣，而彩云公之意犹未已也，通计祠赀，合前存后益，岁可得租谷二百八十七石五斗，店租钱一百三四十千，每岁经费外，可余谷二百余石。于是酌加劝士之典，自小试乡会试以上，一切花红盘费，视昔加倍。复留其余，拟仿古义田遗意，广祖泽以苏困乏。公之用意不既厚且周乎？孰非本玉书公之志而加以恢廓者哉。余宦学无立，不获左右斯事，归而得纵观其成，实喜且愧焉，而指数我房十数年中科甲相望，仕进者辐辏乎？天路盖不惟寝庙兴而财用足，而人文亦宾宾焉蔚起矣。此固祖考之遗泽流衍，而其所以欢欣鼓舞，前后作兴者，非偶然也。兹承房长公之命，记其始末，以见成事非易，而又以为继起者策焉。嘉庆五年十一月

达房止公祠记　辰云

存亡之理一也。馨洁羞日厚奉其父母，而伯叔群从，不免啼饥于父母，安平因是推祖宗之意，庙貌巍峨，日歆享祀而昆弟子侄游魂无依，其隐恫也必矣。达房自汉升公聿启五支，派衍最繁。然其弟汉光公传止三世，其后五支内书止者亦世见于谱。度在历代祖先，非弟兄即子侄也，而蒸尝乏主，岁祀忽诸，永念先人能无凄怆，用是礼缘义起，仁本亲推，虽合食宗堂，难及无功之祀，而记称无后，得祭宗子之家，事异杞鄫，神歆族类，别庙而祭，礼亦宜之。乃以祠左余基，另辟寝堂，奉为止公之祠。每冬祭礼成，牲币告虔，自嘉庆庚辰始也。岁丙申续修族谱牒，族长谋依世次各安栗主，自汉光公始载，止者咸与焉，

而命余以记。余惟大传有云，上治祖祢，旁治昆弟。本两事也，若乃推祖宗之深仁而计及旁支之坠祀，是一事行而上治旁治兼之，可以补古人所未及矣。且存亡继绝，仁者之心也。今虽世祀悠隔，存继无从，而灵爽式凭，馨香代展，遂使若敖之魂无馁，申生之祀常存，孝思所动，仁事为昭，克承先志，莫善于是。抑余更有进焉。夫亲亲之道，由近及远，能推祖宗之爱，以及旁支，则于一本同源必无途人兄弟之讥，即由推爱之意以例，父母则于叔伯群从，岂有休戚不关之理。登斯堂者，念覆宗之不殄，思仁意所由推，孝友雍睦之意，有不油然兴起者夫？

（按，此即祭法所谓族厉也。谓补古未及，思未及耳。乙卯补识。）

达祠祭墓局引　金衍

达祖汉升公生元至正，殁于有明宣德，葬城西稳渡虎形，祖妣蓝氏如玉葬城南蟹形。两茔相望里许，踞邑山水之胜，数百年来，子孙五支并茂，地脉灵长，信有征已。缘各支附葬累累，未免震动先茔。顺治十三年，业经族众公禁接厝。后遭甲寅变乱，支属奔窜，祭扫久湮，间有潜谋盗葬者。房长受瑄等目击痛恨，于康熙四十年春值祭扫，水木兴思，复邀衍等重申前禁，公立合同，具呈县主何，颁批镌石严禁，竖立两处，碑文载谱。犹虑世远年深，子侄繁杂，祭扫期届，各私所亲，弗克远追本源也，爰捐公财壹两五钱，起立祭局，照依长幼次序轮接。每岁于祭扫前三日收息钱，付值年禁首买备祭仪，俟本族龙山拜祖之次日，本支房长率子姓登山奠扫，本银仍付下首，登簿领借。长房领银，二房执簿，如前出息，周而复始，永供祭扫。至祭毕会宴，各自捐醵，率以为常，不得过侈浪费。如领借侵蚀祭财，贻误祀事，及执簿收藏不谨，值年办祭不恭，均干家法，公同究处。斯举上妥坟灵，下联宗亲，关系匪轻。爰弁数言以垂于后。康熙四十四年三月。

达祠祭墓田引　汝献

房族之有田也，所以供祭扫，葺茔封，作养人才，优恤节义也。本族自克勤公家万，派衍七房，固有公产以资时祭矣。而吾支祖汉升公妣蓝氏生元末季，殁于明初，葬城西虎形，妣葬南坛蟹形，迄今廿四世，丁齿日繁，人文蔚起。先是每岁敛金祭扫，聚族而往，事毕宴会。康熙间先叔六化理族事，惧敛金不可以常，商之房长上玉公，起立清明局，丁出银一钱，子母生息，积寡成多。至房长天佑公将是银买谷源田壹千余把，继起诸房长渐次增益，得蟹形边土田九十把，店房四间。今房长介也公清勤更倍，自乾隆五年集银一百七十七两，积至今日，得银两五百有奇。除续创兴仁坊店房一间，及小东楼田六百五十把外，修谱用费，取具于兹，免本支之科敛，惠云普矣。今虽公财告竭，然有田则租日出，有店则财自裕，后此日积弥盛，不卜可知也。夫有财而经理无法，则财难聚。财聚而用不以礼，则财且滋愆，势必先定其规模，然后可遵以从事。爰集众斟酌，定为规条，俾知率从画一，庶不虚前人置创之意，上以仰答祖宗，下以振兴孙子，讵非事之至善者与。

（谨按，此局生息甚盛。本房建祠兴祭，实基于此。今虽墓归祠，祭局不复存，然祭扫相承，创始维艰，不忍湮没，谨遵前谱附录。）

昌房祠记　惟清

我族自南坡公家万，派衍七房，延顺觐达通各有支祠，每岁冬至，大祠祭毕，各就支祠祭房祖，人神载洽，欢燕重申，诚盛典也。岁时伏腊，房长率子姓讲礼敦让于其中，事之不必关白大祠者，即于是料理之，虽有事若无事然，一何族谊之笃欤。我房祖廷曙公独乏专祠，数百年来岂无木本水源之思，敬宗收族之义，而公财既寡，人力亦单，有志不逮，咸抱疚焉。嘉庆甲戌冬，始议创构。一时踊跃捐输者略数十人，各随钱数多寡，酬以配食袝食，共钱二百余千，合公财只三百余千。因先买本房莹公业土二片，以作祠基。然中边广输，不符体制，即一底法已待增廓，无论鸠工庀材矣。于是以其余资，樽节生息，历有年所，仅得千余金。昨岁丙申，复申前议，仍以财地两绌，难言兴作，寝庙奕奕，终归道谋耳。会北门巢氏有屋出售，凡百规模略与祠称，审己量力，莫宜于斯。乃以钱九百千购之，正栋计三进，上为寝室，中为正厅，下有瞻拜地，旁有房廊若干，足以储祭器而列乐部。重门内有球场，屋后有园。屋之左有横屋，横屋上截为厨房，下截为店，可发租。四面俱砖墙，虽轮奂未臻，而爽垲坚固，不烦修餙，位置天然，盖数百年来相与处心积虑所不能有者，今为我祖宗有之。巢氏之先所为经营缔构，以成此堂者，若为我祖宗成之，而又价廉事省，适如本房之分，谓非祖宗神灵默相诏佑，何以得此，而岂人力所能致哉。夫天下事能创者必求能继，善始者当思善终。今而后，时祀之资，岁修之费，需用孔亟，诸子姓尚谋所以维持而恢大之，于以灵承俎豆，发衍衣冠，裕敬宗收族之休，绍讲礼敦让之绪，与各房支祠并峙不朽焉。是余厚望也夫。谨记。

袁州昌祠试馆记

吾邑之试馆于郡者，皆有试馆以栖息。辛氏为邑望，试馆之在郡中者相属，而昌祠独阙，前之人属有意焉而未暇也。道光时，祠众以铢积寸累之赀创置祠堂于邑北，越十余年而祠众之应郡试者日众，于是群集而谋，力劝殷实捐输，以佐祠赀之不逮，为制钱二百千，购屋于郡治之西隅，其屋居阛阓中，前为市廛，中得小厅庖湢，后身乃为正厅，左右翼翼以长房，厅之前为天井，厢房夹之，不独应试者得以栖息，其前之市廛岁可租十金以上，于祠赀亦不为无补。是役也，倡议者祠之衿守德绍徽，司祠事而又倡捐者则康琪也，其余捐资出力之人具详祠簿，守德又不惮烦劳，往来相度，均不诿之他人，守德者固吾宗祠中司事者也，余曩于祠中见其人议论慷慨，识大体，意其必能为祠中出力，及闻此举而窃自喜昔之见为不谬也。适昌祠之谱告成，守德具其事而以记属，爰不辞而为撰次，俾后之应试而栖息是馆者不忘所由来焉。

宗人有守述

今将捐输袁郡试馆人名开后

绍徽捐钱一百十千文	荣宗捐钱四十千文
康琪捐钱廿千文	守德捐钱十千文
振声捐钱十千文	润声捐钱十千文
赐禄捐钱五千文	明贵捐钱四千文
洪公捐钱三千文	仁凤捐钱一千文
贵龙捐钱一千文	炳铎捐钱一千文

昌支锦宣公享堂记　二十七世孙作栋撰

国家设祠祀之典，所以报祖先，即所以联族姓。吾族建总祠以祀南坡公，而我昌房复立支祠，以祀菊逸公，示不忘本也。虽然远则有一族一支之祖，近亦有一家之祖，为子孙者笃念前徽，四时荐食，以共伸孝敬之思，此享堂之所由立也。我祖汝禄公笃生三子，不幸贤植二公无传。再传至锦宣公，孝友承家，诗书启后，近今孙曾蕃衍，读者耕者工者贾者莫不各安其业，岂非前人积厚之所致哉。倘不为之建祠设祀，上何以报祖先之德，下何以联族姓之欢。然事之宜于创者，则不可徒事因循也。事之有可因者，则不必竞言创造也。子孙虽未能捐建，而祖宗尚有所留遗，此固事之有可因而不必创者也。我锦宣公饶田遗宅一所，四围栾林树木，花土球场皆备，即以其中为公享堂，猪头山王家塘栗树下遗田五十把，岁可得租谷三石余。迩来幸赖先祖庆昌偕叔祖贵修维持，增益田产，得买梅源充田六十把，贤竹充田三十把，长充仔田三十把，朱家塅田三十把，共可收租谷二十余担，即以为公祀田。虽冬祭之典未能遽举，每于清明中元时，聚支下子孙烧纸拜扫，诚由此而渐积之，则祀典固易举行，即鼎新堂构未必非指顾间事也。是则与报祖先，联族姓之义，庶几其不背矣乎。

昌支曙阳公祀田记　廿三世孙易撰

记曰，有田助祭，无田则荐，则知报本追远之思，古今人有同心也。我十六世祖曙阳公由乙榜进士官大埔程乡令，廉声善政藉甚，两邑民爱其棠，子孙不能荐其韭，于心安乎？然欲庙祀，必先置圭田。我祖琴鹤风清，无多遗产，而两支子孙又贫富不一，所以二百年来未能立庙，虽存有水口里之垦田，株树潭之虎形，一都里老鼠嘴之山场，以及南城外塔下之地租，蟹形山后之园土，岁可收赀钱三四千文，然仅供清明扫墓之用，立庙仍苦无赀。迩来渐次增益，置有四都一图狮岗充早迟田百贰拾把，扬家坊早田三拾把，□石桥早田三拾把，计额租谷贰拾余担，立庙虽不敷，董理得人，可翘首待也。然财薄则息不繁，产多则厄易漏。自今以往，我两支子孙允宜矢公矢慎，毋乾没，毋浮销，以期庙祀之有成，其于报本追远之道，庶乎近之。

康熙戊寅修祠纪事

辛氏族始于后唐，长兴间敷谟公仕万，卒于官，葬龙山。至南宋时，祖克勤公来万祭冢，遂家焉。传生长幼房，支分七户，自唐至今近千年，祠宇建立沿革不一。前朝天启四年，延孝廉敏道等倡率七户各出银三十两，孚户银八两，共捐资正价一百五十两外，用三十一两买到兴仁坊彭德辉、德操房屋，改立寝室，安祀祖位，岁时会祭，即今址也。后寝室倒坏，仅存堂廊数楹，且原属民居，头门列左，曲径登堂。康熙丙寅，本坊遭回路，延烧廛舍百余间，至祠门而火熄。祠前基土属宋姓管业，廛焚而门径洞开。顺庠承项、觐贡硎、达庠联琬、生元金振偕衍等酌议，向忧阻塞，改竖正在斯时。爰请命族长敏楷、映岳暨房长联城、承远、茂卿、琼等。众议将祠管下首基土与宋姓抵换，会计历年禁首皆得七八十两。丁卯春，建头门以正出入，阅八月而告成。复买上首店二间，修砌照墙，外又竖店房三间，每年收租增至二十两，董其成者禁首上璇、建邦、北仁、丹陵……等，其劳正不可没。嗣是财用空虚，承项与衍等议，欲照丁出银，采买木料，建立二门，由两庑而堂而室，改合规模。缘族论畏难而止。自后岁余，赀财各户分领，多不依时遵兑，族长敏植、达庠受中等建议，总归三户轮领，每年春秋两季交接。如是数岁，子母起息，幸有百数十两。康熙三十五年岁丙子，众议封付达庠汝梅收储，以备建造。适邑西四区离城七十里地名城上袁悦章有屋上下两栋，并回廊木料合抱愿售，他族多以山巅难运出河，欲行且止。是年十月初六日，衍偕受道、如瑜，房长子凌、间生，禁首日泰、友生、绣伯、元生九人往是宅相其材木，与之交易，正价纹银七十八两，外三两酧中人易子情，一两与郭玉人寻踏河路，以四十两募袁科生、黄万生等一十七人。于是月二十六日进乡拆料登号，至十二月二十六搬运到祠，查验虽寸木无遗，前后路费、买猪酒并茅竹约费十余两。维时会议有四十四人，捐资陪宴卖东泊头八十余人，往牟村足价六人：廷瑄、如瑜、受节、友生、其章、以顺。往城上拆料记号任事十二人：日泰、友生、丹陵、元生、受节、绣伯、九登、中和、上璇、缔锡、以显、万侯。接济任事：金讴、长春、为卿、毛仔搬运到祠。越一载，山向欠吉，不敢擅举，预将余赀烧砖瓦八万，共银十七两有零，而公财复竭，竖造仍属空谈。在昔照丁出银之举于是复行。幸族有同心，开报丁册约一千二百有零，而房分七户，每户派银十两，每丁派银六分，共得银一百四十余两。又每户乐助得银二十六两，其首兑分银者，则孚户德生也。首倡乐助者，则觐贡硎、受圻及各户有力者，敏垣、联璟、联珍、振韶、启东、受瑄、受功、受杰、廷瑄、受成、吉生、麟生、文生、金瑞、受侣、汝琇、正初、受相、受名、勤问、德生等捐助有差。至两庠斯文捐助，每名一钱为率。康熙三十七年戊寅三月初十日起工，议将旧祠拆毁，改作寝室。买来下栋，改作二门，上栋存为中厅，不必别购木料，而三进具备。时众议又欲存旧祠，以上栋作寝室，草率完事。从前议者十之三，从后议者十之七。一时难与申说，爰偕同志暗嘱木匠将各料改修全备，择吉拆屋。忽延孝廉敏道裔，偕前族长名韬嗣，以旧祠系二家祖手捐买贴字祠庭，不许擅拆。众皆错愕。幸祖宗有灵，建昌房德仲家藏原买彭姓账簿，开明年月，数目极详，共费若干金，系七户公派，伊祖实董其成，以故异议自息。又寝室左畔基土缺丈许，系陈佛生管业。达庠受位与彼姻眷为之托中唐克昭、张喜也多方购就，正价纹银七两，加戥三钱，谢中一两二钱。此项价银原坐两庠捐助，因未兑齐，赖觐庠廷瑄贷银成交。是年五月初一，延分宜堪舆林蜚声定中椿，坐向辰戌兼乙辛，利市八钱。初二日平基，将后基培高二尺许。初三日扇架。初十日起竖。二十二日上梁，各匠利市一十二两六钱，木匠衣帽鞋袜及宴劳各工匠，共费银一十八两，每户出过小功，共三百五十工，每户出过粘米糯米三石有零，请过长工一百几十工。扇架上梁，合族多寡助过一百几十工。木匠泥水锯匠用过工一千三百余，每工四分五厘，共去工银五十八两有零。石匠砌前后拜阶天井，共工银十两。八月二十四日安门。九月二十日放水，共利市四两七钱。维时族长敏植、映岳实总其事，督修房长敏垣、承远、振云、联璟、联珍、勤问、受瑄、奇瑞，轮流值日，皆勉力襄事。收银发用则廷瑄、汝梅。执簿登数则受道、金讴、如瑜、金衍。提调杂办斯文则景、承饶、受中、汝楫、邦荣、金赤、受节、维城、如璟、金声、受相、膺爵等。禁首则受侣、绣伯、受锦、联添、友生、丹陵、九登、立为、子钦、吉生、联宿……等。夫任事以人，原非一人之力。幸合族踊跃，趋事者多，而收支经手亦复有法。凡一钱出入，经数行登注。簿立有五，一曰各项收银簿，一曰丁分总计簿，一曰各工支给簿，一曰用数簿，一曰乐助簿。逐一查对，丝毫不紊。始于康熙三十七年孟夏朔十日，至季冬二十日落成。当备牲酒奠祀我祠祖位，与记绅士七十余人，衣冠齐楚，共庆幸焉。为备详始末，见一时经理之难。至于增修勿替，端有望于后之有志者云。康熙戊寅金衍述。

续记

岁在康熙己卯三十八年，族以建祠落成，公议阄定承年，凡事庶有专司。自后节年续修，虽未完备，历有成效，合纪其略。本年顺户为首，立祠费用之后，难为设施，为将寝内中堂房间上下窗户暂行修理，计费十两有奇。办事七户有人，而承年三力、立为、九登效劳居多。三十九年昌户接管，赖族同心，修砌头门，天心街道粉饰门壁。时族议立匾头门，以南州八十老儒朱容重善楷书，名噪一时，命禁首尔锡赍礼求书。是年连修造公费约十余两，值年禁首勤思德仲等与有力焉。四十年春，轮值达户管年。适朱某匾字到祠，本房受圻又捐助大杉树百余株，房长受瑄首倡兴工，房长净明等为之赞成，族长时勤督率，制头门“辛氏宗祠”金字匾一面，复将寝室楣抱上下、厅面地脚顺方接修讫，制寝内格眼门六片，中堂照壁门八大片，两廊格眼花板门八片，左右圆窗堆花四大片，方卓四张，粉饰二门墙壁通共费过八十余两，除修匾系各户捐助，余费未及公派，催追丁分尾欠及谢禁土赀各项银两，尚未足用，值年贷完。其任事值年则绣伯、日泰、丹陵、以恕、缔锡、以顺、文济、家庆等，顺户三力、尔锡，延户友生、子尚，觐户旭上、万侯、其章、瑞廉、昌德、仲孚、德生、通首、元。自二月二十日兴工，至腊月告成，房长受瑄等料理各工价值，至除夕拜祖旋家，其勤劳若此。四十一年周围开沟引水，修砌门左围墙，并买砖工费二十二两，承年友生、子尚等实专其事。及至四十二年公冗渐繁，前贷未偿，未暇谋及修理。越一载，众议以祖寝乏费，围墙尚未竣事，议修孔迫，赖某等二十七人于己卯秋捐资起会，数载生息以建造寝室为任。于是年兴工告成，详载纪事。又族众每户复各捐资三两，公修各祖位。其年觐户轮值，协力襄事，完砌头门内左右围墙，并寝内三合土，通计繁费七十余两。时督修房长则联泰、联实、承安、受瑄、勤问与贤等，七户办事俱是从前效力之人，不及赘。承年旭上、其章独肩其任。自是之后，财用告竭，借贷未偿，通户接管，公议暂为停工，将余赀抵楚觐达原贷数目，本户另捐戏台木凳板片，约为三两，应为纪录。大抵尊祖敬宗，人有同心。本族自戊寅立祠以来，人思报本，继起者不一族，亦足见至性所感为不诬。迩来七八年间，增修改观，今岁合族重续谱系，共联一本，前事既详，后效难掩，爰纪其略，以志不忘焉。康熙丙戌春，达房师贤、受道述。

祖龛纪事

康熙戊寅合族修祠，幸睹成功。乃寝室内祖龛议修乏费，衍等于己卯秋邀七户同志二十七人捐资起会，轮接生息。五年于兹，约有一十余两，择吉于本年仲春既望，鸠工庀材。越四月而告竣，并修香几一座，计工四百有奇。凡材木金硃油漆等费，共四十余两。会银不及半，复各捐助，以襄其成。为将同会有名镌列于后，并述所自，以垂不朽云。

神主妥征记　观涛

传曰，于善有征，有征必信。涛窃以为于事有征，有征必妥。查先前配祔享牌俱系单主，历年久而渐形拥挤。岁甲子，遂有汇修总牌之举。旧牌中，原有不列世之单主七位，因创设总祠时，尊介歧公为始祖，南坡公尚居昭穆，七主作为附配。嗣经畹堂公详加考证，称吾宗谱自秋涛公以来，代有更易。延仁公始分继忠公、继敬公为长幼房。柏坡公遵照旧法，以二公为一世。六化公则以家万南坡公为一世祖。定识特笔，此其宜矣，乾隆己亥谱序已言之凿凿。如此，开工汇修，原已议决将家万以前各主概作取消，一时膺斯任者缘谱牒不常寓目，未能骤悉，致将七主汇入南坡公支下，分配昭穆。今冬祭后，涛在祠编纂公册，适瞻眺神寝。忽然祖灵丕显，以启牖后嗣之衷，顿觉有异。爰宣告祠众，即日修改。既撰文祷祝，敬谨撤销，并摭录本事原委，附存祝辞，俾后起者有所考云。

重修大祠记　文彬

癸卯冬，族人毕会于新葺之祖庙，庆落成也。先是康熙戊寅立祠兴仁坊，祀始祖以下，经营十余年乃告竣，读修祠纪事，其时片木块石皆经艰难万状而成，则创始者难矣。祠俯龙江，临通衢，其规模悉有法，但寝堂前阶级陡峻狭促，限于地也。族长天赐公盖尝捐买祠后陈姓基园，兴作未果。历年久祠势渐倾，蠹朽蚁蛀，木屑霏霏下不止，族之人日夕惟倾覆是惧，又不暇论寝堂阶级之峻促矣。己亥春，族长凝之公会众有事谱系，其时米价陡昂，族之约者苦之，诸君子不忍坐视，起而赈救，已费二千金。及诸事毕，又费八百金有奇，乃相与置酒。罢局半酣，有言于列者谓，此事虽告竣，而庙坏将倾，倘相继为之，固自易易乎。众错愕相视，或应曰，不可，事艰大，相继为之难。尊长公曰，事固难。但观诸君相助若何。时卫瞻曰，诚欲为之，夫何难。遂慨然首助金二百两，天与公、德辉公亦各助金百两，相继续书得金千合，前余金共千数百两。于是有愿为劝输者，愿为采买者，愿为会计者，遂皆亟亟兴工以改建祠宇为事。至一钱一粟，一木一石，悉禀尊长公之命，以行壮哉。诸君子一岁而行盛举者三，踊跃欢庆，不惜力，不惜财若此，可谓能识大体者矣。祠制一仍旧规，但阶级促狭者广之，地势卑下者高之，旧材朽坏者新之，江畔甃以文石，缭以崇垣，球场扩大，前大门，次二门，左右回廊，中庭肃穆，神寝严邃，宏敞壮丽，巍巍翼翼，亦坚亦朴，无阙于前，有加于后。经始于庚子之春，毕工于是岁之冬，费三千金有奇。尊长公嘱予记之，弗敢辞。古卿大夫祖庙无岁不修，至于倾侧朽坏，虽稍为整顿，无益也。顾尽撤其旧而新是图，则其事钜，其费不赀，非其人莫克任之。今诸君子爱及族属，复本其孝思，出资与力，以安数十世祖考之位，俾春秋食报于弗替，厥功伟矣。爰详其颠末，著之篇，令后之人得以览焉。捐金襄事者，皆得书于左。时乾隆甲辰冬记

督修：聚受瑜金佑麟和金骥房长

总理：树桧家谟树芬标树焘汝壁汝安

……

南坡辛氏义塾记　署令巢县举人杨献弼

皇上（国家）崇兴文教，凡天下学塾有关义举者，例得旌并详入志。癸未冬，余摄万载篆，适辛氏南坡义塾以载志谱请。南坡义塾者，乾隆五十二年其族长聚等倡义所创立也，嘉庆初，廷芝、炳昭等复输册醵金置膏火田若干亩，名曰南坡，以宋时南坡由隆兴来万，为一族鼻祖，示不忘也。塾距南郭里许，枕山面江，形势宏敞，平畴千顷，翠浪交输，仙岭鹅峰天马诸山蜿蜒秀峙，可以远眺望，可以舒啸歌，会讲有堂，藏修有舍，退食有厅，庖湢有所，后有圃，杂莳名花数十种，乔干高枝，鸟韵悠扬，前有月台方广数十步，有曲池袤延数十弓，绕以曲垣，阖以重扃，俾出入有稽而游洽者无自而入，其所以为造就计者至深远矣。余既据载志乘，其族复以记请余。惟古者家有塾，塾者熟也，以素所熟游之地萃素所熟习之人，深其陶成，教自易易也。抑又闻南坡之结庐西山也，以存诚主教为本，以格物致知为功，其主讲隆兴也，生徒至者以百数。今此塾也，萃同姓子弟互相竞劝，其将专力帖括，以为弋获梯乎，抑亦体验身心邦家之达，由此选乎。吾知创塾者好义，以为倡入塾者集义，以为本大家声，而为国储材胥于是乎在，固不辞而为之记。道光甲申闰七月

大祠义塾田记　炳晟

夫鼓舞人材，首资培植。我族从前起有文昌会，虽积久侵蚀，原规全没，然美意未始不可追也。乾隆六十年，族长凝之公倡率，创置义塾于南门外之吼里塅，族之有意乎光大前人之志事以裕其后昆者，诚乡远近咸闻而是之，遂乃人思训牖，士竞观摩，逮乙卯一岁中会试乡试，文榜武榜得隽者踵相接而起，维时族长畹堂公次第得报，其为快良甚，顾以为策盛事者，期于日上，要于可久，爰进而诹于众，图所为变通以善厥后，此义田输册之所由起也。议既克合，凡有能捐囊襄祀费者，或曲体先意，代赞远筹，或自广德心，共成良画，公议并迎主入祠，其配食祔食则一视所入为差，尤多者另颁胙，数少者能以时补，襄一例迎祀，由是输者云集，前后所入至三千有奇，陆续买田四千余把。于戏！裕后有其具矣。惜中间经理未善，不无花费，然及今整顿修业而息之，所增益

盖未可量，抑吾于此愿有说焉。此义田非祀田也，祀田以待春秋祭扫之用，幸有可供每岁支销，仅足敷用；义田则专为鼓舞人材，备荒赡丁而设，以教以养，祖宗之留诒，子孙之乐利，端在乎是，待时而后取给，其闲年固可滋长也。继自今董事者幸毋以祠中岁费相支涉，合之固皆祠产，分之则祀田义田有相济无相妨，此则族长公及诸君子踊跃为会之意也夫。

大祠义学行义田小引　文彬

吾族义学基创于凝之公，嗣于乾隆乙卯年畹堂先生商集同族设法立会置产，维时愚宦蜀中，承先生手扎示知，愚额手私庆，但自愧弗能助也。庚申归里，闻置田已四千有余，益共喜慰。嘉庆甲子年正月，祠中集生童开课，族正士晋、延房长炳图、顺房长廷棻，觐房长树诒、达房长炳席、昌房长树桧、孚房长金骥、通房长金淏及学博淑邮先生、待御筠谷先生与愚在坐。愚问义学已有基址，几时可兴工。诸公答以必须五千金方能集事，若目今力尚不足。愚谓天下事惟创始实难，今幸有凭藉，况以诸公经理，自可计日而成。惟是义学义田昔人相辅而行，为利较属公溥不识，可以兼行否。佥曰，此意诚然。第目下且以买田积谷为急务，至办理此事一切规制，俟日后方可筹也。既而因续谱系，修栈房，郡城建考棚，祠中所有公产不敷于用，辄于会中取给，陆续用费至千有余金，致数年来会内所增置田产仅一千有零。前丁卯庚午两秋闱，生监赴试发盘费若干，诸房长虑丰凶之无常，有未雨绸缪之思，恐此意之未有成局，将来或不免仍为未了之愿也。适届淑邮、筠谷两先生服阙候补，尚未束装，于是相与筹度妥议，以崇文教、备凶荒二项，目下数年虽未能备举，而趁此时酌定章程，详立条款，为合族将来举行经久之计，俾规模划一，垂为永利，诚事之不可缓者。各房长公以逮斯文，族众共以为然，再三商度而乃就。愚喜众议佥同，行见相与以有成也，欣然志其缘起于简端。

公定义田款条述　炳晟

有节缩乃有羡余，有积聚乃有开销，此权盈虚备，缓急不易之陈言，夫人而知之也，而守之实难。自常平社仓以遍及私家长子孙之计，创始者非无美意良法，划一之昭垂而不久，旋为虚文，不待穷之乎。其出而先耗之于所入，故昔之人每曰有治人而已，虽然出入之无章，奉行蔑可遵循，即目前且立病，况可久哉。我族义田条例之所为立也，族之有义田也，始乾隆乙卯，乡会文武得隽之报叠来，爰设经久裕后之图，公为义田输册，欲藉是鼓舞人材，预备凶荒，前后入银至三千四百有奇，置田凡数千数百把，意至善也。值经理者中乖而耗且几盈千矣，既而各尊长觉焉，从而力娇其弊，别义田于旧所有祀田之外，彼以专祭扫，此以待滋息，经理者又择人，法至善也，而数年来续修谱系，郡建考棚，暨盘费花红正用已自不少，而周旋里人之意，酬应捐助且至再四，盖阅今为田但五千有奇，或亦事会为之矣。于是各尊长公及老成人慨然思及时酌立章程，严滥与以裕本图，纾远筹而谨近费，凡目前力有未及而规模特先定之，他年局自愈恢而变通，且姑俟之商榷条件，总以扶人材拯荒歉二义兼行，务节缩有余以多买田积谷为主，冀以推广其义于不匮，盖美意仍前而良法且加详，经理者自是其可久矣乎。吾闻法莫敝于欲速，意莫病于近名，夫义田之所欲施设事诚急也，宽其程以资之，则蓄滋丰为田以万计，庶展所怀岁未荒而先戒粜出，不以时价无几而田不可广所存者，又或先告绌也。操约而境赊则力止于此，而所入已不足敷所出矣。义田之所由挹注数有限也，谨其费以息之，则业日增而利之所在，怂恿以观其效者或不遑计也。花红盘费之需即殷实不厌其多，平价发粜之望虽中年共乐，其有徇众誉而不度有无，喜豪施而不量缓急，则力难为继而所出或至于反阙其所入矣。其无是二者，则义田之美意长存，而良法可广也，其有是二者，则义田之良法虽具而美意终虚也，此则存乎继起之有人，而是册之所垂固不足以尽之矣。既以谂于各尊长及老成人，爰谨述所闻以质后来者。

大祠义学兼行义田册序　从益

广义学为义田，其施博而事难。然义学之建，工材为先，实惠之被于士尚有所待，而惠亦不能它及。义田积谷以赈荒，且可备培养士子之资，惠均而事切，意良善也，其储蓄宜裕，其规画宜详，其量入为出随宜变通，俾财可久而惠不虚，总恃乎行法者虚衷斟酌，实心经理，期无失乎立法之初意而已。吾族在万载有“辛半县”之称，生齿无虑万余，惠卹之难有非范文正义田法所可例者。旧有义学、会田，司事者每难其人，近得公举廉能之士，诸君经纪一切井然。今年诸尊长以义学不如义田也，推广其意，务省浮费，多置田积谷为赈荒计，其花红盘费仍旧。既与诸绅士详订条规，族之人皆曰尽善。质孚先生既制序弁其首，吾兄淑邮又为述其例，意有欲速近名之戒，所以纪原末、图久违者，二篇之文详矣。益不敏，亦复何庸赘词哉？窃惟利之所在，有举莫废，例之所援，相谅为难。花红盘费，例所常有，固阙给不可矣，赈荒虽不数见，然行之不慎，可一举而立竭积岁之藏，尚虞其易竭也，而持重过当，有可给之赈资，俟多余于异日。舍现在应举之义，而虚冀将来待增之田，不惟嗷嗷之众将援义以相责，亦大非义田立法之初心矣。反是而勉徇正情，竭区区数千把（田）之入以频餍万余人之求，势且立穷，而义田且终至于败。然则谨守规条，权衡情势，使惠周而财不至于匮，用节而恩不至于靳，与一切随宜调剂者，得不于司事诸君是望乎哉？余行且入都，他日闻邑岁频登族，无赈贷之烦，有救荒之备，而不必用而谷日以积，田日以增也，族之人科名叠见，领花红盘费，赴公车谒余来京者于于然且以众也。既以征圣世家给人足之休，且以见吾族睦友任恤之美与衣冠之盛，而范氏义田不得专美于前，此则区区隐愿所私惬，亦吾族诸君子所同庆也夫。（《寄思斋藏稿》• 辛氏义学兼行义田册序）

筹捐义田劝输引代　师云

义学与义田有异乎？曰：义学以鼓舞人才，义田以周卹贫困，事不同也。有轻重乎？曰：立塾以兴贤，积谷以备荒，族有士必有民，自有教必有养，二者并重，阙一不可。事异者宜分理，并重者贵兼行，则今日之继义学而筹义田也，乌容缓。吾族之有义学久矣。乾隆六十年族长凝之公创买义塾于城南之吼里塅，畹堂先生继之，倡议输助置产，为久大计。所入合三千余金，购田四千余百把。既以为科岁考卷赀、乡会试朝考各旅费，及获隽者花红、戏筵诸用，兼拟以其赢余居积起息，以备岁歉平粜，甚盛举也。既而农部质孚先生为族督，偕教授公、少宰公筹修族谱，既竣事，殷然念族中人文之盛、义学之息有余，而救荒赡族之不容偏废也。商诸合族，列具义学兼行义田事宜若干条，书于册，良法美意，深堪宗仰，迄今二十余年矣。吾族科名日盛，而义学经费有常。恭遇国家大庆数举，族之登贤书、贡成均者前后相望，一切花红旅费既不赀加，创构会城试馆，乐助邑中志乘、宾兴诸公事，司事者入不敷出，百计挪凑，实形支绌。夫始将以义学兼义田，而今一义学犹恐弗赡，其何以继成凝之、畹堂、质孚先生之事而延祖考之泽于弗替？窃心恧焉，爰集族众妥议，佥谓乐输，迎立配食、祔食，一切章程俱依畹堂公乙卯劝捐之旧而减其资，其膺封典、出仕、列绅衿者又以次递减，其从前已经祔食愿升配食者，减去祔食之数，其资少者钱一千以上咸得量力襄助，载之籍以垂永久，俾解橐者易为力而集腋者观厥成，顾不善欤？又以义学义田兼而行尤必分而理，议于义学田内拨出二千把为义田基，而以现输者补义学亏欠，有余则尽划归义田项下，择族之才而贤者分董其事，以专责成。诸君子当重念祖考之留贻，子孙之乐利，宜无不踊跃豪输，襄成善举者矣。抑余于此有深望焉。自凝之公倡购义塾，而乙卯一岁中乡会文武榜得隽者踵相接，自畹堂公倡捐义田而少宰公首以词臣典闽试、擢谏垣洊历卿贰，淑郇、敬堂两先生先后成进士，族之领乡荐列搢绅者且数十人，盖本固枝荣，家和福集，不爽若是，是举也，成吾族之科第仕宦，其必有绍前哲而更炽昌者乎。况凶年无不足，则丰岁必有余，族子弟之朴而愿者均得以时躬勤俭，计衣食，自振其家，行见户崇孝弟，人习诗书，睦姻任恤之风，保世滋大，于以大慰凝之畹堂质孚诸先生之志，而为子孙光裕之大谟，是则合族所厚幸也夫。（《思补过斋遗稿》• 辛氏义学兼行义田劝输引）

义田记　辰云

古之名田多矣，未有以义名者，惟南史有续命田，偶遇荒年倾仓以济，被以美名耳，至于置田赡族，实始范文正公，而松江张氏继之，此外罕闻焉。盖古惟卿大夫立宗，宗必世禄，大功以上无异财，其稍疏者宗子力足赡之，本无事义田也。自宗法不行，所谓以族得民者不可复见，或欲赡而无力，力足矣昭穆既远，视同路人，故为者实鲜。钱公辅记云，奉养止乎一已，族之人操壶觚为沟中瘠，读之能无慨然。吾族义田之设，庶几能敦古谊者乎。田之创，本由报功劝输，合赀而成则亦均财赡族之意也，其初为义学，因义学遂兼行义田，意愈美，法愈良矣，厥后科名既盛，试费骤增，邑之公事与土木之工又从而耗之，于是租息所入供义学不足，遑问义田。前辈赡族深心，几中替焉。诸房长忧之，爰集众议，酌减筹捐，以弥其阙，而拨出田二千六百余把，专为备荒计，择贤能分领之，盖本前辈之意，略为变通，要无失乎兼行之实而已。夫精神不患不强，患其不萃，公事不难虑始，难在图终。昔之兼行也，作养之事日开而饥馑之告甚偶，谁为未雨之绸缪，其既也，义田之事未举而义学之产已亏，几同无米之炊，馔无他精神不萃，用志遂纷，好大喜功，转失本意，固无足怪。今惟分理焉，司义学者不以多财广骛，司义田者得以壹意预筹，谨守成规，分曹树绩，经营滋息，增拓非难也。夫义田虽云不丰，而稔年并无所用，一遇凶荒，则量入为出，偶行之，不无小补，积少成多，推广焉可使咸周，要在经理得人而已。以吾族急公好义，闻一善举，捐囊恐后，始效已见，尚冀有以终之，使丰年日见其增而凶岁不至稍歉，虽百世长存可也。夫范庄迄今一余年，张氏亦百数十载，沾溉族人始终无间。吾愿司事诸公竭心维持，毋使范张专美于前，而辛氏子孙永免为沟中瘠，于以仰副前辈创法恤贫之意，与族贤乐输赡族之心岂不懿欤。道光丁酉仲夏

大祠省垣试馆记

事有意之所专及且不必及而姑旁及之者，非缓其所急而急其所缓也。量其力之可举而遂举之，一以绝侵渔之弊，一以杜觊觎之端，而因以收无形之利，前之人经营惨淡，大不得已而出此，而非徒不得已而出此者也。吾族义学之立，自乾隆间凝之公等倡议捐输，乃有学舍秀甫公与先祖陆续倡输，又有学田，于是引其意而伸之为岁科乡会试费旌费，又引其意而伸之为备荒歉，赡丁口赈费，顾学租与总祠用度相交涉而县中一切乐助胥取给于是，教且不能，何暇及养。嘉庆初，另举首士，谨其出入，越岁己卯，稍有储蓄，众曰，义学义田事难猝举，不若先为诸生置试馆。于是出赢余银一千五百两于省垣桂芳厂购屋二进，顾朽甚，不数年修葺二次，费金四百。越道光丁亥，益挠不可支，又虑匠作或不精，材料或不坚緻也，陶冶之物继于河，木石之工踵于道，撤旧更新，为厅三，为亭一，为大门三，为房三十二，庖湢六，馆人室三。役肇是岁仲秋，迄

戊子冬告竣，钱之以缗计者，四千五百有奇。或者曰，建试馆非前人本意也。余亦曰，建试馆非前人本意也，然且为之者岂不以公财盛而糜费亦多，纵不必有侵漏之端，抑岂无觊觎之渐，乃者义学亦有赢余矣，而夺攘构讼，费至千金，使不置试馆，亦必有以耗之试馆不可得而卒无以仰副前人之意。今自建馆后，本科获隽三人，正副榜钦赐榜皆与焉。辛卯获隽三人，芝生公兄弟且同魁，盖既免僦寓之苦，又得养息于其中，文战之利未必非斯馆之利也。然则虽不得已而出此，而正非徒不得已出此已。抑是役之兴，义学钱不给于用，称贷多金，讫蒇事乃设法劝输为义田会，以所入者弥义学亏欠，而拨义学田二千六百余把，永为义田赈费有基矣。试费旌费则久已行也，夫意所旁及者，皆及之，岂意所专注者而反遗之。自今以往，循义学之名而责其实，宜如何恢宏房舍，廪饩师徒，俾族之寒畯而秀者皆得有所造就，使无弃材，以无负前人创构之深心，其事更有切于试院者司事诸君勉乎哉。

大祠公册引　际午

吾族祠规向载谱牒，于花红程仪颁胙各项，途分正异，职辨虚实，各有等差，历行无悖。咸丰十年，族众以谱牒繁多，临事难于翻阅，议将各项条规另刊一册，稽查较易。尔时董事诸公见颁胙条内封典未有专条，向系由虚衔捐封者，照虚衔给发，由实任恭遇覃恩请封者，照实任给发。恐日久遗忘，致起事端，因增入一条，正异虚实对举显然。光绪元年族有由虚衔捐纳封典者，因条内语意省约，怀疑忿争，至于兴讼，今年四月始蒙县宪徐据册明晰批示，并谕以后册内应切实注明，且将批载册，以便永远遵行。族众仰体宪意，将旧册调废，重修新册。略者详之，缺者补之，又将宪批谨载册尾，禀请立案，昭示来兹。凡我族姓务期恪遵新册，所有咸丰十年暨以前旧册，概不作用。册成，爰赘数语于篇首，以志其缘起云。

光绪四年夏月

大祠公册跋　天培

我族之立花红程仪，颁胙诸条，各有等差，所以作养人材，鼓励后进也。

前册具在，似可不必重修。第词意简略，后之人有因颁胙条内一二字义而纷争不已者，且迩来功名一途，月异日新，若不切实注明，难以杜争竞之端，此公册所以不得不重修也。去年秋，承族房长命，培与子范诸公，将各条有不便者更正之，文义大略者详晰之，花红止给科名，本甲子谱条例，出仕另增程仪，遵辛未册章程。旧章是率，总期无弊。稿已就付梓有日矣，因清厘宾兴积弊，无暇晷而未果。今年夏，培将有远行，又虑此册之中止亟取前稿商之合族，诸公佥曰，斯举也，不可以缓，于是汇集成帙。首族约祠规，次花红程仪，次颁胙条规，次祠产契约，而以祠联神主附焉，可谓备矣。虽然食旧德者当饮水而思源，为人后者宜敬宗而睦族，庶几祖宗作养人材，鼓励后进之至意，不至或亡焉，则吾族幸甚。

光绪四年岁次戊寅仲夏月下浣

续修大祠公册序　观涛

我辛氏自家万以来，双支峙立，七户蕃衍，康城久推望族，代有达人，历世家法祠章，有其举之莫能废也，其所以维护之者，非偶然矣。盖因维护力而族赀厚，因族赀厚而报享隆，因报享隆而人材益豫茂焉，其含精萃神，以致此果者，各祖先具有明训列在，谱牒更提揭昭示，分授各户子姓，俾便保管而遵守之，故自咸同以历光绪初叶，迭有大祠公册之刊，原为此也。顾迄今逾五十年，虽皆能奉循不悖，而度支樽节，积累所赢，祠产之增加，关于种种，契约为数已属不少，且国体变更，诸制改革，吾族对于奖励勖学，报效征材各事宜，亦既随潮流为应付，又不可不亟谋补载，以资考镜。当事诸公有见于此，咸相敦促以委，涛何敢漫辞？弥月之间，幸蒇乃事已。惟原册伦次未见分明，兹为略定分编上中下三册。上册冠以族约祠规，继之一切规则奖章附焉。中册冠以神主榜式祭仪，继之一切诫箴嘏祝，诗歌对联附焉。下册冠以祠制义学试馆基制，继之一切田庐山庄，店房契约附焉。稿成，商之心禅洎当事诸公，咸以为可，乃始付梓。涛窃愿贡数言以为之□焉。吾县迩来族姓竞争之热忱，几达沸点。唱联宗者踵相接，建总祠者日继起，若某某等等之数姓者，其所由来必有一种美感为之影印。抑思吾族本系天然血统，互为结合，故能互为发扬。溯五十年前之人材，之报享，之族赀，驯致誉隆半县者，固已先得具体。五十年来，又加发展，而今尚未艾，宜乎有以召外界之歆羡也。继此以往，顶祝各户子姓，其视斯册为族姓首领之真团体，兢兢然父诏兄勉，辑穆雍和，则康城望族之目，尚其永保勿替也夫。时在汉族光复之十五年丙寅正月上浣

又跋

秋肪先生编祠册，竟叙其由绪以示周曰，子有所申言者，其竭诸。周覆案册之上，族约规章，册之中祀仪，册之下，祠田义学产契，前之人创而遗，后之贤继且增，是固可以永矣，而先生之叙，拳拳于族望之光宠，冀保之而勿替者，其徒恃兹册之所载而已乎？一 规约也，纸上具文，足以刷一族之耳目，范一族之心思乎。一 祀仪也，告朔之羊仅存济济盈庭者，为无肉乎，为无礼乎？一 田产也，羡余之用途若何，南郊之表有庐，侈然颓其垣，腐其榱，庞秽其侨，非吾族之义塾乎？一邑之冕族，不能专一塾以育其子弟，其足以衣冠文物，骄他族乎？萃之以精神，隆之以道德，溥之以教化，前光之克迪，族望之勿替，将在此不在彼，吾宗诸君子其有意乎？因书而著之册尾。

民国十五年丙寅岁正月下浣

资料出处：民国四年《万载辛氏六房谱》

二甲 巢龙绽

宗族组织概况：

龙与十九都一图花塘同祠

族谱摘录：

祠制

乾隆庚戌重修吾族祖庙，其制中为享堂，堂左右为房序，深三丈四尺二寸，宽二丈八尺二寸，基高一尺，有级。堂之下为露庭，翼以两廊，廊上下深一丈，中深一丈四尺二寸，内宽一丈，外连上下宽三丈二尺二寸。庭之前为祠门，旁有厢房，门内外有宇，深二丈五尺五寸，宽二丈八尺二寸，基高二尺四寸有级。又其下为露庭，缭以垣。前临小北关，往来道径分东西门入基高一尺有级。堂之上为神寝深三丈二尺二寸，宽三丈四尺四寸，基高一尺四寸有级。左右为爽室，左夹室左有房，右夹室右有房藏祭器房也。寝背壁左右两门，门后为隙地，其未绘图者寝右侧一小厅，厅左为房，右为庖舍。寝正中神龛一，高一丈二尺二寸，深四尺，宽八尺，安奉远祖考妣始祖考妣神位，左安奉左昭配享牌位，右安奉右穆配享牌位，两夹室神龛各一，以分奉祔享牌位。

时

嘉庆十二年仲春月中澣　谷旦

二十二世纂次嗣孙典薰沐敬撰

重修北门巢氏凤来堂记

家庙之修，所以妥祖灵而壮观瞻者也。我族始祖迁万，世居小北门内，为康乐十八古户之一，大祠基墟址坐北向南，自宋迄明，祠宇之递兴递废，前迹阙纪末由详载。至国朝康熙辛卯年，克占公倡首乐助而八房子孙各出银有差，祠宇于以肇新，亦越雍正甲寅年续修头门，乾隆六年修整两廊天井神龛神主，共历廿余载，乃得告竣。然当年大祠神龛置立中堂上，后即系元公享堂，其所以妥祖灵者规模未免短促。迨乾隆丁亥年重修谱牒告成，元公子孙目击大祠无后寝室，自愿以元公享堂助入大祠为寝堂，谓可以祀元公并可以祀国本公，且可以祀巢氏合族之祖若宗。而奇公支下亦助田壹佰贰拾伍把，以为日后修整之费。自是北门之巢氏祠深邃称美矣。第历年久远，祠势渐倾，族众屡谋改建未果。迨乾隆庚戌年夏四月，各房少长咸集，佥谓祠宇朽坏，无容坐视，遂皆以改建祠宇为亟。爰择用先公圣清公、锦辉公、筠轩伯为首事，各自备资斧，矢公矢慎，采买树木，会计出入，鸠工庀材，其祠制视昔大备。惟克占公昔所助檄脚杉树七条，取其坚大仍旧竖立官厅，而步位促狭者广之，地势卑下者高之。前二门，左右回廊，中庭肃穆，神寝严邃宏敞壮丽，亦坚亦朴。经始于庚戌之夏六月，毕工于壬子之夏五月，共费贰千金有奇。然二门中庭寝堂虽焕然可观，而球场头门尚未修整。至乾隆甲寅年，辉玉公、聚升公、远成公承首续修寝堂侧厨房，奇公众助墙脚地基壹跟，又接修球场左边围墙。元公支下又助左边球场侧基土一片，横上二尺，下五尺，直二丈余尺。嘉庆丁巳年锦周公鸿瞻公等倡议择举遇先公、筠轩伯为两大房房长，复议进祔享主牌，共得金二百余两，于戊午年举飞燕公、筠轩伯、南遇叔监修球场前照墙，右边围墙及东西角门。是首事诸公经营竭蹶，越六七载而始成，厥功伟哉。今岁重辑族谱，尊长公嘱予记之，弗敢辞，爰详其颠末，俾后之人登斯堂也，睹榱桷之巍焕，丹雘之辉煌，尚其憬然。思曷思乎，尔思隆先祀不可忽也。思笃宗谊不可乖也，思业成不易，保守俾弗坏也。是为记。

时

嘉庆十二年仲春月中澣　谷旦

二十三世纂次嗣孙方珊薰沐敬撰

原修祠纪略

我族始祖迁万根由失传已久，旧谱所载始祖国本亦以兵燹之后，我族仅留国公父子，相传至今，历有记载，故以国本为始祖耳。第合邑烟火万家，止称古户十八姓，而吾族与焉，则所谓基开赵宋者，其信然矣。至祠基之创自何代，祠宇之肇自何祖，递兴递废，前蹟阙纪，后亦奚考。兹以本朝子孙备知确见者载于谱内，非略前而详后也，实由前之荒远无稽，不敢以杜撰臆说上诬祖先也。我祖若宗世居小北门内仁寿坊，大祠基址坐北向南，前竖祠宇湫隘卑仄，不足饰观。至康熙辛卯年，克占公倡首乐助檵脚杉树七条，集族兄弟奇瑞珍祥仁义礼智八公子孙斟酌商榷，视家计之丰约，各出银有差。众皆踊跃乐助，得银合计贰佰余金，鸠工庀材，合砖范瓦，改建新祠于旧基址处，一官厅，两长廊，一下栋，脚门有三，募上邑陆口朱义生为工师，永丰任生盛生之叔为泥匠，琢削期年，草架方成，钉盖后工暂停，虽修饰未遑也，而栋宇已改观矣，然尚未有头门也。亦越雍正甲寅年，文显公、三锡公、永锡公、藻如公、一鉴公、正谟公等慨然念之，谓祠宇不修头门，则户庭不合规制，于是率族侄东山、令仪、大授、能咏等运筹木石砖瓦诸料，募木匠胡廷选、任生等创建门楼，众钱不足，而元公房众乐助银拾两，文显公助银贰拾两，能咏公助银拾两，监督惟赞侯公、熙载公，装砌粉饰，用费百余金，经年余而乃告竣焉，则外观称美矣，而厅堂至两廊天井犹未修整也。乾隆六年，神龛神主更新。九年，其时倡首者又惟文显公、永锡公、豫立公、族长一鉴公、正谟公仝侄孙伯修会山天授怀真戢躬聿修维则等命木匠洛书，石匠林二细加雕饰甃砌，天井门壁无不备举，亦用费百余金，而凑补阙银四两则系显公一人。盖是祠宇焕然，祖灵已妥，而小北门仁寿坊之巢氏祠，其庶几为百世不迁之宇矣。乾隆三十二年四月有谱牒重修之役，众集宗祊，元公支下子孙念祠厅后即为元公享堂，本祠原无寝室地，众皆商议谓享堂仅祀元公一人，不若助入大祠为寝堂，可以祀元公，并可以祀国本公，且可以祀巢氏合族昭穆之祖若宗，是一举而寝室厅堂厢廊天井头二门俱修而大祠称美矣。于是写立助约，缴出前契，于四月二十五日大开筵席，荐告列祖，将元公享堂助入大祠，奇公支下子孙亦以城下田壹百二十五把永为巢氏一族之产。第更新寝堂尚俟后举。兹以修祠缘由约略记之，契约载后，使后之子孙知前人修祠之始末有如此艰难云。

大祠田契开后

立永卖契汪映枢，今因正用无措，自心情愿将己手创买坐落地名小北关外厂塘塅早迟田陆百五十七把半，要行出卖，先尽亲房人等，俱各不愿成交，凭中召到巢宗光宗佑祭祖会嗣孙巢裕立怀真等向前承买为业，当日三面得受时值价银叁百两正，即日入手，无欠分文。田上税粮原载浮米肆石六斗零贰合半，其粮现在十八都四图四甲汪进中户内除。又有现在东都三图八甲汪之中户内除，足与买人立户输纳无阻，所卖之田系是正行交易，并非包卖谋买，亦无债算准折不明等情，自卖之后，任从买人发佃管业，卖人永无异说。今欲有凭，立此卖契永远存照。

计开田把于后

祠会撮言

公财之所关，岂其微哉。属于公可以发借生息，积少成多，可以随时取办济缓应急，且遇公举须照名数出银钱者，可以统取于有名之会，无烦私自派科也。至若同根连枝，衍为名族，公则承充差徭，用费动嗟浩大，私则祀先荐考牲醴，岂真自来不有公财而欲挨户取敛，逐名收给，富者仓猝出之有余，贫者百计营之弗获，其不至丛脞而卒误公也几希，此祠会所以断不可少且不厌其多也。我先世人丁单寡，公财素阙。近自克公元公派发两房，深沐祖若宗积功累仁之所贻，为之后者差幸衣食勘给，因各出其囊余，或兴大会，或置买田产，其庶几乎众用有不拔之基，深愿后事子孙奕禩恪守，或恢廓增益，则公财广聚，公费有资，偶有使用，又何患不游刃有余哉。兹将祠中各会胪记于左，使后人知先世起立之艰而群相珍重，毋谓公众有钱，遂可任我挥金如土也。

计开

巢氏大祠祭祖会肇自乾隆二十二年，克公支下子孙出银十两，元公支下子孙出银十两，共贰拾两，发借生息，至乾隆二十六年仅获本利银五十两。十二月初十日众又将族管康乐坊店房二间出售，得价银壹佰拾贰两，除给祠中用费外，历乾隆二十七年得银二百余两。至乾隆三十一年冬，共计众银将四百余两，乃创买汪应枢所管地名厂塘塅早迟田陆百五十七把半，去价银三百两，文契田把已载于前。其实正价零用费银三百三十两。今所存银尚在生息，乾隆三十二年众收各公进主钱一百二十二千四百文，又收翼公支下乐助祭祖会钱十二千八百文，共计钱二百三十五千二百文，存为祭祖用费。当去田价十六千文买冀邦兄弟田四十把，又奇公支下助入大嗣祭祖会田一百二十五把。是我大祠已创祭田将近八百余把，祭祀之费既有资矣。岁丁亥季夏月，谱将成，而仁公支下子孙、礼公支下子孙、汝成公支下子孙又复承祖父之志，各乐助祭田有差，共计亦贰佰有余。道光十五年十二月买株树山早田壹佰捌拾把，又买塔下塅早田五十把。道光二十七年驳管易家塅早田四十把。同治四年买龙家冲熟土山场壹大嶂，又买涂泉早迟田壹百零五把。同治六年明科公助上厂塘竹山冲垦田四十把。同治七年买下涂泉早山七十把。同治九年买小北门外易家塅早田五十把，又买涂泉早田二十把，合前之田一千数百余把，租谷俱系族收公用，每岁钱粮大祠承管首士交纳，永不许日后子孙生端异议也。

大祠清明祭墓会纪略

大祠清明会起自嘉庆八年三月初十日，计一百二十四人，每名出钱一百文，共得钱十二千四百文。后又陆续补进五十四名，又共得补来本利钱八千七百四十八文，交祠中管理者起放生息。至嘉庆二十五年买邹学川东岐早田五十五把，道光二年又买东岐早迟田三十五把，道光五年又买东岐早田三十把，又买敬之烟塘屯田壹百把。道光十一年买东关外婆官会早田八十把，道光二十年与纱灯堂合买中村塅上下各处早迟田壹百六十五把。同治九年驳管东岐早迟田八十五把。节年共买过早、迟田四百余把，每年所收租谷为清明祭墓、整酒完粮各项用费，所余钱谷或起放生息，或续置田产。其节年自行拆去者，俱已涂抹名字，今修谱以后众议，现载谱内名字者不得复行顶拆，庶不负当日先人起立祭扫初心。但此会系各出已钱所起，其会内无名者，日后不得藉口为大祠众会。其名字胪列于左。

时

光绪三年仲冬月　　日滨续注

大祠纱灯会纪略

大凡仁人孝子于祀事祖先时，而欲昭祖德，耀宗功，灯烛交辉，光生俎豆，则纱灯之必新色精灿而后可以壮观瞻也。我族纱灯会起自道光九年，每人出钱四百文，共计五十六名，共得钱二十二千四百文，后节年又续进五名，俱各照利补入。又于道光十四年修谱续进二十二名，共得钱一十七千六百文，交祠中殷实者管理生息，以为日后创买田产，自制鲜色纱灯之费。嗣于道光二十年与清明堂合买丁田中村段上下迟田一百六十五把，又二十九年买丁田各处早迟田一百五十把。光绪二年又买牛形充迟田五十把，节年共买过早迟田三百余把，每年所收租谷除整酒完粮各项用费外，所余钱谷或起放生息，或续置田产，俱各因时调停，及节年自行拆去者，俱已涂抹名字。今议载谱以后不得复行顶拆，庶不负先人起立初心。但此会原系每人各出己钱起立，其未出钱者不得藉口为大祠众会。今将会内人名胪列于左。

新立报丁会说略

大祠报丁会即向之花朝会也。先年修谱用费不足，已将花朝会钱抵用告匮。嗣后公全酌议，更花朝会为报丁会，每年于祭祖日报丁，每丁出钱八十文足。但所收之钱均系祠中公用，并未另存报丁会内，遂令时届修谱，仍要科派丁钱，几费支拙。兹当谱牒告竣，因复酌定每年所收丁钱另入报丁会内，择贤管理，起放生息，以为日后修谱之赀。是亦凡事预立之意云。　光绪丁丑孟冬月　二十六世意思丹林谨注

育秀堂说略

家道之隆也，必由人材之盛，而人材既出，又必加奖励，而后人材愈自奋兴焉，此养士之道不可不讲也。我先公起家，代有传人，其培植之也久，其教育之也深，族属繁衍，人文蔚起正未可量。爰邀集族中同志诸公另行起立育秀堂，每名出钱一千文，子母相权，由少致多，以为日后会内子孙花红程仪之资，会外者不得藉口大祠众会，妄生觊觎。至于各款章程，容后因时制宜，再为酌定。但愿积之锱铢之巨万，凡文武花红、考试程议随时给发，有加无已，自此甲第多士济济，以收养士之报于靡穷也。名刊于后。光绪丁丑仲冬月，二十四世子充氏员琇谨注。

光公祠堂田产记

人必有报本之地而后可荐明禋，我长房祖光公向无专祠，故祭祀之典每岁缺如。奇公支下子孙恻然念之谓：奇公有祠，奇公之子有祠，儿孙皆享馨香而祖父独乏血食，其何以妥先灵于地下乎？嘉庆辛未，奇公子孙旁购广厦，改建奇公支祠，已将奇公各祖移祀于中矣，而旧宇尚然存也。道光辛卯奇公支下子孙商议，奇公旧宇概行捐助，众志先定，询谋佥同，即将奇公所管上下二栋正屋，并后厅神寝左右过廊，地基余土，当众立约，助为光公专祠。礼称孝孙孝子，虽不足以当之，亦聊可告无罪于先人焉耳。先是祠后町畽之地为汝美汝章汝成汝翼汝鹤汝葺汝寿一鉴汝鹏九人己业，九人名下子孙亦念厨□无地，余土无多，异日扩而充之，不几致叹湫隘大甚乎，慨然立约一并捐助，以为继长增高之计。美哉其始基之矣。然祭扫尚无措，修整仍无资也。珍公支下子孙奋兴有志，亦乐助众管厂塘塅早田一百四十三把，日成又乐助己管范塘迟田二十把，又续买龙月瑞呼田早田四十把十二坵，又买巢上兴等烟塘早田五十把，又买巢云连范塘社令潭田七坵。盖自是而可以享祀不忒矣。乃于癸丑夏命工师，兴土木，荒芜者修除之，剥落者黝垩之，未备者添设之，俾入其内恢乎其有容，观其外焕然其聿新，是用卜吉，将光公神主并左右配祔恭迎于内，永享馨香。订定每岁十一月十八日举行祭典，祖宗之灵爽实是凭之，而子孙之精诚不于是而亦稍抒也哉。迄今祭扫有资，养士有赖。众酌定文武入泮花红钱一千文，文武举人花红钱四千文，恩、拔、副、岁、优贡花红钱二千文，文武进士花红钱八千文，鼎甲临时议加。所有光公会、祀先会清明定报本堂助祭会，俱系各房子孙醵金生息，以为裕后之资。予故并志之以垂久远。

时

道光十四年孟冬月下浣日 谷旦

二十三世嗣孙烈光薰沐敬撰

光绪丁丑仲冬月 谷旦

二十四世嗣孙员琇续注

祐公支下祠宇田产养士纪略

盖祖德宗功，后嗣恒深其感戴报本反始，每岁宜展其孝思。溯我元公支下先年已创买大祠厅堂后士义公房屋壹栋以为元公俎豆馨香之地。因乾隆丁亥重修家谱，我仁义礼智四房子孙目击大祠后无寝室，遂俱愿将元公享堂助入大祠为寝室，而元公享堂乃阙如焉。幸得我先人复卖原管康乐坊店房一长间得百余金，由此起放生息，日积月累，至嘉庆二十五年始得买建城坊王元臣兄弟屋宇上下三栋，以为祐公支祠，而祖灵有归矣。又议四房子孙俱得以祖父捐进配祔享，共计得钱伍百余千文，而祀事有资矣。议定每年十一月二十九日为祭祀定期，又幸先乾隆五年买明江祖坟山下守坟田四十把，嘉庆元年买仁公支下布仔上早迟田三百三十把，嘉庆五年买厂塘谢家墓侧早田四十把，嘉庆六年买万家垅早田五十把，嘉庆七年买杨梅洞早田十二把半，嘉庆八年买石岩前山枣冲早迟田一百二十把，嘉庆十年买万家垅礼智两公鱼塘一口，嘉庆二十年买中布塘早田三十把，嘉庆二十二年买豹虎岭早田五十把，道光四年买涂泉辛姓早迟田一百二十五把，内�轩公助钱一百二十千文，道光九年买石岩前周姓早迟田二百把，内南遇伯侄助钱一百二十千文，系买沙□上助田之钱，道光十二年买石岩前庄屋半间，共计田九百九十七把半。后道光二十九年续买中烟塘早迟田一百三十把，咸丰三年买十字布早田七十把，八年将万家垅早田五十把，鱼塘一口，驳祥科桐木湾早田五十把，月塘里早迟田五十把，共计田三百把，所收租谷为每年祭祀各项用费，所余钱谷责在首士起放生息。道光十三年七月袁郡五眼井侧改建新试馆壹栋，系祐公支下出钱。又四房子孙各助钱有差。光绪三年复公仝更定文武童生府试每覆卷钱一百四十文，道试及生员岁科试程仪钱八百文，游泮花红钱八千文外，覆试卷钱四百文，代綵觞钱四千文，补廪花红钱六千文，五贡花红钱二十千文。祠中树桅制匾，举人花红钱肆拾千文，进士花红钱八十千文，发甲者临时按等议加，出仕得实缺者请进配享，旌奖五世同堂代制匾钱六千文，年上百岁者送贺寿钱二十千文，乡试程仪钱三千文，监生未童试程仪不给外，加录钱一千文，未做录者不给。拔优朝考举人会试程仪钱四十千文，其或乡会试领去程仪，中途而返，均照大祠定例及有祐公支下清明会纱灯会报本堂，仁公支下诗书二公联支堂英立衡祭扫会，�公享堂并各会田产俱载各簿册内，兹不载入。是为记。

时

道光十四年仲冬月 谷旦

幼房纂次嗣孙方珊谨注

光绪丁丑仲冬月　丹林续注

奇公祠堂田产养士纪略

奇公支祠肇自乾隆元年，秀远显蜚四公子孙于井上故地构屋二进，安祀奇公各神主，先订定每岁七月十三致祭焚楮饮宴，后因人丁浩繁，湫隘难堪，于嘉庆十六年契买显公子孙所管大祠门首官街下屋宇一全栋并鱼塘园土等业。嘉庆十七年改旧添新，移祀奇公各神主于内，于同治年间改定每岁十一月十五举行祭奠，而井上旧宅于道光十一年助为光公祠，其门首鱼塘园土系原买易秦六从公发祥联生等业，立有四契，后尽属奇众管业所有。雍正十二年契买辛以显官庄全山一大嶂，乾隆三年契买辛博之官庄大源冲田三百三十把，乾隆三十六年契买可照厂塘塅早田二十二把，嘉庆十六年契买富孙等厂塘□胡仙庙早田十把，又原管早迟田一百六十五把。道光二十三年契买周锦萱丁田中村塅早迟田七十把，咸丰元年契买周福牙中村塅早田四十把，咸丰三年契买韩习兴丁田四十把一坵，同治九年契买潘姓铨瑞厂塘早田三十五把，光绪元年契买辛得辉厂塘早田五十把。乾隆二十六年契买宜春县刘仕得等袁郡试馆店房，于道光五年概行新造，后因兵燹咸丰庚申众议重建，各捐助钱文有差，以为修造之资，店房试馆焕然聿新，迄今祭扫有资，试士有地，众依原章加减，酌定文武游泮花红钱八千文外，代綵觞钱四千文，补廪花红同捐监花红钱四千文，捐职九品至七品花红同军功内奖八品至六品花红同，止有功牌者不给。文武童生府试招覆每名钱一百文，新进招覆试卷钱四百文，科岁院试文武生童贡监每名盘费钱一千文，初出童生不由县府试临道补考者不给，文武生员贡监南北乡试程仪钱三千文外，帮录钱一千文，未做录者不给，贡监未应童试不录遗者不给。文武发榜花红纹银四十两，会试程仪钱三十千文，恩拔副岁优贡花红纹银二十两，捐贡并捐六品职花红纹银五两。以上按品逐层加花红钱八百文，拔优贡朝考程仪三十千文。至于发甲钦点临时议加旌奖五世同堂花红钱十千文，及有纱灯会、吉成会、奉先会、敬先会俱各出分金以展孝思，故附志于此。

时

道光十四年孟冬月下浣日　谷旦

二十三世嗣孙烈光谨注

光绪丁丑仲冬月　谷旦

二十四世嗣孙员琇续注

七支祠堂田产养士纪略

七支祠，原于康熙四十七年奇公子汝美、汝章、汝成、汝翼，瑞公子汝鹤、汝茸，祥公子汝鹏共七人，各出银一钱六分，起放生息，于雍正元年契买仁寿坊水管头胥昂发兄弟地基鱼塘。至乾隆十五年乃构祠而祀七公，并祀奇瑞祥三公及历代祖，然尚未修祭典。迨道光元年众将东楼里庄田出售以修整祠宇。道光二年，添进左右配祔，订定每岁十一月二十六日举行祭祀，所遗康熙六十年契买宋垂训兴江早迟田八百四十二把。嘉庆二十四年契买梦龙等祠后坐向左边到厅后厨房，又契买双成等祠堂右边竖造房屋。道光二年契买上公众南田早迟田三百三十把以为祭扫养士之资。众酌定文武游泮花红钱六千文，代綵觞钱二千文，补廪花红钱六千文，捐监花红钱三千二百文，捐职九品至七品花红同，军功内奖八品至六品同。文武生员童生科岁院试盘费六百文，初出童生不由县府试临道补考者不给。文武生员贡监南北乡试程仪钱三千文外，帮誊录钱一千文，文武发榜花红纹银四十两，会试程仪纹银二十两，恩拔副岁优贡花红纹银二十两，捐贡并捐六品职花红钱七千文。以上按品逐层加花红钱八百文，军功内奖五品花红钱四千文，以上按品逐层加花红钱八百文，旌奖五世同堂花红钱八千文，拔优贡朝考程仪纹银二十两，至于发甲钦点临时议加，深望后世子孙共相维持，增廓田产以永绍七公之志。

时

道光十四年仲冬月下浣日　谷旦

二十三世嗣孙烈光谨注
光绪丁丑年仲冬月 谷旦
二十四世嗣孙员琇续注

显公支祠田产养士纪略

从来流之长者积必久，吾显公支下起立清明祭会果何由而成，抑谁为之力欤，吾请得而述之。显公支下派分四房，长仞发公次常青公三峻极公四近日公，四支并茂。嗣惟长房仞发公之孙佛保悲深伯道众，爰择二房常青公之曾孙登元之次子云标入继为嗣，所有遗业均归所管。嗣因食指繁增，云标出所承田产以赡养家用，买人乃以云标本庶支而继嫡祧，亲房均宜在场，及得田价外，书押钱拾六千文，我严考命云标交众生息，倡立显公支下清明祭会，以报先人泽，此会之所由起也。但钱本止此数耳，纵能积小成大，势必迟之又久，我严考复命登元与众商议，每年加以四房报丁钱文，合并生息，所以自嘉庆二年起至廿一年积有百余金。然使非得人而理亦不及此，问管理者谁，即云标与超元。不幸超元辞世，云标当众递交其子禧祥维持，而禧祥尤力为生息，不数年间聚三百金，众莫不欣欣然有喜色而相告曰：会之起积至此可以创业矣。道光十年众遂踊跃采买王梗楠重见等东岐石脑下早迟田共计六百把三十七坵，又庄屋一栋，逢厅直上坐向左边一半鱼塘二口，花土四片。十一年又买聂福修东岐茶兜里杨家坪早田五把一坵，十七年又买辛抡年厂塘塅早迟田三百七十五把十六坵，又熟土一小片。二十一年又买吴金荣兴江乡早田一百三十把五坵。光绪元年又买高光前光耀等长江上早田三十把一坵，又买高光前长江上早田二十五把二坵，连厕□余基在内。祀产已兴，寝宇宜创，合众商议将前得买水管头房屋一全栋并鱼塘球场余基，复增修寝室，祀显公木主于内，并左右配祔永享馨香，钉定每岁仲冬举行祭典。至于章程条规，酌定文武入泮花红钱十千文，代綵觞钱二千文，补廪花红同，新进招覆试卷钱四百文，捐监花红钱四千文，捐职九品至七品花红同军功内奖九品至六品花红亦同，仅有功牌者不给。科岁院试文武生童贡监盘费一千文，初出童生不由县府试临道补考者不给。文武生员贡监南北乡试程仪钱三千文，外帮誊录钱一千文，未做录者不给，贡监未应童试不录遗者不给。文武发榜花红纹银四十两，会试程仪纹银三十千文，拔优贡朝考程仪同。恩拔副岁优贡花红纹银二十两，捐贡并捐六品职花红纹银五两，以上按品逐层加花红钱八百文。至于发甲、钦点临时议加，及有年满六十以上老者祝仪奠仪俱照旧章。兹奉众嘱，即将原委颠末质言之，俾后之子孙宜知先世业成不易，而有基勿坏，庶可展孝思于靡穷矣。是为纪。

时

道光十年十二月　谷旦

嗣孙南辰敬撰

光绪丁丑年仲冬月 谷旦

二十四世嗣孙瑞玕员琇续注

资料出处：光绪三年《万载北门巢氏族谱》

三甲　彭节孙

四甲　王宝

五甲　辛延

宗族组织概况：

与六甲辛顺共支祠，与观达昌孚通共大祠

六甲　辛顺

宗族组织概况：

与五甲辛延共支祠，与观达昌孚通共大祠

七甲　彭希

八甲　谭秀

族谱摘录：

重建宗祠记

从来建非常之事，立不世之功者，不贵有守经之士，而贵有达权之人。然达权而不及时，贸贸然以逞其才，则虽谋于始亦难与图终，惟才济以识，不先时以邀功，昧守经之旨，不后时而误事，失达权之宜，是以事建功立，而后世得享其成如吾族之改建宗祠是已。考吾族之祠自明兵燹后止为栋宇一所安奉先灵，及国朝康熙己未、乾隆甲戌以及丙子、庚辰，陆续买就地基在城北康乐坊，其形势则前屏文笔，后拥梧桐，左绕鹅峰，右环锦水，灵钟秀毓，坐得胜概，于以建巍峨之庙，为祖宗式凭之居，固得其所。乃前此数百年相沿不改建者，是何故哉。将谓公帑之不足，因是而未建欤。则节年资产公用羡余不难择廉正殷实者立领生息，为修造之资。将谓改建为巨典，非才能之士不胜其任，因是而未建欤？则前而德元公、邑紘公、廷荣予未公，继而鲁峰公、云斋公，后而周召、之切公以及基元如壎诸君，皆才学兼优之士，家乘迭出其手，而况建祠之事，有不殚心竭力耶？然而必俟建于数百年后者，岂以冀后之公帑丰于先乎？抑以冀后之人才优于前乎？然吾稽后之公帑历存曰林公处，因家遭兵燹，所存款项伊子莫偿其半，是公帑则啬于先也。人才自云斋公后，游辟雝者即无接踵，人才亦逊于前也。然前不得改建，后之得改建者，盖前惟守经而后能达权也。且夫达权而无才以济之，则事必不就。有才而无识以佐之，则功亦难成。后之得成改建之事，与功者盖由有其才有其识也。夫吾族倡改建祠之始，惟储数百金，需费则在数千金，非会捐丁助，集腋成裘，则虽举事而终莫竟功，故首建寝室也。或拆一会为捐主之资，或助一石柱而请神主为奖励之典。继建中堂骑门也。或售业产继工材之用，或抽丁工作培地之费，是虽能达权，亦其才之优，识之裕，有条有理，经营筹画，措置得宜，有以慰先灵，协众心而成厥事功也。虽然前之守经而不达权，以邀功者势也。吾族人才虽代有贤喆，然族众花户财产均不丰亨，倘不预备公资而毅然改建，则贷债之候，筹款维艰，此前之守经而不改建者是也。后之达权而不守经以误事者，时也。前祠栋宇狭且低洼，一经洪水，神主即为漂没者，仍因循泄沓，必俟公帑丰足而始购材兴工，一或接理非人则公资祠宇两属于虚，而洪水之患终古难免矣。此后之达权急于改建者亦是也。是役也，倡其首者为熙原公，董其事者为洪盛洪有树律公。赞其成者为严君洪玉以及树钰诸君。兴工于光绪庚辰七月，竣工于辛巳孟秋。一周星霜，祠宇聿新，先灵永妥，甚盛事也，诚不可以不书。惜前未有记其事而纪其功者，兹当续修家乘，予忝珥笔爰追记之。

时

光绪三十二年丙午仲冬月 谷旦

十九世嗣孙鸿儒薰沐敬撰

资料出处：1995 年《万载城内谭氏族谱》

九甲　黄日（一作日荣）

宗族组织概况：

与四都一图六甲黄再兴，十八都二图五甲黄宝、三图十甲黄焕同祠

族谱摘录：

黄氏宗祠记

闻之君子欲营宫室，必先寝庙，盖言致力于身，当及致力于祖也，则建祠崇先之举，夫岂可缓哉。余族自始祖开公卜居东郭，至数世而族犹未盛，即有登贤书膺禄位者，家声虽振而物力维艰，志欲建祠未果。迨后子孙益蕃，议欲建祠则又或居田西马步，或居茭湖河塘，星罗棋布，会聚不常，遂因循而有待焉。迄国朝世际升平，各房子孙咸思报本，于康熙四十一年家长义仁细六子袭天重等见人心之同然，思欲卜基建祠，慨然令各房报丁聚银起立禁会，于是生息颇绕。其时适有马公讳德者居万巡捕职，卜地名林家巷民基手创舍宇三五进，离任召售。余族使员仕俊素与往来，知之甚悉，因请命家长暨各房长而言曰：马公有一栋宇虽不甚壮观，然以新创，较之土木之费犹可省矣。众以为然，遂费金八十两，于康熙四十三年市以为祠。因左边基窄，又市彭姓店基半间以成之。迨后历年既久，栋宇毁坏不堪为先灵之凭依。至乾隆三十九年纠集四房酌议，各敛丁钱□积数载，族长明龙，房长联魁、文璠、寿龄、君敬等倡首起新竖造，基址虽仍旧而坐向改易，因众财不胥，止立上栋规模而头门两廊下栋天井俱未之及。至乾隆五十二年各复捐钱，始施黝垩，中门神龛焕然一新，岁时享祀略有可观。若饰美增华，恢扩栋宇，高其垣墉，固有俟于后之贤能者。是为记。

嗣孙焕若、文整、文艺、寿元、廷魁、聚宗、寿葵　谨识

历修祠堂记

从来谱版所以联世系也，祠堂原以妥先灵也。使谱版不修，不惟世系紊而

建祠之本末抑无由传焉。吾族有祠堂自康熙四十一年始，董其事者家长义仁、细六、子袭、天重诸公。报丁聚银，共起禁会，各分生息，置买马公屋基其地，即古称安仁坊大白楼也。前朝玛瑙而锁龙江，后枕笔架而迴锦水，左峙龙山，右从鹅峰，正可谓地之胜矣。缅自始祖开公卜居东郭以来，子孙繁衍，或城居安仁，或散居田西马步茭湖河塘，各启土宇禁会，诸公因就其地拓规模，聿堂构，藉以妥灵爽而虔祀事。然历年既久，榱桷朽坏。乾隆甲午，族长明龙公，房长联奎、文璠、寿龄、君敬诸公集众商议，捐输生息，竖造中门神龛。至乙卯合族又议增修。于是倡建再捐以襄厥事。故下栋门楼一时丕焕。逮道光丁未，忽遭洪水，前所谓仑奂者今皆荡为瓦砾矣。合族因念先灵何托，后嗣何归，报本之心不得不为重建之计。维时祠无余财，产亦不多，安能兴此大任，只得节缩用费，并将昔年价置燕仔堝田山屋宇出售添造，非得已也，为先灵计也。故经始于道光二十八年，告成于二九年，门楼而外，复竖二门为吾祠之藩蔽。自门楼而上，为两廊，两廊而上为中堂为寢堂，其右傍寝室精舍悉备，虽规模仿旧而巩固优倍焉，诚足以壮观瞻妥先灵而垂永远也。兹因谱版告竣，以志建祠之本末，是为记。

时

咸丰十年岁次庚申冬月　吉旦

嗣孙 聚和、聚阁、荣兴 显顺 显崇 显濂 福吉、才英 敬撰

资料出处：1994年《江西万载黄氏七修族谱》

十甲　杨锦（本王锦，后改）

宗族组织概况：

福寿坊六房总祠未书，南门支祠未书，因声远支下寄居三区，另起宾兴

三图　兴仁坊

一甲　杨正兴（本刘正兴，乾隆册改今，本图轮差）

二甲　辛达

宗族组织概况：
与延顺觐昌孚通同大祠

三甲　朱文兴（本常永兴，乾隆册改）

宗族组织概况：
与四图七甲朱文盛同祠

四甲　伍伦明

五甲　张隆

族谱摘录：

清乾隆己亥重修祠堂记

古者党正族师，月吉读法，使民咸知礼教焉。近世乡校之法不行，每月朔望于家庙中，聚族之长者而议焉，事之当兴者举之，子姓有乖悖之行者斥之，则祠图者祀奉先祖之所，即所以教训子姓之地也。我族旧无祠宇，前明崇祯元年二十一世祖温五纠六支之人而建立焉。噫嘻，明至崇祯民生蹙矣，而公独奋兴此举，其所以上为祖宗，下为后裔计者至远大也。迨乾隆己亥，年久朽蠹，族长琢斋公集族众议更新之，咸愕然无应者。公随问祭会有钱若干，众应曰零星放贷，难以齐收。公曰，捐其息，宽其期，可毕敛矣。众曰，不能敷用。公曰，六房各出钱四十千，以济其事。众曰，犹未足。公毅然曰，是在得人耳。苟非其人，赀财虽多，于事无济也。苟得其人，何患寡乎。众难其人。公曰，吾侄作肃可任其事。乃使人促作肃至祠而命之曰，斯祠创自前明崇祯元年，家长温五所倡建者。温五即余高祖仁所公也。斯时人情之拮据十倍于今，而丞丞以此为急事者，念祖宗不可以无庙，子孙不可无教，识大体者盖如是耳。今蚁蚀将坏，余可坐视耶。予试思之，规模必宏，选材必良，勿徒饰华美，须坚朴以垂久远，勿使有冗费，筹划必极其周详。凡诸事宜，一以委子。作肃应曰，敢不敬承叔命。于是择匠诹吉，经始于己亥之秋，告竣于庚子之冬，共用过钱一千二百余千。斯时共事者承皋之力为多，学瀚明允志泗启图朝拔亦与焉。其规制中为堂，深三丈二尺，宽二丈五尺。堂左右为房，堂下左右为廊府，深二丈五尺，宽三丈二尺。前为祠门，门内外有宇深二丈四尺，宽三丈七尺，门外有场深一丈八尺，宽四丈一尺，前有石栏杆焉，堂后为神寝，深三丈四尺，宽三丈二尺，左右藏祭器房也。神寝正中为龛，始祖考妣暨左昭右穆配享神主在焉。左右壁外各为龛，分奉左右袝享神位。其左后为庖，有小厅。岁丁卯，族有修谱之役，拉予襄其事，父老语予曰，斯祠今犹焕然其新者，皆琢斋公之力也。事久不传，则后之人无从稽焉。君盍记诸。余应之曰，唯唯。退席濡墨而书于祠堂图后。

乔居作屏记

重新六房祠记　北新容真谨识

宗灵之所以陟降，子孙之所以报德，端赖有庙而为之凭依也。溯我祖六房之有家庙由来旧矣，创建于明之崇祯，重修于清之乾隆，不过当时所用之材料，均系半闭。至民国十七年间，蠹蚀倾欹，□□堪虞。后裔应嘉玉崧先生等，深以为怀，乃集族众提议重新，类皆赞许。时梦楼先生以敬谨将事，唯恐经费不足，莫克有成，颇以为虑。然以重修祠宇，系属钜典，亦欣然从之，爰组织建造局，推玉崧先生主其事，乃将旧有栋宇纯全拆弃，鸠工庀材，沿基址兴工建筑，将昔时之板壁易为陶砖，木柱易为石柱。不幸至是年玉崧先生一病不起，继推应嘉先生董其成。先生夙夜关怀，劳瘁过度。至民十七年又一病不禄。后乃推日光继之，未几又一病弃世。嗣经萼楼先生继续总司，迄民十八年秋，我祖六房祠始上栋下宇，焕乎维新，翼然于康乐集贤之间矣。然是时祠宇之规模大约告成，只以世局多故，财用不赀，因而停顿。其中沟渠各方之装修，悉尚欠缺。至民二十四年苏稿先生身列六房族董会椽，偕众等商洽协谋，集资将沟渠等饬工修理完毕。第神龛未漆，主牌未修，至民二十八年适仁甫先生外回，六房族董会改组公推为主任，乃召族等会议，谋竣其事。先生乃不辞其劳，雇工漆神龛，修主牌，至民二十九年完竣。于斯时也，我六房之神庙成矣。是年七月始祭告我祖，登宗矣。嗟嗟猗欤休哉，惟念重修祖祠经过春秋十余度，玉崧应嘉日光苏稿仁甫总其成，初开柏龄炎林钧治等服其务，萼楼始终斡旋其间，鲁生先生撰书楹联，俾祖祠之落成，宗灵之有依，子孙之得以瞻拜奉祀，窃喜而识之。

乔居汉昭公祠堂记

堂侄钧治自谱局走书宜阳，告以昭公祠既无图，复无记，钧治盖关怀祠事者。既已倩人绘图矣，谓记之作，非叔草属。忆予十二龄时，读书于文庙前之陈源房祠。一日早，午门人声鼎沸，数十人扛一巨木，佥曰此张昭公祠之栋梁材也。予于昭公祠之建筑，印象如斯而已，余则茫然，其敢贸然作记乎？因复书钧治，言予欲作记而无从着笔。钧治年事少于予，其茫然之程度当不亚于予，惟对祠事较予热心，兹趁予暑假归里，又趣锦文垂铭二兄为予述建祠之经过，垂铭曾任会计，犹能道其一二。据云，吾六房祠右侧有祠曰乔居，奉祀乔居支祖汉昭公，数翼残椽，破旧不堪。蓴楼禹门霭庭诸前辈倡议重新，设局经营，由蓴楼公董其事，禹门公、霭庭公共襄之。原筹经费四千缗，结果超出一倍有奇，乃挪移各会公款，以资弥补。兴工于民国三年正月，落成于四年二月，颜曰昭公祠，仍以支祖名也。祠宇堂皇，灵爽足式。七七以还，一再被炸，前后左右均遭惨祸，而吾昭公祠仅门首及客厅受小创，岂非祖灵呵护之欤。至于祠堂之形式及其环境，则有图在，兹不复赘。

中华民国三十二年七月　三十一世孙烈谨撰

北新世懋公祠堂记

尝思莫为之前，虽美弗彰，莫为之后，虽盛弗传。我北新张氏固已彰于前而传于后也。念自世懋公由获富迁居城北，历年已远，往者前辈五七甲诸公于小北关内创买基土二栋，欲构支祠，为祀事之所，无如制作浩繁，斧资缺如，有志未逮，此地遂为旷土。厥后乾隆三年发与子欣竖造，立有赁帖。斯时虑众囊之告乏而空言兴作也，于是同支诸公起立祭祖堂，计股分若干名，原期醵钱生息，为建祠资。节年陆续置产，收额租六十余担，上为祭祀之需，下为花红之用。嗣是典昭崇祀，各出钱文为进享费，然祖庙之修未起而灵爽之式无凭。道光壬午，于魁公祠后买彭姓屋二栋，前有球场，后有园土，左至城巷，右至张墙，出入巷衢，巨制煌煌，祀世懋公于其堂。庚寅冬，将先年起立祭祖堂之入，及后补入者，俱请进牌位。自今以往，后嗣子孙必登科出仕，而后诸人不得援前为例。今日者俎豆莘莘，冬至祀事堂构虽未华丽，异时有贤子孙度宏规而大起，吾知……诸公诏晋以记之，晋遂退席濡墨而为之记。

北新雅魁公支祠记

我北新十六世祖雅魁公讳纶，号贞斋，明天顺三年岁贡，任湖北随州知州，谱系传赞，历载炳如，六支祖外，独同配食于湖上昆冈公。噫公昔日既进享于大祠，今时当祭祀于小宗。往者旭升兄尝缀散为聚，立魁公支祠，有志未逮，不幸卸世，曾嘱余，余识之不忘，每与房长诚宗公及支众言，皆有同心。嘉庆壬申秋，诚宗诸公顾余曰，小北关内有邓姓屋出售，上下二栋，前后多余地，价约二百三十千有奇，购之可作支祠，以成尔兄旭升之志。予曰，韪哉诸公之美志也，于此不急，乌乎急者。今虽众无余产，起立主牌堂，自可成事。于是德兴松山公暨东标朝陛等至魁公支下散居乡者，如银田蓝田烟竹吹藜平山头墓前陂头等处，不惮邀集，酌定配食二十千文，生监减四千，贡减八千，祔食三千文，生监减四百，贡减八百。一时踊跃，不逾月捐配祔牌位若干名，定主醵钱，一一详载之。但进主之需尚未捐，而购屋之价宜先出支。叔文富独力承借外钱以偿屋价，及收集主钱还讫，所谓睽孤者……当此之时，余偕诸公相与慕魁公之烈，遂为堂而祠之，请前代簪仕列祖为配焉。夫公之赫赫不可尽者固不系于祠之有无，盖人之向往不定者非祠则无以致其志也。故作庙奕奕，自发馨香于俎豆矣。嗣是陆续进享，创置田产，上为春秋祀事之供，下为支裔花红之用，后来祠内有登科第者请入配食，非是必出钱若干缗而后可。迨癸酉岁建竖上栋寝堂，越壬午复建下栋槽门，又买祠后彭人基土，直四丈横七丈五尺，旋建厨房□屋，仍留墙外园土一片，规制已定。每岁冬至后五日，祀事目睹心存，实不忘其所自来也。诸公诏余以记之。余缀此以弁其首，并以成旭升兄之志云。

清光绪辛丑重建北新祠宇记

房祖世懋公、雅魁公祠创自嘉庆道光年间，先辈已详记之，惟是兹祠栋宇有购诸他姓，因旧而未全易者，历年既久，渐形朽坏，渗漏湫隘，甚非所以妥先灵而重祀典，议新者屡矣，扼公款不充辄止，如是者又历有年。当是时，建新祠之希望已印注于奉族人之脑汁，渐积渐充，勃上而不可遏，最后佥毅然曰，人孰无居，而忍视宗祠若此，于此不急，乌乎急。必待有所凭藉，始假手居成功，此程度极卑之氏族，非所以语文明。吾族孝友肃敦公德，从无缺点，倘规议一颁耳，事属祖先，无不热心赞助者，何懦为不然。前人缔造丕基自无之有，尚不觉其难，孰为继之而不克负荷乎，有过而冷齿者矣。于是议始决，属役赋丈，虑财用。祠后边右地址颇狭，适与重公支下成于宣诰科生三公之地连，成于公众遂助地横三尺五寸，直二丈五尺。宣诰科生公众亦割地横直丈尺若干，仅受时值，以建祠故。故成就若此易也。分册走达各支，办捐配祔，而堂兄菱舫和普承先人志，首助钱缗二百，各支均踊跃捐资恐后，不越月，检核各册，不下二千缗。巨款既集，卜吉栽工，展拓规模，崇隆基址，时光绪辛丑三月也。迄癸卯春岁，凡□周告竣，寝庙二，中堂一，回廊及槽门二，幽邃轩爽，蔚然改观。寝庙二者，一奉魁公，一奉懋公也。懋公故有享堂，距数十武，以狭促不适祀事，爰移建于魁公正寝后，址连而寝分。址连则相通，寝分则昭穆仍不相紊。又以余材及旧料之尚坚实可用者，建横厅一，全栋于是库厩官厅，斋厨宿室悉备，凡用过钱缗五千有奇。既成，祀先祖于宗堂，昭穆咸序，新庙奕奕，俎豆莘莘，顾予蒸尝盖可知已。馂余，诸先生曰，是举也，不可不记。则目蕃而诒之余曰，有是哉，诸公劳其心竭其力，同其志，各尽义务以达此目的，而相与有成，甚盛烈事。蕃不能献尺寸之效，方滋愧也，而是区区者又敢以不文辞。虽然余曷记。余于兹祠之成，而见吾同族人之心矣。今天下竞言合多数之分子，以成拓都，谓之团体。窃谓与其团体，不若团心。体团而心不能团，筑室所以多道谋者，兹祠之始庀工也，经费浩汗，祠中储款用如决机不给，则挪移各会不给，又挪移各支犹不给，当事者又多方挪移，盖支绌也若此，卒使巍巍焕焕，转瞬成功，虽群昭群穆，灵爽实式，不亦甚赖卑族一心，化狭小之见，俾承办者得以实力经营，无所障碍，无所避忌耶。则又未尝不笑乡之迁延岁月，怯于一试者，果为过虑。而吾同族人之能团体也何如，能团心也又何如，自有价值矣。语曰，众志成城。又曰，有志者事竟成。窃愿吾同族之人之永之也。是役也，手册劝捐，集腋成裘，则心铭前辈，及子屏舒再佐钧之力，而堂兄镜芙，堂侄铭开、复轩与焉。总持全局，组织庶务则首士子缉及蒸云世书之力，而堂兄菱舫和普与焉，皆不辞劳顿，克己奉公，惟子缉蒸云世书三人略支膳费而已。时议者以此次建祠得力于和普子缉舒再数人为尤多。余之记也，和普嘱蕃毋言，蕃以谓在兄为祠宣力功，不欲居善已，若蕃当言不言，是谓没人之功，人其谓我何，且何以为纪实而昭兹来许，勿溢美可也，没也可乎哉。并志之，楔诸家乘，俾后之览者有感情焉。蕃谨记。

北新重建支祠记

丁未六房续修家乘，予亦共襄其事。公余，谈及各支事务，诸公曰大小支祠，惟北新焕然可观，相联二寝堂，一妥世懋公灵，一妥雅魁公灵，较前相距数十武，祖孙每形睽违，今则灵爽相聚一堂，中有官厅，陈宗器，设裳衣，荐时食，位置一一瑊宜，左右两廊，前有槽门，每逢祭祀，奏乐于廊下，践位行礼于门内，左侧六扇五间，正屋及厨房□屋全栋，宗庙有事，为合支人斋宿之所。外有头门，包藏祠宇而不尽露。合观则规模宏而不失之散漫，分勘则材料坚而不过于绮华，诚六房中之大观也。闻始事时储存仅六七百金，告成日不下五千余金，此中斡旋，令兄菱舫和甫煞费苦心，盍记之以告后世。予曰，祠之步武安详，颇壮观瞻，经理者几费心力，诚如诸君所言。但专功于一二人，非惟家兄不敢当，即予记之亦难免受子鲜之讥，何则石重千钧，一夫莫举，鼎名百斛，独力难扛，况当日之任，有重于千钧百斛，非合群策群力，断不能□观厥成者，请为诸公详之。我北新自嘉庆壬申购小北门内邓姓屋，祀十六世祖雅魁功，道光壬午复于魁公祠后购彭姓屋，祀十一世祖世懋公，当时即欲鸠工改造，展孝思之忱，因囊橐未充，有愿莫遂，只得稍为修饰，俾先灵之式有所凭而已。厥后祀产渐增，正用又渐大，故屡议修而不果，因循惰忽，年复一年，虽未斜看东西，而风侵雨蠹，旧贯断难久仍。家兄遂于光绪丁酉岁，与合支商议，一切应用及各会宴饮，概行停止，每年所入生息，于永唐典以为将来之措。阅五年辛丑，全祠朽坏，大有岌岌之势，又邀集诸绅耆，告以事关报本，勿因任重而畏难，毋因赀薄而姑待，前辈毫无所藉尚能两次创买屋宇，以奉列祖，吾等席前辈遗业，不能更修造以安列祖，不几令后人笑我拙乎。众皆曰，事诚善矣。惟旧基狭隘，不能大增廓耳，必得重支成公科公暨宣教公众土地若干，方为尽善尽美。三公子孙果玉成其事，将右侧连祠之基，或估值捐主，或捐助而不受值，任祠经营，无一抵牾于其间。然族内人众，意见不一，有过虑者谓蓄积富，事业隆。今长物几何，遽有事于土木，恐平地为山，仅覆一蒉而即止也。即裘成集腋，捐资入亨，祠规之常，奈迩来四壁家多，千金产少，搜寻虽能遍，细流终无补于河海，且创制浩繁，局费亦非旦暮竟功者比，不若俟资斧足任所为，而用之不竭之为愈也。众奋然曰，道傍筑室，何时有成。昔年无人肯出而担任者，大抵为此辈所误耳。今基址既定，盍议章程，立规制，举长材以司其事，□吉期以肇其工，踌躇奚为。如谓捐款难有素□，族人所信服之心，铭子屏舒再佐钧镜芙诸人出而劝捐，何难之有。恐局费大有素称勤俭之子缉试书蒸云维持，局事何大之有。卒之奉先心切，劝捐者多方晓谕，俾各户争先恐后，多至一千六七百金，局内事事从约，自辛丑迄癸丑，三阅寒暑，不及何曾一日之费，兼之钜细躬亲，不辞劳瘁，下至木头竹屑，储为日用所出。□□者竭力于局外，督工者尽心于局中，□无戾天之翅，能盘旋云际，以入九天，皆此数人之力也。宗兄承父命，捐助钱二百千文，倡提此举而已，功云乎哉。琛谨记

成于公祠堂记　嗣孙容真谨识

书曰，黍稷非馨，明德惟馨。是德邵者允宜俎豆千秋矣。溯我祖成于公生平慈善，焚券赠舟，济贫周急，诚有大德者，故昔邑侯曹公赠其匾曰曲江硕望。何侯旌其寿曰椿老桂馥，而子孙之散处乡隅若平山头、凤颈里、武家坊等处，漫衍已数十世矣，不有家庙，奚以报德而收族耶。考我祖之禋祀虽旧有享堂，然历年悠久，蠹蚀不堪。迨民国甲寅春，四支首士文盛世书东金麟经等召集绅耆，假平山头仓屋会议建筑，询谋佥同，沿老屋旧基重新规划，上下三进。其时地其尚不足，经我支科公子孙欣然以余地相助，又幸以我支助地建魁祠，公许搭墙，故爰于魁祠右侧兴工建筑。经始者佐钧先生董其事，从正寝外并建左右两扇，右腋中下横厅，附房五间，厨房浴室□室门楼曲巷，无不备焉。乙卯秋经吉□终其事迄丙辰冬告成，阅时三载矣哉。我祖之寝庙奕奕，焕然一新，子孙之得以报德，宗族之得以收萃，不诚大可庆乎。兹又值重修谱乘，并绘刊祠宇图，以垂久远。是为记。

祠产原委说

乾隆辛亥春，族众议以祠中事件悉付诸余，余力谢不敏，市心秀田公告余曰，己亥之修祠也，尔父静轩公日则相度工料，稽核瓦石，夜则会计簿帐，权其出入，疲精劳神，可谓至矣。今日者不有人焉以维持之，将见祠产日微，祭祀不供，其何以为族乎。余闻而怅然者久之，痛吾父于庚子之秋，因祠务而积成劳瘁，扶病居家，遂致不起。原其初心，亦无非为祖宗计耳。余小子义何容辞，于是询诸父老曰，祠产若何。佥曰，止有蠡山田二百六十把，店房租息可得三四十金。岁之所入，不敌岁之所出，尚欠债项二百余金，可若何。议将蠡山田出售，余独曰不然。夫业产之有无，在乎樽节，不在乎厚薄。生食为用，恒足之道，圣经贤传，不可易也。余于是汰冗费，崇节俭，因者因，革者革，权其轻重，计其子母，不数年而帐项□矣。先是祠中店房租开者，俱有拼底，数年后，用费银七百余两，而店之拼底皆转租息，重矣。又数年续买黄茅田二百五十把，蠡山田五百四十把，用过银数四百余两，而稻租倍多矣。昔年祭祀六房轮承，器皿物件，移借艰辛，尔年来凡诸祭器纤悉备置。抚今追昔，庶免于仰屋而筹器皿不备之叹焉。但愿后之人相与维持于不敝，使祠业日增，是则余之所厚望也夫。乔居亨衢记

续祠产原委说　嗣孙容真谨识

孟子曰，君子创业垂统，为可继也。是则创之者有人，而继之者亦须有人，方可继续增置，以发扬光大，虽历千万世，可以究其原委而弗忘焉。癸未秋，吾祠续修谱牒，行将告成。纂修伯龙念及祠产，嘱余立说以识之。念余生也晚，祠中置产历年悠远，莫得其原委，本不敢贸然承认，固辞者数次。嗣辑修顺新嘱询及新任首士固卿，据云亦不得其颠末，乃批阅旧存谱牒，及新刊祠产册，始略知一二。查我祖肇有基业，溯自明崇祯始。厥后稍负债累，经乔居静轩公洎公之子亨衢公维持有方，始续置田产于清乾隆，时亨衢公曾立有说，志于谱乘。考我祠之产业，自明崇祯起置，有集贤街屋宇，同处店房，衙前空土，蠡山、黄茅、揭家塅、源头冲、汤家垅、兴江石保塅湖潭上窑前等处田庄，袁郡

试馆等业。又中元会、春祭会、纱灯会、颁胙会、祭器会、小宾兴斯文会等，均陆续置有业产，已于民国二十七年刊有六房祠产暨各会契据册，纪载清楚，可以备查矣。第其中创置之原委，产册未详，仍难穷其究竟，是为遗憾焉。总之，仗我祖之英灵，历代后裔经理祠事，煞费艰辛，存至公至正之衷，成屡创广拓之绩，用能有光我祖垂裕后昆者也。惟于此次重修谱乘，预算经费规定六房共筹六万元，时值国难，物价日涨，超出预算浩大。经召集族众会议，不得已决议现在科举停顿，在袁郡试馆实不中用，并收息无几，乃将试馆标卖，结果计获法币十五万元，除拨六万元补充谱局接济外，于本年八月间经族董会主任顺新、祠产管委会主任贯一提倡，置业首士锡平忠厚苏稿云轩邦藻固卿等同意，又召集族众会议，询谋佥同，果得买宋治星杨家坊田租三十担，立有契据一纸，经首士收存。廑念祖宗创业艰难，惟愿我后裔等矢慎矢公，守成旧业，开创新基，光前裕後，庶几继志述，类不背孟子之诏示，实不胜盼望之至。

资料出处：民国三十二年《万载张氏六支族谱》

六甲　汪鼎

族谱摘录：

祠堂图详说　民国三年　玉海谨识

尝读修祠原记，乃知我宗祠虽系德清公老屋，而基尚狭隘。后经迭次转辗，交易迁就，始稍宏敞。除建立宗祠外，并右侧厨湢仓储，守祠住屋俱全。迨同治初年，又添建右侧乏祠三进，今改作汪氏家塾。续又添买球场坐左房屋一所，光绪末叶贤房下又添置祠左房屋，于是愈益宏敞矣。今以其四至言之，前连官路水圳，至本祠蓆草田及辛人屋。后至城隍庙及宋人店墙。左连本族房屋余基，右至柳祠墙直下为界。再以宗祠面积言之，祠宇长约十丈八尺强，阔约六丈八尺强，其球场长约十丈六尺强，阔约五丈五寸强。合计面积约共一万二千七百八十平方尺有奇。祠右为汪氏家塾，面积半之。祠左为贤房祠并店房横屋余基，长约十八丈，阔约十一丈七尺左右。贤祠前为宗祠余屋及得贻堂屋，敬宗堂店，长与宗祠球场较弱，阔与贤房祠较强。今因旧谱祠堂图略而不详，且与现势不合，故商酌胞弟玉藻与族弟佐辉，将位置长阔逐一丈量，绘成宗祠暨家塾及贤房祠平面全图一幅，再商酌族弟岳云绘成写真图一幅。观斯二图，庶几宗祠之位置形势可以了如指掌矣。

宗祠原记　朝宗

尝读大易萃篆辞曰，王假有庙。盖言庙所以聚祖考之精神，人必能聚己之精神，则可至于庙而承祖考也。涣之篆辞亦然。下及士庶，礼不同而礼同。我族祠基乃出自九世祖德清居址。公讳澄实，系长房伯川公之嗣也。爰居县东福寿坊。厥后孙枝繁衍，不便阄分。十三世夫公派兄弟合议，愿将祖基以为祠基，于有明嘉靖间建竖上下三进，栋宇峥嵘，明禋可永矣。无何崇祯季而毁灭无遗。当是时，子孙散处，更何暇念宗祊哉。我朝定鼎以来，休养生息三十余年，然后元气渐复，人始有重新祖庙之谋。纠集德清公支下每丁派银一钱。癸酉春，共计子母百十两，有族长君茂，房长两生如绪惟纯克佐家修若采，禁首克俊惟扬幼黄秀元等，相与戮力同心，慨然鼎建中堂。费用之外，仍将余赀发借族众，命四及其澜家修等同为领首，生息渐多。越辛卯，渊鼎二公支下共敛丁银三十两，禁首惟直文集蒸士功显钦召元生科生宗山济若等共任厥事，续竖两庑前栋，并砌一路围墙。今日者，先人于是而凭依，后人于是而昭格，俎豆馨香，可时荐焉。衣冠礼乐可世袭焉。然而寝室墙壁犹阙如也，勉继前徽，以臻备美，诚不可缓矣。至于祠右空基，右至淇海古沟为界，左至祠堂，上至城隍庙土，下至官街。自前迄今，界限画然，始末井然，规制焕然，世守勿替。今幸撰修谱牒，载于祠图之末，俾后之人披而知其所自，且悉其因革缘起云。

寝室原记　朝祖

古之君子将营宫室，必先立祖庙，所以奉祭祀，重报本也，故先之也。然余尝读閟宫之颂有曰，路寝孔硕。而殷武之卒章亦曰，寝成孔安。则祖庙之有寝室，由来久矣。盖庙所以祀其先，而寝室之中，先世之衣冠于是而藏焉，祖宗之灵爽于是而凭焉，其为均重也。吾族祠宇始自有明，规制具备。后遭兵燹，荡然无存。迨至我朝康熙癸酉，始重建中堂。辛卯复重建两庑前栋，而寝室以匮财而止。往时予兄荆山作祠堂记，所以有寝室阙如，勉继前徽，以臻备美，诚不可缓之语也。岁庚戌，予与族叔祖继明尔及重新之，顾无所得赀，乃相与各捐银十两为首倡。其时族长克佐公闻之大喜，遂以告之族众，好义者皆欢欣踊跃，自七两五两三四两以至二三钱，捐输各有差，大约百有余金。于是鸠工庀材，经始于辛亥仲夏，至孟冬而告成。衣冠藏于斯，灵爽凭于斯，而规制始克大备，所谓寝成孔安者，其庶矣乎。吾兄有知，当亦甚慰焉已。寝室既成之七年，族长盛章公又以所积公财作室，于祠堂之右计三长间广一丈三尺，其上下俱与祠并。左傍祠墙，右砌新墙，其室之中，凡庖厨沤浴，与夫祠内各物件，俱于是乎在。新祠之外，空土一大片。上至城隍墙土，下至官街，右至淇海古沟，俱砌有砖墙，刻汪祠记三大字于石，纳之墙间，以垂久远。今续修谱牒，因为纪其事于篇，俾后之人得以览观而知其所自云。

重新宗祠记　崇讷

我族宗祠，基于福寿坊，系德清公居址。前明嘉靖间，德公子孙建竖上下三栋，后遭兵燹。迨国朝康熙癸酉，又继起而重建中堂。辛卯复建两廊及前栋。雍正庚戌，余祖岷山公偕继明公倡首捐建寝室，于是得以妥先灵而崇祭祀。厥后年久，栋宇朽蠹将倾，族人士登堂，不寒而栗，佥谋重新，苦于公赀不敷，踌躇者久。乾隆甲午秋，讷与树□采繁自会城乡试同舟归，即以建祠宜亟事告于族众，众皆跃起懽然，群写乐助，有自八十千五六十千以及一二千二三百文者。由是鸠工庀材，始造中堂两廊并槽门，后造寝室，规制宏敞，坚固严邃。右侧旧墙内又竖横室仓厨，视前足称壮观。初因基地不称，众议祠右旧墙外围土一大片，易换盛继二公祠首街下，左侧得买公成文澜等基地一股，并祠左土壹直，庶基址方圆，又以所易祠首街下左侧土易易肇公城隍庙前书屋地基，为之复其书院旧规，凭邑绅士耆庶，即以所易书院地基，又我族外助田二百把，换城隍庙左侧空土，横五丈一尺，直一丈九尺，竖造寝室，转辗相易，几费调度，邑人士喜甚。未几被郭元龙捏控县府暨司道而院宪，纠缠数载。嗣蒙院宪特委干厅戴亲勘提讯，严斥元龙，详请纳税销案。斯时也，财既竭矣，而任事之人心甚苦矣，力亦疲矣。幸赖祖宗之灵默为呵护，后之君子仰而瞻焉，共知斯祠之所由成也夫。

达观公赀原记　同治四年　廿五世孙念周

达观公，吾七世祖也。自始祖仁素公居万，六世皆单弱，至达观公始生三子。孟伯川，仲伯渊，季伯鼎。前明洪武朝诏令各郡县编立都图甲长，居其地者于是始有顶籍轮充之说。万邑城设东西二都，乡设廿四都。东西都称为八隅上户，邑中著姓罔不与焉。伯川公籍隶东都三图八甲，户名允庆。伯渊伯鼎二公籍隶东都三图六甲，户名鼎。此自明初以来编审册，历历可考。然公虽各分为三，户虽各立为二，要实皆一本之亲也。夷考达观公众向无公赀，三公后裔屡有捐赀起会之念，久未成。甲子冬，会城乡试，渊公裔孙碧溪先生向予而言曰，伯川伯渊伯鼎，吾三公之分祖也。达观公，吾三公之总祖也。盍各相其贫富，量力捐输。或醵钱，或助产，以为达观众公赀乎？予曰：然。请俟归里共商之。至乙丑春，合族入祠开局重修族谱，予与碧溪先生复举前说，遍告三公众，众皆欣然允诺，且咸愿以此项赀息永为作养人材之费。夫作养人材，不外花红奖赏贺仪程仪数者而已。公议自童试至会试，自入泮至钦点，各项银钱之多寡，均照谱载“宏作养”一则给发，三公一体，永无增减。于是伯川公支下捐助早迟田四百八十把，计额租五十二石，又捐钱壹百千文。伯渊公支下捐钱五十千文。伯鼎公支下捐钱五十千文。订定每年租谷收粜，钱文生息，均归首士经理，余人不得掺越，并不得挪为他用。其首士三年一次更换，公举殷实正直一人专司其事，不必多人者，恐意见不一也。然作养之道，有可从此扩充者。袁郡距县几近百里，日出起行，暮夜至止，苟无馆舍，鲜不伥伥乎，何之？公议于公资内，袁城买屋一所，立为达观公众试馆。惟三公生童应试者，得以栖止，其余或因他故，或因讼事，均不得住宿。何也？其名曰试馆，为应试而立，当循名而核实也。其价以二三百串为率，不得竞为华美宽敞。凡此皆三公齐心妥议者也，永远不得互异。兹族谱告竣，因备悉其源委，遍告三公众而记之。

达观公资续记（附助产） 民国三年 廿六世孙玉海

天下事有由合而分者，有由分而合者，凡事皆然，族类亦何莫不然。大者远者勿论矣，即如吾族自仁素公迁万以来，一脉相承，单传至七世始分二房。长房大观公下早已分居宜邑塘下矣，惟吾七世祖达观公曾任舒城县尹，诞育三嗣。孟伯川，仲伯渊，季伯鼎，仍居万邑，而渊鼎二公编为六甲籍，川公下顶入八甲籍，是三支又已分立二户矣，此则吾族由合而分之时期也。当是时，渊鼎二公丁口繁衍，川公后裔单弱寡助，至十三世夫字派后始昌盛。明嘉靖年间，因将九世祖德清公后街老屋改建宗祠，上下三进，拨助淡里田二百廿把。逮十六世祖会海公于明崇祯丙子年创修族谱，其序云：人各亲其亲，长其长，而不知实仁素公一本之所分。末又云：俾后之人雝雝肃肃，共相化于仁人君子之行，勿即于刻薄寡恩之渐，是则兹谱之所由作。等语。诚有慨乎其言之也。不幸明末寇乱，宗祠废毁。迨清康熙三十二年德清公下敛丁银百十两重建宗祠中堂，越二十八年渊鼎二公复敛丁银三十两续竖两廊前栋。再越十九年，予先祖岷山公与继明公复倡首捐建寝室。虑租少不足以供祭祀，权将德清公下所助淡里田产，悉数售价发借八甲子侄，逐年二分生息，名曰禁银。累积多载，乃于乾隆司你后陆续置买田产店房多处。乾隆三十九年，复群捐千余金鼎新祠宇。由是崇奉祭祀，并备试卷花红程仪，当差使用等费，均已优优有余矣。虽系德清公下之力居多，而来祠助祭，各房均一体与宴，无分畛域。此则吾族由分而合之始期也。且吾族谱牒前已六次均系合修，同治四年修谱时，渊公裔孙碧溪先生复倡议朋起达观公会，量力捐助。渊鼎二公各捐钱五十串，川公捐钱壹百串。另又捐助田产四百八十把，公议专为三公下作养人才之资，当已遵行花红盘川诸费。旋又买建袁郡小校厂达观公试馆一所，以为三公生童应试栖息之地。不料该试馆原系旧屋，年久朽坏，欲留之则恐成为荒邱，欲新之则虑经费无措。光绪三十一年，于是公议出售，得价三百余串，内拨钱壹百六十串与德贻堂，作为袁郡德清公试馆右侧书院，六扇五间，改立达观公试馆之用。公议三公一体招待，毋得歧视，此则吾族由分而合之正好时期也。至于公资原委，予先伯诚轩公原记叙之已详，兹不复赘。今因第七次合修族谱之时，民国早已改建，科举久已停废，作养人才之道自应另订条规，予故特叙其分合之原委，宣布于三公众而记之。

计开公议条规于左

一 议学校毕业奖励，高等小学四串，中学校八串，高等学校或大学预科十六串，专门大学本科四十串，均须俟毕业后领有文凭来祠呈验方可给领，其余学校均按此等级类推。若系简易讲习研究，非正式之学校毕业者，一概免给。

一 议或领有咨文，赴中央考取文官法官者，酌赠赆仪钱十串，由中学以上毕业出洋游学者，按数加给，俟日后增置业产，租息日丰时，另按照德贻堂规约第二条酌给学费盘川。

德诒公赀原记　附原条规道光元年　廿三世孙元英

昔我九世祖德清公籍隶东都三图八甲，邑所称八隅上户是也，都分东西各有四隅，每隅一图，每图十甲，城中著姓罔不与焉。邑有公事承年当差，皆系八隅轮甲接管，责任既重，为费不赀，是以同图同甲各姓俱醵资置产，以补公用。我德清公同隶东都三图者，除杨姓已绝外，有同姓六甲汪鼎与辛张朱常伍诸姓，朋有图赀，已历置田店各业矣。又同隶八甲者亦联八姓朋有同年承差之赀，后经拆去其半，只遗汪龙林易四姓，因更名曰四同兴，亦置有田业，此三图八甲公赀所由来也。迩年来办公各款概归减省，而各姓良莠不一，或不免侵挪之敝，佥议与其积赀生敝，不若将所余照股分拆，乃于嘉庆二十五年我德清公族下分得四同兴钱三十九千三百五十八文，道光元年续分得钱六千文，又于嘉庆二十五年我德清公族下分得三图众钱五十千文，其同姓六甲二处共分有钱九十五千三百五十八文，于是族众来告于予曰，此公赀也，虽分自图甲，实由我德清公之所诒也，其不可以浮费而他用也，其必思所以光先德而历久弗替也。夫光先德而历久弗替，孰有切于鼓励人材者乎，诚得族中公慎者经理其间，将现赀权子母而息之，后有续分者复增入之积累不已，自可购买田业，由是量租所入，专为生童举贡试费贺仪，俾有志上进者咸得沾我德清公之所诒，于以鼓舞奋发，联翩鹊起，则所以光我先德者实在于此，且事经公定，则觊觎不生，费有所归，则浮销可免，斯即历久弗替之道也。子盍酌条规成兹盛举为。予曰，善。爰名其赀曰德诒，且志其原由，即偕族众公酌数条于后：

一 我族现在公产虽云无多，但以供祭祀与支应一切尚足敷数，至扫坟烧纸则有祀先众赀承办，因将此项专为鼓励人材之费，嗣后永为定规，毋得挪为他用。

一 此项全在管理得人，公议众择族中殷实公正者专管，每年加一二起息，本利累算，俟赀稍裕，渐买田业，每年当众清结，毋得侵渔冒销。

一 置买田业后，租息有余即应给发试费贺仪，公议童生院试每名二百文，生监乡试每名一千文，做录者另帮誊录钱二千文，举人会试二十千文，钦赐减半，拔优两贡朝考俱十千文，游泮者贺仪一千文，两学束修贽仪印卷院上饭食俱堂中给领，帮廪者贺钱二千文，学宪衙门规银七两二钱亦堂中给领恩拔副岁优五贡贺钱俱十千文，捐贡不与，中举人者贺钱二十千文，钦赐减半，中进士者贺钱四十千文，正途出仕随职大小另议捐纳者不与。

一 此项未经给发试费贺仪以前，自应责成管理者照数起息，经给发后则赀有开销，即应将息停止，如开销外仍有余存，即续置田业。（按此条于光绪中叶

已公议每年除用费外，仍按数起息）

一 鼓励人材固不越试费贺仪二端，有可准此推行者如省中添买试馆及冬月祠中会课生童，奖赏诸如此类，皆为鼓舞人材之处，但非业产增多，资斧丰裕之候，断不能行扩而充之，是所望后之善继者。

德诒公赀续记（附新条规） 民国三年 廿六世孙玉海

尝读前清道光元年先曾祖春圃公原记，始知德诒堂系德清公支下历年所分九递兴、四同兴各图会遗款，积累生息而成，原议专为试费贺仪及添买省试馆，鼓励人材之资，不能挪作他用，法至美意至良也。幸前人生息得法，陆续置买田产，资息日丰，已于同治年间遵行试费贺仪二端，于光绪初年添买省城老羊巷试馆一所，捐资重新建造，凡前记之所期望者，均已次第行之，无稍遗憾矣。只因同治年间邑中各巨姓子弟新游泮者，苦于印卷饭食有费，学师束修有费，临时勒输并无定额，贫者不下五六十串，富者一二百串不等，各姓甚为苦之，合邑因此创设乐泮堂，禀准额定各费，由堂中支给。吾族与宋、辛、郭诸姓另立集秀堂，禀定各费名虽堂内支发，实则各姓捐资自备，吾族因此捐资分设毓秀、乐育二堂，以为兴建家塾之资，而印卷饭食束修等款则议由本堂给发，从此人材日多，入泮愈众，加此巨费本堂资息遂不能支，借贷称息，愈欠愈多，光绪二十四年遂公议停止此款，拨归毓秀、乐育二堂分任，将本堂所管范塘松树尾二处田产典抵各债，再行生息，今各债均已还清，田产当易赎转，鼓励人材之举不久亦可推行矣。当此革命时代，世变日亟，科举之制早已变为学校，君主之朝现又改为民国，旷览外国历史，默察当今趋势，科举万难复行，学校必当扩充，鼓励人材之术非从学校中入手不可。今当修辑族谱之时，特为预拟暂行规约于后，以为日后仿行地步，原冀入校日多，人材日众，光先德而裕后昆，端在于是。至于扩而充之，变而通之，是所望于后之推行者。

计开暂行学校鼓励规约于后

一 议毕业之资，凡在高等小学校毕业者，奖钱四（八）千文，中等学校毕业者奖钱八（十六）千文，高等学校或大学预科毕业者奖钱十六（三二）千文，分科专门大学本科毕业者奖钱三十二（六十四）千文。此外各项学校均按此等级类推，但须俟给有实在文凭到祠验明方可给领，不得预支。其余简易科、讲习所、研究所各校毕业者，一概免给。倘中等学校毕业出洋，游历或考就各职，临时公议酌赠赆仪。

一 议俟增置产业日多，租息愈加丰裕后，再行帮补学费，公议凡在高等小学肄业者，每年帮补学费钱一千文，中等学校肄业者二千文，高等学校或大学预科肄业者六千文，分科专门大学肄业者十二千文。此外，学校亦按此等级类推，均须俟每学年终大考后方可全领，不得预支。倘在不收学费之学校肄业者则不须帮补学费，惟帮补盘川，按路程远近给发。公议，凡由中学考升赴百里以外四百里以内学校肄业者，盘川钱一千文；四百里以外千里以内，盘川钱二千文；千里以外二千里以内，盘川钱四千文；二千里以外盘川钱八千文。倘出洋留学，临时酌议，其余简易非正式之学校均毋庸帮。

一 议凡曾领本堂奖励帮补等费者，日后发达，均须酌量捐助，不得推诿，否则是为忘本之人，公同议罚。

以上各条均经公同核议，决定嗣后切勿擅行添改。

省垣德清公试馆祀位

附录光绪壬午年买建省垣德清公试馆捐资新造各祀位于左

明九世祖考讳源字德清　妣易氏

……

右省试馆祀位，原系光绪八年由德贻堂得买胡金声等所管老羊行旧料明屋一所，价银二百一十两，估计新造费又需款七八百金，因堂中资息不敷，由各支每名捐钱一二十串不等，约共得钱四百数十缗，而试馆始得告成。于是中祀德清公而以其子若孙配之，凡曾捐款十缗以上者，附祀左右。每于乡试之时，赴考科生公同致祭，所以报其功也。名之曰德清公试馆者，以其财力皆出自德清公支下也。斯役也，上足以妥先灵，下足以安后学，俾应乡试者栖息有所，报祖有日，讵非一举而两得哉，顾或者谓吾族省垣樟树下早已建立汪氏试馆矣，何庸复建试馆为。不知樟树下之试馆系全省所朋建，人众屋窄，稍或迟到，难以尽容，每不免资往他人之房屋，何如吾县另建一所，俾一族之科生时得聚首，互相友助扶持，不尤愈乎。众皆曰善。遂各踊跃而成之，吾辈后人久已群沾祖泽矣。今再查询当时之倡首劝捐筹款买基者，实系石坚、茹岩、晋卿、仁山、玉峰、倡轩（述唐）诸前辈及吾先伯诚轩之力居多，而专于驻省监造者，则系前辈玉冈先生也。例得备书之，以志不忘云。

民国三年 裔孙玉海附识

袁郡德清公试馆记　廿三世孙元芬

试馆为生童寓考之所，即造就人才之地。吾邑距郡城百里，跋涉维艰，日夕至止而茫无归宿，几何不昏暮叩人门户也，试馆之建奚容缓哉。嘉庆十一年，我德清公族下议买试馆，适城南张姓有屋出售，高轩爽垲，后有茂林，前有毬场，左有空基，右有横屋，对面文笔矗立，秀雅可爱，众皆称善，具价银四百二十两购之。厥后人多屋窄，谋竖横屋于左而苦公财不足，各房踊跃捐输，自二三十千至一二千不等，共得百余金，复鸠工庀材，建造横屋一直计五长间，美奂美仑，足称壮观，应试者从兹栖息有所，藏修有地，毋辍静养之功，观摩而益善，则文风自蒸蒸日上矣。是馆也，名曰试馆，原为应试者立，其往来郡城非应试者不得滥行栖止，庶不失命名试馆之义也。夫备述其颠末，俾后世有所率循焉。乐助芳名例得备书：

祀先会助钱廿四千文	东溪公祠助钱廿四千文
泉溪公助钱廿四千文	砥斋公祠助钱廿四千文
西园公祠助钱廿千文	伟伯众助钱十二千文
自澄公助钱十千文	先达助钱十千文
池卉助钱十千文	立成助钱十千文
均宠助钱六千四百文	发沛众助钱六千文
文山助钱四千八百文	俊登助钱四千八百文
文贤助钱四千文	树勋助钱三千文
洪猷助钱四千文	选元众助钱二千文
以莅助钱二千文	凤仪众助钱二千文
士超助钱一千六百文	元冈助钱一千六百文
发翠助钱一千六百文	朝言助钱一千文

有瑜助钱一千文

重建德清公袁郡试馆记　光绪丙子年　锡蕃

吾族殷实之家，慷慨之士，前后数百年间岂系无人而求其急公嗜义，不惜财力能成义举，出于无所为而为者，未尝有焉，有之，则自醴泉翁重建德清公袁郡试馆始。德清公者，伯川公子，明代始分甲之祖也，其子侄至国朝而英才辈出，嘉庆丙寅创买郡城南门内书屋一栋，并右横屋左余屋基后菜园，为考试寓所。庚辰起立一堂，名曰德诒，专为育才计，然租息甚微，未开用款，道光己丑添造左横屋，皆德清公支下捐输所成也。数十年来，所购旧屋日就朽敝，德诒堂赀虽渐裕，力足修复而当事者因仍久之。同治壬申，举翁经理堂事。时试馆右横屋已成荒墟，正屋虽存，势益倾毁，族人士亟欲修复，商之于翁。翁慨然曰，是吾责也，曷敢辞为。且曰，与其续旧，不若更新。吾德清公虽有祠，因推尊于始祖，不足以伸其敬，盍恢廓试馆，庶足专祀我德清公乎。佥曰善。但欲大举，费将安出。有知翁意者，力赞成之，遂鸠工庀材，不假堂内一赀，族人一力，前仍旧址，后辟新基，创造正栋二进，规模宏敞，俨然祠宇。爰虔诚卜吉，奉德清公木主祀焉，仍以伯川公为所自出，而追祀之。此同治癸酉事也。越明年甲戌，复建右横屋，与左称，其堂室内外靡不焕然，真可谓始终不懈者矣。光绪乙亥，族人士咸集宗祠冬祭，以重建费询之于翁，翁慨然曰，是吾志也，当独任之。统计千八百贯，不取偿于堂内，于是族人士齐心一辞，请翁三世木主配食左右，每逢岁科试，生童致祭，谓不如是，不足为急公嗜义者劝也。前厅门新额曰汪德清公祠，外墙门仍额曰万载汪氏试馆，皆所以记其实也。夫能舍千金而荣及累世，以视世之守财奴一毛不拔，不再传而终归湮没者，其得失相去何如哉。然则是举也，鬼神歆于所祀，士子安于所寓，以理揆之，知翁之后裔必有继书香于弗替者，临考试而登堂入室，睹前人之遗烈，益思所以光大之而族中后裔应亦传诵于无穷矣。然而翁之为此，非以邀功也，非以沽名也，盖一时急公嗜义之心发而成此无所为而为之举也，是安可以不记。

善垂书屋原记　康熙丙申年　朝宗

善垂书屋者，十四世祖允善公建，自明隆庆朝所以训子课孙，朝夕讲学之所也。虽然古之筑室藏书者必择胜地，以故峻岭穷谷十居八九，而公即于本坊百步许结屋数楹，峙鹅峰，环仁里清流激湍，映带左右，有池有鱼，有亭有花，有林有竹，有空壤以为游玩憩息之所，中藏圣经贤传诸子百家之书，牙签满架，芸香满案，俾子孙居慈孝乐地，明修已治人之道，立扬名显亲之本，此固子孙所难得于祖父而祖父之所悬悬于子孙者也。乃公且深虑，曰书屋。建矣，适我愿兮。然吾子若孙果皆贤而无否乎，果皆勤而无惰乎，不有学田以助之，后将何以为继？爰置田百四十把，庄屋二间，四围栾林，屋后山场，坐落地名礼源，召群子弟命之曰，此田乃学田也，为汝曹笔墨灯油之费，但汝曹非游文学习举业者，不得滥有所取也，勉旃勉旃，后之顾名思义者久而弥奋，无敢怠焉，无敢废焉。尝闻古之君子如韦长孺教子传经，后皆贵显，司马温公谓积书不如积德，盖能积德者后必昌，若吾祖贻谋尽善可谓兼之矣，奈何物换星移，世途多舛，不数十年而栋宇丘墟，瓦砾灰烬，先人之手择荡然无复有存者，迄于今茂草兴悲，行道心恻，栾林日就刬灭，遗址渐至崩裂，苟有心人何独无情于此，予深愿前人之良法美意垂诸不朽，尤冀吾侪之克承先志，聿修厥德也。于是乎书。

善公书屋学田续记　乾隆乙卯年　崇讷

昔我善公建书屋，置学田，俾子孙读书者藏修有地，游文庠者笔墨灯油有资，法良而意美，至今数百余年遗泽余庆，沾丐后人，洵无既矣。及读毅庵公作善垂书屋记，载田一百四十把，庄屋山场栾林坐落地名礼源，是先年田止此数，厥后盛章、继鸣、禹奠、岷山、善继五公扩先人之志，积租续买汪映瑞是处高冲田四十把，连前一百八十把，此毅庵公所未及目睹者。岁丙戌，诸公因见书屋遗址，兴悲茂草，慨然欲谋复建，苦于无所措，于是佥议将礼源庄屋山场栾林公同立契卖与继盛兄弟，得价钱三十二千文，生息积累，已于乾隆五十六年买石板塅早迟田二百把，另作祀产，其租二十石，卖钱发借，详计子母，渐次增多，以为将来复建书屋，崇祀善公俎豆馨香，少报先人之德于万一云。

计开礼源学田田把丘塅

公界里塅心四十把四丘，中间第三丘下界禾五行在汪俊登田内，又左边头上第二丘界禾三行在俊登田内

易乃坑迟田二十把不计丘，上至汪日升田，下至汪树勋田，右边败上二丘，左至汪树勋田

高冲迟田四十把，上至山脚，下至冲口山嘴头，又二丘在高冲口下塅，右边山脚路下二丘至汪俊登田弦上门首五十把一大丘一小丘

华严庵右侧上首冷家脑高塄路下早田卅把二丘

允善公祠原记　道光丙申年　履祥

大凡建大宗小宗之祠者，固皆以尊祖德，隆孝享，而我泉溪公祠则又食旧德而本吾祖之所留贻。公讳允善，生于胜代，构书屋立学田，其垂训后裔者深，其沾丐后裔者远，迄今二百余年，学田犹是而书屋倾圮，故址仅存，诸先正兴悲茂草者久之，筹复无措，爰将礼源学田内庄屋山场栾林售卖起积，生息日盛，前后置田千数，又积余钱千数百缗，意欲撤书屋而新之未果，适去书屋百步许有房屋来售，即前武进士易金凤兄弟住居所也。观之精致宏敞，厅事三重，左右横屋，上下数重，后有花园，前有内外毬场而清流绕之，靡不欣爱，遂购以为祠，时道光之十年也。顾为祠而不即为书屋者曷故，因屋价费数千金，非输享则兑价不足，非建祠则进享无由，于是中祀泉溪公神位，以其子配之，余共输享钱一千有奇，而是举乃成。每岁以子月二十四日恭行祭祀，于以俎豆馨香，千秋弗替，是泉溪公之留贻至是而益远。虽然尊祖德当思祖法，食旧德毋失旧物，读前毅庵公书屋记与石台先生续记，罔不以急复书屋为务，倘以为阿螭不作，其毋乃失我祖之心而亦背前人之志，数典者甚毋忘之，后有余赀，当复兴书屋，庶物存而法存，法存而知励学，知敦品，将胥为孝子慈孙，益足以昭祖德，尽孝享而光大祠宇者在是矣。用是纪而助之。

重新允善公祠并书屋记　民国三年　嗣孙玉海

敬读前辈运灵先生原记而后知我祖善公先年遗有书屋学田，以为子孙讲学之资，历百余年中经离乱，书屋已鞠为茂草，惟有学田仅存，先人屡欲复兴书屋，以绍前徽，苦于资斧无所出，佥议将学田内所管庄屋山场栾林售卖生息，累积至道光十年，已增置田产千数把，现款千余缗，适本坊九仙塘有易姓现屋出售，特费重资数千金购之，兑价不敷，乃复捐享钱一千有奇，而支祠始成，顾祠虽成矣，而书屋犹未兴复，即祠宇亦仍原屋旧式，不足以隆祭祀，前辈屡以为歉，因于同治年间公议节省各项糜费，竭力樽节积累生息，约计再增置田租七十余石，现款五千多金，此皆予先伯诚轩及族前辈仁山（述唐）梅溪（玉冈）诸公倡议维持之力居多，而其后若子照子金省之文波诸君亦均有相继维持之力焉。迨宣统三年，前辈均多卸世，梅溪公季嗣掇丹遂邀予与嘉瑞传轩贞阶等与董事省之文波子金三人商议曰，现在时势变迁，恐一旦乱生不测，款归乌有 ，何若早建祠宇，兼复书屋之为愈乎。佥曰善，于是董事先期采买木料，定购砖瓦，公推掇丹专于驻祠监造，拟定先建祠宇上下三进，次在祠右建立书屋，上下二进，当时审局面势，布置经营，掇丹煞费心力，董事时往襄助，予与嘉瑞、传轩诸君不过随时参与末议而已。兴工于宣统三年孟春月，于民国元年仲夏告竣，估计工料约费万金，因售出车上诸处瘠田以补之，劝各支捐享以足之，至今诸事均已妥帖，规模较前宏远，气势弥觉堂皇，由是崇享祀报先德兴教育训后裔，缵承先绪，绍继书香，增进德业，光大门闾，胥于是乎基之矣。抑予有进者，吾支祠书屋均由善公学田所留贻，赖先人陆续生息，成此巨举，故前清光绪中叶前辈曾将所买上礼源白泉冲迟田三十五把拨归学田内管业，吾愿后之食此学租者慎勿数典而忘祖，即管理祀产者亦应顾名而思义，共矢公慎，扩充业产，俾我支祖之享祀千秋勿替，一切奖励后进之举，愈益丰豫，庶不负我支祖创建书屋学田之遗意也已。

资料出处：民国三年《万载汪氏族谱》

七甲　张兴生

八甲　汪永庆

九甲　常庚孙（本常唐孙，乾隆册改）

族谱摘录：

卷末·祠基文契

立卖契人常廷占，同侄细冬，今因钱粮紧迫，无措出办，父子叔侄商议，自心愿意将父手梯买大北关内右边屋基店土一片，前至官街，后至墙外陈姓土，右至城墙官路，左至陈姓墙脚为界，已上四至分明，要行出卖，先尽亲房人等，俱各无人承交，凭中召到本族五甲、九甲、十甲祠内，向前承买，当日三面得受时值价银五十两正，其银入手完足，无欠分厘。所卖屋基店土系是正行交易，并非包卖他人连共逼抑等情，自卖之后，任从族禁不拘年月，竖造祠堂，日后无得异说。今恐无凭，立此卖契，永远公私。并老契二纸，同缴存照。

见中人：巢三锡、龙尔禄、辛旭升

见房长：元贞、瑞生、元生、惟能、如永、惟明、如登、惟远、梅生、福生

见堂弟：元卿、元中、元相

雍正三年三月初六日　廷占同侄细冬　男冬妹　　　廷占笔

辛尔玉老契一纸并祠基新契二纸　　　　　　　　　江然收存

卷末·助约

立助祀田约人常康龄元龄同侄发生发祥等。缘叔祖定成字又臣行满四，传生四子，俱已无嗣，止有次子梅生恩养异籍五牙承祀宗祧，不幸雍正五年堂叔身故，继孽五牙反义逃亡，兄弟叔侄夕朝思立择继，无奈昭穆不合，诚恐叔祀有失，今将三叔必贵、幼叔必淮所遗下厂塘早迟田一百把，地名载后，兄弟叔侄写立助约，助族公管，以为叔父进主配享清明祭祀中元焚纸之费，叔祀无休，我亦尽念。其粮现在东都三图十甲定成户，除与族众收归立户，此系自心情愿，并非强逼等情，立约之后，任从族众发佃收租，兄弟叔侄日后子孙永祀祭田，

不得异说。今恐无凭，立此助约，公私存照。

房叔：如远、如秀、定发、梅圣

见族长：惟能、惟德、廷遇

见亲：辛正达、喻明贤、张勇士、周汝玉　俱有花押

计开田把丘段

牛形冲口迟田四十把一丘、厂背十把一丘出售辅买刘姓、烟竹塘早田二十把一丘、过段丘二十把一丘、横十把一丘、下冲仔二十把三丘

乾隆十四年八月十六　康龄元龄同笔　同侄发生发祥

计开田把丘段

牛形冲口迟田四十把一丘、过段丘早田二十把一丘、横十把一丘，三共七十把。又祠内于乾隆十一年所买常惟明下厂塘早田一百把，因先年与辛姓互争石笋坑虎形坟山构讼，经管祠之莹川旺川寿春如松等出卖与王姓，仅存十甲康龄元龄发生发祥等所助祭田四十把。凡我族内子孙日后永不得滋讼出售，永为祭产。合族同照。

乐助蒸尝会小引

盖闻木之有本，水之有源也。本之培者，枝必茂，源之濬者流必长，但欲培本濬源而苦于无资，今与族诸君子约，共襄乐助或四十金者，或三十金者以及一二金者，俱得书载谱内，以为日后生息渐丰，由是建祠宇妥先灵，庶无忘先德云尔。

会首：镇蕊、镇耀、鲲泽、鸣泽、本立、本杰、本良

乐助芳名开左

必澄公　助银肆拾两正

燕泽　　助钱贰拾千文正

必华公　助钱拾二千文正

必鳌公　助钱十千文正

定建公　助钱十千文正

吉泽　　助钱陆千文正

兴邦公　助钱肆千文正
必英公　助钱肆千文正
镇端　　助钱肆千文正
齐泽　　助钱肆千文正
兴琅公　助钱贰千四百文正
定远公　助钱贰千文正
必旺公　助钱贰千文正
必毓公　助钱贰千文正
镇英　　助钱贰千文正
镇家　　助钱壹千六百文正
镇笏　　助钱壹千文正
渡泽　　助钱壹千文正
必沦公　助钱壹千文正
必兴公　助钱壹千文正
必盛公　助钱壹千文正

常祠新构门楼记

族之有宗祠以妥先灵也，祠之有门楼以壮观瞻也。常氏之有建祠北门，自雍正年始，而门楼则规模狭隘，往尝过者不知为祠，知者亦忽视而过焉。今岁子月下浣，余适过其门，则见其规模宏敞，气象巍峨，悬其额曰常氏宗祠，然后过者知为某氏之祠，且足以耀其观瞻也。余入而贺，而族中长老为余言曰，本年四月，合族各输乐助以为修谱，用费有余，则权其 子母，为生息之资。迨谱牒告竣而度支尚有余羡，族众又将欲创立门楼，维时询谋佥同，爰伐石庀材，鸠工募匠，自七月始，至十一月落成，但工程浩大，费用繁多，所存羡余不克敷用，因再缘乐助，仗祖宗之灵，俱各欢欣鼓舞，共成斯举。余见而喜之，又闻其言而壮之，谓存此仁孝之心，足以上格祖考，下佑子孙，将来必有英才俊杰，飞黄腾达，科甲蝉联，簪缨世袭，以丕振家声，光大门第也。爰述其言之颠末，记其事 之源委，以昭兹来许云。其前会乐助芳名已列于谱，其再缘乐助具详于左。

嘉庆九年十一月下浣　吉旦

姻晚袁廷芬记

再缘乐助芳名于左

十甲丁会　　助钱拾千文

镇崘　　助钱拾千文

满泽　　助钱陆千文

本良　　助钱肆千文

镇和　　助钱贰千文

镇峻　　助钱壹千陆百文

镇绂　　助钱壹千陆百文

丽泽　　助钱壹千四百文

必南　　助钱壹千文

镇嵩　　助钱壹千文

必佩　　助钱壹千文

本彦　　助钱一千文

镇耀　　助钱一千文

镇充　　助钱一千文

本德　　助钱一千文

嘉庆九年甲子仲冬月　再立

道光十九年夏月竖造寝堂神龛祠侧店屋乐助芳名列左

必澄公　助钱贰拾千文

君佑公　助钱拾千文

镇宗公　助钱陆千文

懿泽　　助钱陆千文

嗣和公　助钱肆千文

必鳌公　助钱肆千文

志泽　　助钱肆千文
必郁公　助钱叁千文
大泽　　助钱叁千文
蓬然　　助钱叁千文
安州　　助钱贰千文
善吉　　助钱贰千文
超泽　　助钱贰千文
如谋　　助钱贰千文
云开　　助钱贰千文
云喜　　助钱壹千二百文
云从　　助钱壹千文
云富　　助钱壹千文
本宗　　助钱壹千文
本忠　　助钱壹千文
本元　　助钱壹千文
本发　　助钱壹千文
云兴　　助钱壹千文
云茂　　助钱八百文
云康　　助钱八百文
道光三十年庚戌秋月　吉旦

修建祠宇门楼及祠侧店屋乐助芳名列左
蓬然　　　助钱壹百千文
必澄公　　助钱叁拾千文
十甲丁会　助钱贰拾千文
（淖源）五公丁会　　　助钱贰拾千文
明选公　　助钱贰拾千文
久柏公　　助钱贰拾千文

久毓公　　助钱拾千文

定建公　　助钱拾千文

必鳌公　　助钱拾千文

镇崙　　　助钱拾千文

光绪三年丙子冬月中浣

资料出处：光绪三年《万载大北门常氏族谱》

十甲　常永生

四图　福寿坊

一甲　彭政和（本何天栋，崇祯五年改）

二甲　辛建孚（本易忠廷，顺治间改）

三甲　施兴

四甲　丁永兴

五甲　周戊孙

六甲　辛建昌（本何天衍，后改）

宗族组织概况：
与辛延顺觐达孚通同大祠

七甲　朱文盛（本刘明睿，康熙间改）

宗族组织概况：
与三图朱文兴同祠

八甲　龙政

九甲　袁朝宝

族谱摘录：

东隅袁氏宗祠记

尝考武周之达孝必欲修其祖庙，陈其宗器，是宗祠乃祖宗之所凭依，子孙之所瞻仰者也。以故世家巨族靡不以修理祖堂为先务。我族宗祠在进东关左手不数武，前至官街，后至城垣，左至邓宅，右至张墙，明朝宏治年间修建祠宇，上中下三进并头二门两庑，非不巍焉焕焉。奈因明季干戈，戎马蹂躏，县城房屋焚毁几尽，可怜黝垩丹青，悉皆化为瓦砾，仅存空基。逮及清初，公产芳废，出承族内，尽皆襄落，祠基虽存，徒作羊存礼存之计，迁延至今，殊可痛恨。因将地基基发人佃种，节收地租，聊存生息，又于乾隆二十七年会集本中、本旺、本初、本熙、本聪五房子孙廷辅、惟达、敷济、福宁、盛德等斟敛银两，凑入起会，创置石版段田一百五十把，呼田田三百三十把，仅计四百八十把，虽有兴修祠宇之意，苦于公财无几，族无富饶，尚有志未逮，徒切怀想，则惟望后之人竭力维持，渐积生息，修祠宇以妥先灵，兴祭祀以奉祖宗，续置公田，承先启后，是即为克家之肖子也。予当拭目以俟之云尔。

资料出处：嘉庆十六年《万载东隅袁氏族谱》

十甲　周荣昌（本朱荣昌，乾隆册改）

西 都

一图 明德坊、锦衣坊

一甲 周文

宗族组织概况：

田下周祠里递，除继盛、继才外，余俱未书

族谱摘录：

祠堂记

祠堂之设，所以妥先灵而子孙所由报本追远者也。曲礼云：君子营宫室，宗庙为先，厩库为次，居室其后。吾鼻祖国宝公乃惟文公之子，旋公四世之孙。自宋由湘泽迁居万载，作室田下，建祠于古布政司地，亦犹行古君子之道也。第屡遭兵燹，庐舍邱墟，基址空存，即子孙类多迁徙他处，不能相聚，欲复先祖故地以建祠宇而不可得。雍正元年，合族敛银生息，于乾隆元年价买田下义门上栋基址，以为祠基。旋以功费浩大而止。至乾隆己卯，群动水源木本之思，所有乐助如景中一百两，敬淑、以功俱各五十两，其余参差不一。于是一切木料砖瓦礤石，凡应用之物，杂然备具。祠之成也，可计日而待矣。而议者以为族众所买祠基在上，广公子孙所管基址在前，祠兴而彼之住宅必相继而起，祠宇势必无余地，甚非计也。族诸公爰商诸广公子孙景中、君临等曰：祠宇地基在上，公等地基在前，规模恐不宏敞，与汝广公分下兑换可乎。景中等慨然应之曰：唯唯。他人之事尚当曲成其美，矧建祠系祖宗重地，而独吝惜之乎。遂度其四至横直丈尺，彼此均平，公同立约为据，然后大惬族人之愿。经始于乾隆己卯年月日，其间谋方向者、登山采买木石者，司银钱出入者，监工匠者，类皆矢公矢慎，不妄费钱财，不偏执己见。自正厅及两廊，义门狮石营鼓，石门围墙，皆次第建立。越数年而始成，然寝堂与门楼未立，族众仍隐憾在心。乾隆庚戌，各支子孙乐助银两，竖造寝堂，广公子孙乐助寝堂地基，寝堂已焕然维新。乾隆乙卯，合族又复乐助竖造门楼，建立尽美公六世同居义门坊表，又岿然耸峙，共计三千余金。此其事，康伯父实斋公于嘉庆戊午辑纂谱系，记之甚详。然门楼虽建，而立向与祠堂相左，地势又低塌，不足以壮观瞻。嘉庆乙丑冬祭后，管理祠事联科、仪祖、能裕、逢年商之合族开捐，移正甃砌礤石，培高基址，并修葺祠宇，增添椽瓦。又左边添横屋数间，费用数百金。迄今规模宏整，体势高轩。窃幸祖宗之凭依有所，子孙之报本有地，子孙之力固不可殁，实祖宗之灵有以默佑于其间也。族众前后屡次公议，凡有乐助钱银地基者，均分别配祔祀之，愿后之人随时修理，以无忽先灵重地。斯为之前者有人，为之后者，人有子孙之所以报本追远者，不益征其不匮矣乎。是为记。

道光八年二月　嗣孙治康记

续造田下祠堂记

我族之有田下祠堂也，创祠基于乾隆丙辰，修祠宇于乾隆乙卯。厥后庚戌岁，赖各支乐助，竖造寝堂。乙卯年竖造门楼，并建立尽美公六世同居义门坊表。然门楼虽建，立向尚与祠堂相左。嘉庆乙丑，合族复开捐，移正门楼字向。百余年来，竭虑殚精，经营劳瘁，此其事先伯祖实斋公暨先君子于戊子春所作祠记已详言及之。但祠堂地势低洼，迩年来山涨暴发，动逾寻丈。龙河堰、双虹桥下流沙淤，竹山洞口诸水悉汇于南门关外，而邑南田下几不免有庐舍湮没之虞。族众于戊子冬杪商议积赀为改造祠堂计，所为抱此隐忧而有志未逮者盖已多历年所矣。道光辛丑冬，族尊长繡圃公倡议先建寝堂，因将九年所创旧祠上栋墙后园基及田下各家所助园土为之量其丈尺，备其畚挶，且厚葺墙垣，培高基址。维时经理祠事子骏兄偕益祖叔、瑜珠兄及各房房长，俱踊跃赞襄。繡圃公倡捐钱二百千。尧七公祠捐钱叁百千，又助杉木大柱二支，今为中栋前檝。存躓祠捐钱贰百千，又助楮木檝柱一对，今为寝堂前檝。广生公支捐钱六十千文。其余乐助，多寡不一，另录载后。经始于壬寅正月，迄冬月始告竣。寝堂既庆落成，而树赞弟即于癸卯科旋登乡榜，此亦可见我族人文蔚起之先兆矣。方寝堂工役之初兴也，繡圃公以耄耋之年坐祠监督，谓祠堂中栋即可接踵而起。旋以公费不足而止。越二年，繡圃公殁，而子骏兄、民育兄毅然以承先志为念，乃商之房长启持公、友松公暨瑜珠兄、绍连兄，即于甲寅年夏月，旧寝堂移作旁屋，并即折卸中栋二门。即于乙卯年春月兴工，度之筑之，百堵皆兴。寝堂墙外，另辟客厅一所。两旁开天井，堂中隔以屏门。体势轩昂，规模宏倘。且添修站亭，上护雕槛。自两廊以及二门，次第修举，庖湢悉具。塈茨丹雘，耳目改观。斯亦可见孝思之不匮矣。然以迩年来，贼氛不靖，遂至梓材朴斵，未竟厥功。越岁己未，族众复开捐配祔享祀，即将门楼折卸，重兴土木。铃铎簷牙，钩心斗角。前列石柱之巍峨，上崇义门之坊表。锦水龙山，悠然如入怀抱。狮楼凤阁，屹立犹见典型。墙宇重峻，门第增光，而祠宇于是通观厥成矣。抑又闻之，革之极曰文炳文蔚，鼎之极曰金铉玉铉。贲饰肇人文之盛，萃涣占假庙之诚。前之人肯堂而肯构，后之人美奂而美轮。继自今祖宗之凭依得所，子孙之祀事孔明，于以卜簪缨之盛，昌炽之隆，殆亦若斯堂之甲第蝉联，知必方兴而未艾也。后之人，抚此几筵榱桷，孝弟慈爱之心油然而生，所为骏奔走而严对越者，安待不弥增其秋霜春露之怵惕也乎。

同治元年壬戌十一月　吉日

嗣孙树楷谨记

添修围墙记

我族田下祠堂自乾隆己卯以迄同治壬戌，上下贰百年间，次第修举，已极美备矣。但门楼外止有大路，并无余基，规模似歉宏敞。于是同治十三年，诸公商买郭姓附祠门外余基直下五丈，横十一丈为外围墙地步。彼时公财不足，事乃中止，而该地砂石等污，连年堆积门外，几为所蔽，若不速行平去，殊为有心祖宗者所不忍也。时值光绪丁酉修辑家乘，房长首士即以此事商之合族诸公，皆以平去砂石，添修围墙为急务。至钱数不足，设法开捐。议定，即行卜吉鸠工，门楼外特起砖墙，前向见以花眼，左右设立大门，墙外仍留大路，规模顿换，气象更新。从此丁财鼎盛，科甲蝉联，其基此也乎。

光绪二十三年丁酉月　谷旦

嗣孙永清谨记

资料出处：民国《万载田下周氏族谱》

二甲　宋文生

宗族组织概况：

总祠未书，因良玑支下寄居三区，另起宾兴

族谱摘录：

序

族之有谱，犹国之有史。国史记载一代文物、典章、災異、祯祥，寓笔则笔、削则削之意。族谱为溯源流，联支派，明尊卑长幼之序，严越礼犯分之防，故记载尤须審慎。在昔欧苏学博，亟亟于家谱修辑，皆系此意。吾族宗谱自清康熙己亥，经象之公、东尹公诸前辈，就挥石公草谱厘正成幅，连本届已七次修辑。回溯壬子迄今亦三十年。此三十年中，生齿待收者眾，事实待记者多。且因事变凄惨，十八、九年间之匪乱，淳源方面尤遭巨大损失，播遷流离，转徙堪怜，待记尤急。每于宗祠集会，提请列入议事日程，均因经费无着中止。去春师颐先生归自江西省政府保安处，在宗祠祀产整委会扩大会议中，又将修谱案交议，并担任筹款事宜，乃一致通过，由师颐从进修堂及各商店借垫数千元为基金，于本年二月间设局筹备，调查世系，并公推纂辑及其他职员。纬以迫于大义，又系出于公意，一再固辞不获，因与族中博雅和衷商讨，谱式、系图、凡例、规约悉依旧，存其意，畧为变更。上届世系有因遗漏致未登载者，取得确实证明，悉予补载。贯行则根据壬子老谱，于某世某字下加以补字别之。于六月三日编辑完竣，于六月十三日牵牲告庙，付梓开盘，阅三月而宗谱告成。是役也，因列祖在天之灵默相佑助，实亦在局同人伏案编摩有以致之，因乐其成，爰为之序。

中华民国三十年辛巳九月中浣

瑛房十七世嗣孙文纬熏沐敬述

序

史记一代之事，可一修而毕。谱亦史之流也，记载一族之事，生殁嫁娶，岁时所有。继祧亲疏，宗派攸关。积年久而不修，匪特事事无所稽考，而问若先世，莫明所宗，问若服属，莫识所亲，问若父慈子孝、兄友弟恭、夫妇和顺之伦，更莫知为何物者，谱之未修有如是焉。吾族之谱，始于康熙己亥，以迄民国壬子，曾经六修。壬子以还又三十稔，徵古以三十年为一世之说，考其时正不容缓。然而修谱非易易也。至其时而不有其财，有其财而不得其人，欲成之也亦难。况自民族肇兴，风俗政治极端反古，内忧外患纷至踏来。一遭赤匪之蹂躏，乡村多属匪化。一遭敌机之轰炸，房屋尽成焦土。戊寅九月，宗祠寝室亦被震倾，屡议修葺而未果，祖宗几无栖身之地，心滋慼矣。幸去春师颐先生由保安处回梓，有感于斯，又值祠款支绌之际，乃起祀产整理委员会，清理积欠，鸠工庀材，不两月将告成。尔时适有华文、润清、辉贤、廷伟诸君，于此祀产整委会扩大会议时提修族谱，一致赞同，遂设立筹备处。又推师颐先生为谱局总办，运生长辈退居林下，公推为三房纂修。去岁冬，已各房派员调查世系，开捐筹备费用。族人踊跃捐输，可得一万数千有奇。本年二月间，设局于塔下复公家塾，开始工作。若瑛房师铎、明珊、师亮，珊房绍康、弘道、晚崧、玉林、泽邦，珍房贵孙、乐溪、绍斋诸君，均负编修专责，兼充校对，同心同德，相助为理。虞不文，谬与午崧、觉斋两先生分任协修，系稿编成，细心审核，体例记载，率由旧章，讹者正之，疑者辩之，繁者删之，漏者补之，事事和衷商榷。蠲吉于六月十三日，恭迓神主于局内，告庙开盘。阅六月而装订成帙，非我始祖明海公暨列祖列宗之灵有以呵护之欤。窃有不能释然者，漏者纷纷不胜补载。漏一人者有之，漏数世者有之。际此世运变迁，老成凋谢，无论彼所漏者之原因若何，而我补者之心实光明可独喻，谅亦可以共喻。虞于壬子续修亦叨共勷局事，兹复得与在局诸君適观厥成，不禁牵须而微笑曰：幸矣哉，今日吾族之谱也适与祠宇焕然一新，可谓至其时而有其财，有其财因得其人也。彼夫姓氏所宗，渊源所自，诸先达历言之甚悉，又何庸虞之赘及耶。爰泚笔为之序。

时

中华民国三十年辛巳九月　谷旦

瑛房十八世嗣孙赞虞薰沐敬譔

序

蓋聞敬宗收族，莫重於譜。繼志述事，莫详於譜。溯源尋本，尤莫備於譜。則譜固不可不修，而修之不可不續也。吾族自明海公由奉新之雅溪復居于萬，廼為司背之始祖焉。歷明清而傳於今，數百有餘歲。其宗功祖德之昭著，鄉賢名宦之彪炳，從斯譜而稽之，燦若指掌，無俟崙之多贅。然崙回憶壬子續修，曾偕諸長者以勷其事，迄今三十年矣。夫三十年為一世，則續修之典誠為必要之務。幸去歲師頤先生由江西保安處返梓，於會議中提倡此舉，眾口稱善。於是推師頤先生為總辦，綜理經濟一切事宜，殫心竭力，始终匪懈。推運生先生為纂修，主持譜譔。先生學識豐富，以之纂次，優游有餘。同時公推各職，決議分調世系，於本年二月設局復公家塾，各房交局編輯。惟吾族譜例綦嚴，不尚鋪張，所有昭穆倫序，生歿顯達，無不核實紀載。以及賢人哲士，芳蹤懿行，亦皆就簡刪繁。迭經叅訂，閱數月而稿成，乃蠲吉於六月十三日告廟開盤，至九月全譜告竣。崙本不才，曷勝其任，所以獲觀厥成而成之且速者，皆諸君子懃懇之力也。敬陳數語，聊誌其續修之巔末云爾。是為序。

中華民國三十年辛巳仲秋月中澣之吉

珊房十九嗣孫耀崙薰沐敬譔

原序

余以己丑歲除授萬載縣令，時壬午孝廉宋君亦留滯京邸，數數過從，道其家世頗詳。既莅萬，公馀之暇，間索邑志覽之，則科名接踵，仕宦後先，宋氏眞鼎族矣。今年春，諸君子有家乘之役，清江學博告假在籍，偕東尹年兄持一冊來署。余取而視之，乃其世系也。粵稽古來之稱大族者，在晉則有王謝，在唐則有崔盧。計其一時之盛，非不簪笏滿門，車蓋塡里。然數世而后，其子孫零落衰微，至有不堪言者，君子傷之。宋世系出丹陽公之後，遇公宦遊，留居萬載，子若孫悉登顯仕。至齊邱公仕李昇，知尚書省，授洪都節度使。璟襲位，復召為相，上表乞歸，賜號九華先生，食邑青陽，著有化書理訓行世。邑中賢之，至今崇祀不絕。雖其後播遷流離，徙居無常，然不十傳而仍復於萬，復於萬而仍登顯仕，則遇公之流澤遠矣。昔聖王之祭川也，先河而後海。蓋海者，水之會歸處也。河者，水之發源處也。無其發源者，安有會歸者。是故以宋氏之司背論，則自龍山公而下，科甲不絕，吏治有聲，外翰濟美，無非明海公樂善好施之報。以宋氏之世系論，則自模公而上，食邑青陽，節度鎮南，檢校司空，又皆丹陽公積厚流長之慶。顧余於此抑有進焉。唐柳玭有言：門第高者，一事墜先訓，則無異他人，是以修己不得不至。今宋氏門第高矣，願時時以此語警其子弟，使司背之宋與世無窮也。是為序。

康熙戊戌年知萬載縣事　龐驥撰

原序

余從太史後，遭逢特簡，視學西江。維時大中丞白公從事西江合省通志，檄行郡縣購求從前賢達遺書，以資博採。移會來，余詳查袁郡所屬之萬載，則首採及於宋齊邱《化書》十卷、《理訓》十卷，宋九德《五桂齊集》，宋九儀《環堵漫言》。余稽其族，則皆門兄東尹、象之二孝廉所宗之嫡祖也。東尹抱家乘來，請於余曰：寒族自元子肇封，以國為氏，而後名賢輩出，譜不勝書。就地而論，衍萬邑之宗祊者，則自遇公始。廓司背之中興者，則自明海公始。蓋遇公實齊邱公所自出，而明海公即九儀、九德諸公所自出也。自有明以來，一遭甲申鼎革之變，再罹甲寅吳逆之禍，不惟遺書灰燼，即家乘亦鮮隻字。今幸草譜猶存，校而梓之，以永將來，願借門老先生一言以為重。余聞之而喟然曰：有是哉，富貴之不足恃，而翰墨之有關於家國者，尤不可以不傳於後也。即如齊邱公，南唐相也。九儀、九德，亦搢笏垂紳之士也。當日之富貴不可復問矣，而所謂《化書》、《理訓》、《五桂集》、《環堵漫言》諸刻，其名猶與日月爭光，以此知文章為經國之大業，不朽之盛事，非虛語也。今門兄二孝廉與族中博雅諸君子，因前人之草譜釐定而梓傳之，上以遡祖宗於一源，下以聯子孫於百世，可以承前，可以啟後，吾見文人輩出，接踵齊邱公，九儀、九德諸公而起者，余得簪筆大史，行將大書特書，不一書而已也，豈特宋族家乘之光而已哉。願門兄與諸君子共勉之。因以是為門兄復焉，以弁其首。

康熙己亥年提督江西全省學政王思訓撰

原序

谱之为义大矣哉。吾族以国为姓，昌炽繁盛，于邑为望族。而究其復迁于万，以大我宗者，实自明海公肇基焉。历世既久，支分派别，将亲者渐疏，近者渐远，苟不考其源之所自出，与其流之所由分，有以联其离，萃其涣，保无各立门户，休戚不相关，庆吊不相及，觌面而茫然不相识者，凡此皆谱系不明之故也。今圣天子御极五十有八载，久道化成，风移俗易，月吉读法十六条，谆谆以敦伦睦族为务，生斯时者为大平之幸人，则修明宗谱以笃我本支，俾离者联之，涣者萃之，正其时矣。矧余耄既及而分属尊，可谢曰谱牒之举非吾责，姑俟诸异日乎。第先代家谱，悉燬于兵火。幸堂伯继璟平素留心，著有草谱一帙藏于家，虽经甲寅之变，而其嗣保守勿失，爰向伊曾孙取示观览，遂与弟希德、希颐，侄启龙、启鳌、启谷、启泌、启封辈互相参考，一以伯父所譔为折衷，其间或削其繁，或订其误，或补充其所未及，俾原原本本，为昭为穆，秩然有条而不紊。汇集成篇，付之梨枣，合四分之房长，各印刷一二部，编号收领，什袭珍藏，以示后人，而吾之责塞矣，而诸君子相与有成之力，亦于是不没也夫。

康熙己亥年珊房嗣孙希圣撰

原序

余族之繁衍于天下久矣。自周秦以来，代有闻人，而要莫盛于唐广平公璟、丹阳公哲，暨南唐青阳公齐邱。跡广平与丹阳各为一宗，而溯其姓之所自出，则又未尝不异派而同源也。乃从其异不从其同者，则以我祖明海公固丹阳公哲曾孙遇公之裔也。遇公二世孙，旧谱逸其名，生唐衡州刺史公震。震生大理评事公讷。讷生青阳公齐邱。凡数传而至我明海公，其一脉也。考遇公以明经游宦袁阳，道经康乐，喜其山水之胜，遂家焉。迨后天秀公徙而之奉新之雅溪，时地相隔，世系难考，故自春伯公以下保无遗缺难矣，则予族之于万为著姓，断自我明海公始。明海公由雅溪复迁于万之西郊石版塅，至四世瑛、珊、珍、琼四公移居司背，自是人文蔚起。瑛、珊、珍三房后先发荣，独琼房郁而未舒，今其云礽亦稍稍振矣。呜呼，此孰非祖宗之遗泽，绵绵延延，有以今日也欤。为之子若孙者，知祖德之不可忘，则知谱系之所系诚重且大，而不可任其散佚也。第工繁费巨，心力难一，其废而不举者，逮今百余年。兹予同怀兄圣，与族中同志诸君子毅然谋所以重修之，殆所谓心力之一者乎。爰取堂伯辉石所撰抄谱为权舆，句栉字比，悉心校正。而余给假归省，乐观盛事之有成，因留局数日，相与往复参订，凡前人之贵有位，贤有德，与夫忠孝节烈，笃行遗逸，诸大节表表者，必核实纪之。至旁宗别裔虽贵且显，概不牵附赘入，凛乎有不祖其祖而祖其非祖之惧焉，其足以信今而传后也复何疑哉？

康熙己亥年珊房嗣孙希贤撰

原序

在昔先王之祭川也，先河而后海，重其原也。然吾闻河之源肇自昆仑之西，喷薄星宿海，望若火齐珠。其地震撼泥淖，置足辄陷，漩洑地中数百里，冒而复上者数数，千里一折，九折而至中原，河之源远矣。而禹贡所载独导自积石者，何也？盖惟导自积石，而积石以前之渊源可不劳而自定，亦惟导自积石，而积石以后之支流渐可疏瀹以底于安澜焉耳。我族自殷王元子肇封于宋，因之以国为氏，此我族之星宿海也。两汉晋魏以迄五代之支派，则漩而洑，洑而上冒，千里一折时也。至有唐遇公官西江而家于康城，则九折而入中原也。自明海公重衍司背，则为积石之所自始然，而导之正不易矣。幸而前人草谱尚存遗编，族长克之兄与族中博雅诸君子入局数月，昼夜编摩。象之弟振铎，清江特告假来归，手为裁定。余亦来自苏州，斟酌数事以补其缺漏。于是乎导之凡例以定其规模，导之排行次第以昭其尊卑长幼，导之传记以著其劝惩于将来，导之家规以明其礼教，而族谱于是乎告竣，而余犹有进焉。上治祖宗，下治子孙者，仁人孝子之谱也。训孙迪子者，仁人孝子之心也。以仁人孝子之心为仁人孝子之谱，见仁人孝子之谱而益动仁人孝子之心，则至文不在字句，而寸心自足千古焉矣。是为序。

康熙己亥年珍房嗣孙希陈撰

原序

盖闻修齐治平之道，莫先于经。治乱兴衰之鉴，莫备于史。而所以联宗族，辨昭穆，序少长者，尤莫详于谱。吾族自大唐遇公肇基康乐，历十数传而迁徙靡常。惟我祖明海公恢复有志，由奉新之雅溪回籍于万，支分派别，子姓蕃殷。际前明之朝而簪笏盈门，斯固一时之盛也。迨兴朝定鼎，先代谱牒散佚不存。幸房伯继璟仔肩斯任，搜罗散佚，博采老成，稍举而草创之。又遭甲寅兵变，士女仳离，援镌未及，仅存遗稿而已。延今数十年来，生聚益众，倘无为之继者，将谱乘不修，子姓之繁衍，情何以联耶。水木之本源，后何以溯耶。宗长希圣爰嘱余兄弟等，因房伯遗稿补缉之，雠校之，增其丁口，详其生殁，祀其官爵，志其邱墓，数易稿而谱始成焉。颐不才，滥膺长者之命，谬承笔墨之责，自春徂冬，力任斯役，讵敢曰记载详明，足以上昭治平之道，而为理乱之鉴乎。第一姓之昭穆，初虑其肴然者，今则其燦然矣。是为序。

康熙己亥年珊房嗣孙希颐撰

原序

吾族自康熙己亥厘订老谱以来，越今四十余年矣。历年既多，则生聚必繁。生聚既繁，则修辑必继。而事实之待记载者不少，其间读书而德成名立者几何人，孝弟而敦实行者几何人，义夫节妇之坚贞，志士才人之超卓者又不知几何人。使不及时修载，则少者已壮，壮者已老，后之人欲寻辽邈之故实而重为商榷，不綦难乎。爰集族中博雅诸君子，踵前人之成辙，为今日之盛轨，修其所可知者，不修其所不可知者。修其所可知者，传信也。不修其所不可知者，阙疑也。抑修其所已载者，不修其所未载者。已载者修，便万壑有会宗之势。未载者不修，庶葛藟绝依附之端，则源清流洁夫，亦可以信今传后矣。然吾于此有慨焉。自夫人所见不广，一体之外视如秦越，不知存胞与之量者，方将举乾坤而大父母之，况形气之原本同焉者乎。今观斯谱也，自瑛、珊、珍三公而下，支派各异，而溯其原，一本于明海公，则人之视为漠不相关者，皆其与我甚切者也。孝子仁人之心，不藉是以兴乎。是为序。

乾隆癸未年珊房嗣孙启贽撰

原序

家谱之所由作也，所以溯源流，联支派，别尊卑长幼之次而已，无取乎繁缛也。好异者务为攀援牵附，与夫放诞不经之语，此特以快一时之绪论，于纪事之实迹奚当焉。我族自伯祖希圣与族中博雅诸君子重修家谱，祖宗之源流，子孙之支派，固已原原本本，精察详辨矣。迨后族叔启贽诸人又重修之，悉仍其旧，无或爽者。第先后序传所载，类多亲友持赠，不无溢美之词。今圣天子崇实为治，屏去浮靡，亦安用此詹詹者为也。爰集族中同志，告祖卜吉，入局数月，相与反复校正，删繁就简。凡诸名行字号、生年月日、娶某氏、有子几、女适某、葬殁某山，当改者改之，当仍者仍之。载前人所已载，益前人所未及载。世系所在，特加详慎。其忠孝节烈、名贤宦达，不容没者，为核实纪之。一切铺张过情之文，概从删去。由是而谱可传矣。抑犹有进焉者。予族世存忠厚，人多质朴，鲜狡诈，以故数家风者，目忠厚之遗。今其为笃恩爱，敦孝友，俾尊卑有等，长幼有序，用示来兹，无忘乃祖，斯予之厚望也夫。

乾隆辛丑年珊房嗣孙鼎梅撰

原序

修祠之明年，佥有重修族谱之意曰，祠宇聿新，族谱犹旧，有以妥先灵而无以联宗派，犹为未备之举也。我族自康熙己亥暨乾隆癸未、辛丑，谱经三辑，源流本末，有条不紊。第辛丑之距今又阅三十有七年。历时既久，生齿日繁，是宜续修。爰共推荣为族督，领袖群宗，蠲卜于嘉庆丁丑之秋，告庙设局，嘱族中博雅诸君子编年彚系，增名行，易凡例。酌立宗规，以广祖训。恭录圣谕，以遵王道。其支干则冠以皇某年，防其错误。系派则缀以某支房，导其分流。阙者补，讹者订，大概仍遵旧式，悉心参校。阅两月而稿本成矣。所不付诸剞劂者，叠届乡试，诸君子咸奋志鹿鸣之奏，而不忍荒其功。越道光癸未秋七月，复行入局，再三繙阅，不使稍有舛缪。因叹子姓繁衍，诚如瓜藤，则白幅过牛，卷帙大繁，商易系仿瓜藤旧例，蹟用雁行直书，日夜编摩，不辞劳猝，只图明白简易，使观者一目了然，正不徒省纸费云尔。是岁之十月，编次既定，已将世系付诸梓人。缘漳源同宗亦续修家乘，遂暂停其局。越今夏始蒇其事。夫家谱之作，所以奠世系，序昭穆、辨长幼、明尊卑，是与向之勤勤于塬墉塈茨，樸斫丹雘以鼎新乎祠宇者，无非上为祖宗，下联子姓也。况今日阖族雍睦，少长序顺，户习诗书而家敦礼让，将来腾达蜚声，克绍前烈，以增光门第，以扬芬谱牒，则族之发越，亦荣之厚幸也夫。

道光甲申年珊房嗣孙宲荣撰

原序

族之有谱，其犹木之有本，水之有源乎。江水导自岷山，别而为沱，又别而为澧，再过而为浔阳，而其渊源则同也。万载之宋，肇自雅溪，已而迁石版塅，又迁司背，再分漳源，而其支派则一也。先是我宋自唐遇公以明经宦游宜阳，卜居康乐，中间兴替播迁，遐载邈乎。元末万兴公笃生二子，长海公为司背始祖，次达公即吾始祖。伯仲始复回籍，同居宋家巷而庐旅焉。越二世，焕公乃迁漳源，而里居遂分。然当是时，派行同序，岁时伏腊常相往来，是分犹未分也。迄康熙戊戌，蒙邀合谱，因资财艰出，不果所事。于是里居分而谱牒又分。居城者既无事与乡人相过从，处乡者又多朴拙，不知来城亲近，而沱、澧各流之势遂启而不可复一矣。然因枝寻干，沿流溯源，则漳源之宋犹司背之宋。诚以兄弟同气，枝叶虽分而根株自共，则又何必于谱牒之合离为哉？惟是我族谱之缺修垂八十年，草创三辑，迄未有成。今年夏，族长春台公因事下乡，为怂恿之。既又闻尊谱议修将告成事，因叹诸公决而且敏，而如愚等之废弛不振者，行将踵后以蒇役焉。所冀自今上下二族亲睦有加于前，而为士者务须争自淬厉，事业文章光绍前明大理之门户，并以上追元宪广平之宏猷，此在鄙宗虽未之能，而上族则渊源有自焉矣。今故乐得而为之序。

道光甲申年漳源嗣孙国翿敬撰

原序

家之有谱，犹邑之有乘也。纪文章可观其人品，纪政事可考其德行，纪经济可知其学问，皆为继志述事者广孝思也。至唐则专以纪世系继序，然偏乎质矣。惟苏氏宗谱得文质之中。吾族之谱沿苏氏之例，存其质亦不废其文。自道光甲申重修以来，已阅三十余年。乙卯之乱，邑遭兵燹，故家遗书多付劫灰，而吾族宗谱幸存，其亦祖宗之默佑欤。近来生齿日繁，人文日盛，斐与玉庭公、俊人公惧其久而无考也，爰集族中诸君子，建议续修。而斐适遇国恩，晋秩同知，将有福建候补之行，未能长与局事。其弟若仕辉，若仕猷，若仕铨，若仕诒者，或以知府，或以知县同分四川，或以同知分发浙江，或以盐课大使分发江苏，亦将各赴其省，未遑将事。其侄镛以知府分发四川，阶明以知府分发浙江，炎以员外郎往就京职，又皆以宦辙分驰，无可委任。幸斐先一年早筹及此，将本支之宗派属侄炎，悉仍旧谱之例，编辑成帙，尊卑长幼，厘然有条。今由支合宗，如海受江汉之归，不烦重事利导。然则斯役之兴，斐虽与弟侄等未能总其成，亦犹之与焉耳。爰与同族诸君子择于八月初三日牵牲告庙，佥同录草，其旧谱之所有者俱仍其旧，不敢忘，亦不敢诬焉。独是谱者布也，布列其事以为后人之观法也。览是谱者，观青阳公之文章经济，大理公之博学廉明，而有志于品学者可以兴。观梦吾公之孝友谦退，果斋公之慈祥长厚，而有志于德行者可以奋。庶几继志述事而孝思广矣。苏老泉曰：观吾谱者，孝悌之心可以油然而生。其斯之谓欤。如第以继世系继序云尔，则谱之续修其犹具文也乎。至于寻源溯流，我祖自遇公宦游宜阳，览山川之形胜，卜万邑而居之，上接丹阳哲公之传，宗图具在，可考而知，是又无俟斐之赘序也已。

时

清咸丰九年岁久己未仲冬上澣之吉

瑛房十五世嗣孙文斐薰沐敬撰

原序

士君子生际承平，垂老不见干戈，得与族之俊秀争自濯磨，蓄道德而能文章，黼黻熙朝之盛，岂不休哉。而乃措身戎马之地，驰情甲胄之场，日与招集未驯之勇团练，谆谆谓校旅直同校士，以之御侮，行将止暴，何计之踈，策之下也。防堵之议倡于有司，劫夺之惨遍及细民。慨自黉宫毁，公廨焚，目睹哀鸿之未集，心惊失鹿之堪虞，于兵燹摧残之次，兴思谱牒之重编，诸公之勤恳斯役也，麟心韪之。窃念我族奠家于万，肇自元季鼎革。始由新吴之雅溪，迁于邑西石版墩，而聚处司背，支分派衍，庙建祠立，谱牒之遗，犹有存者，麟得捧诵。惟康熙己亥一册，暨乾隆癸未、乾隆辛丑诸谱而已。逮及道光甲申岁，先伯春台先生承先伯祖青园公辛丑之编，董而续之又增订焉。改前谱未全之式，系迹分编，名行、世次、殁葬、生庚，犁然昭晰。今之续编，撰次校订悉仍旧椝，恪守前规，无稍差缪，不益慎乎。彼夫天道循环，世运隆汙，剥尽复生，否往泰来，理数之乘，岂同感召。若乃凡人一生之祸福莫不启于一事，一事之兴废莫不生于一心，人心之善非即天心乎。书曰：满招损，谦受益，时乃天道。又曰：惟天阴骘，下民谦之。大象曰：天道亏盈而益谦，地道变盈而流谦，鬼神害盈而福谦，人道恶盈而好谦。谦尊而光统，观此语炯戒洞然。今斯谱也，虽人有闵曾之行，文同班马之作，诗歌词颂，诔铭传赞未及遍录，而诰命貤封，贞节高年，寿殀穷通，燎然不没于百世，当亦士君子得失之林也。然麟窃有感而不惮烦词焉。我族自前明七世、八世两代诸祖，风标峻整，科目鼎盛，曰名宦，曰乡贤，外崇内祀，史册堪稽。后之起者亦代有人，可谓盛矣。降观今代，族之翘然自异，棣萼争华，乔梓济美，蓄道德而能文章，荣登仕版，济济有众，而上承卿亚，下辟僚椽，乘木轮，纡青拖紫，盖未之见焉。兹乃岸然辈出，夫不谓之盛哉。所可念者，愿后起诸贤，广其德心，充其学力，美其才而绵其茀禄，廉隅自饬，功业丕显，远绍前贤之遗训，以垂鉴我后，不更辉煌史册哉，岂第彪炳家乘而已耶。麟不才，喜于甲申之谱偕族喆俊人先生勷其事，于今三十余岁矣。兹年及耄而未劳于役，又幸相与与观厥成，夫不大快人意哉。爰掇数语弁其编以为序。

清咸丰九年己未珊房十四世嗣孙麟书熏沐敬撰

原序

族之有谱，所以联宗派，誌坟墓，纪生齿，识祖德之流贻，知子姓之藩昌，灵爽凭焉，昭穆序焉，长幼秩焉，谱之所係不綦重欤。明秀兵燹，谱牒散失，幸得继璟公草谱一册，于康熙己亥，象之公、东尹公二孝廉撰集成书，垂今不替，厥功伟哉。乾隆癸未、辛丑，两次续修，悉仍前规。道光甲申，族督春台公倡议续修。维时人文鼎盛，英贤毕集，诸君子相与悉心参校，为因为革，为损为益，其间登载之谨，体例之醇，可谓尽善尽美，百世遵守而不容稍易者也。迩年粤氛骚动，心惧谱牒之散失，同商续修。乃议犹未集，而咸丰四年贼兵窜境，五年失守，邑之遭蹂躏播迁者，比比皆是，而我族尤甚。六年恢复，族心益急。至去岁，众议始得佥同，复以公资告匮，酌各房分撰房系，稿成同交祠局，乃蠲吉于八月初三告庙开盘。今幸撰集成书，可以承先而传后矣。伏思三十年为一世，蓋期至三十，生亡墓兆必须登载。且以一族之人，秀士朴农，难以强同，阅时逾久，有不知祖父之殁葬者矣，岂非一大缺憾事乎。爰立丁册以载生丁，立报孝册以载殁葬，各醵钱文存放生息，以为续修之备，董其事者亦易于集谋。厥后总祈及时商修，务知谋谍之重所以上表陇冈，下登名数，原非徒循习故事而已也。至于科甲仕宦，扬芬国史，不仅增光家乘者，此老人未逮之心，无穷之原，不能不有望于后贤者也。是为序。

时

清咸丰九年岁次己未仲冬澣之吉

珍房十五世文杰薰沐敬撰

原序

近世博闻宏辩之士，谓中国四万万人皆黄帝子孙，因并称之曰同胞，其旨盖与古圣贤乾父坤母，通万物为一体之意相近。君子怀仁抱义，身不出里巷，其量未遽周天下，而其端则先见于一族。夫一族之大，并吾世而生者必有数千百人之多，此数千百人者又不能居同乡，汲同井，洽比而日相往来，有相遇而不相识者，盖其势常处于涣。涣奚以萃，曰修谱即所以萃之也。族之有谱合一族之尊卑长幼，洎初坠地者皆得书之，为昭为穆，朗若列眉，故一展卷而一族之人皆在吾目中，如相晤对于一堂，使人油然生其孝慈亲睦之心，岂不美哉。吾族有谱旧已，自前清咸丰己未继修以来，已阅五十余载，屡议修辑而皆不果。光绪壬寅，奎登乡荐，族人咸属望焉。奎以比年公车北上，不遑将事，负疚良多。宣统庚戌保送入都，会考得援京职，观政度部。七月，请假回籍，族人又以是为属。迫于大义，不敢推辞，因与房长筱溪、昆田二先生分任纂辑，开局于辛亥二月。至九月，適武汉战事方殷，邑中土匪乘机窃发，在局诸君均已星散，迨再召集，又迫岁除矣。越今年春，南北大局矗定，因复入局。幸胞兄焕章于去年冬归自长沙，堂兄体乾于本年夏归自滇南，二人同具热心，入局襄办，终日伏案编摩，挥汗不辍。奎得诸兄赞助，复与在局诸君和衷商榷，谱式仍其旧，系图增其新，譌者正，漏者补，凡例有加，规条有续。稿既定，遂诹吉于本年七月十六日牵牲告庙，授梓开盘，阅三月而全谱告成。于是举族相庆，诸老人或握奎之手而言曰：己未谱为汝家前辈子明先生所手定，今吾子又胜纂次，可谓善继善述，后先辉映矣。奎曰：不然。先叔祖枕经葄史，学识优瞻，以之纂修族谱，自必游刃有余。如奎之谫陋檮昧，方颠蹶是惧。矧兹役也，当新旧乘除之会，外而风涛轰豗，动心骇目，内而魍魎魑魅之属交相构煽，其所以震撼而沮尼之者不一而足。今日之获观厥成者，蓋由我始祖暨列祖列宗之灵实式凭之，奎何力之有焉。虽然，既克底于成矣，生齿之数有可考而宗派之别复有可稽，凡所以述先德而垂宪乃后者，皆于是乎在，可不谓之幸耶。乐其成，因泚笔为之序。

中华民国元年岁次壬子孟冬月谷旦

瑛房十八世嗣孙焕奎敬撰

原序

族姓之见重于天下也，由来尚矣。《虞书》首言九族，次及百姓，盖人生而有姓，聚则成族，姓有同异，族即因之。九族就同姓言，百姓则统同异言也。族姓联合而成家国天下。然而阅世生人，阅人成世，欲于十世百世后，上溯渊源之所自，下详支派之所分，不有文献之征，不将考求无自乎。此前贤所为有族谱之作也。吾族出于殷王元子，姓以其国。自秦汉以来，族姓遍天下，代产名贤，彪炳史乘。至其族于万也，则自我明海公奠居于元季始，历明清而寖昌寖炽，保世滋大，生齿益繁。其间乡贤名宦相望于庭，道德文章竞名于世，臣效忠以靖命，士见义而毁家，乐善好施，风遗巾帼，呜呼可谓盛矣。非稽谱牒，其详不可得而闻也。吾族之谱，自璟公传草以还，迭经四续，考□精详，採缉完备。而由咸丰己未以迄于今又五十四年矣。生齿之待收者众，事实之待纪者多，重以世变日深，老成凋卸，所由累议未成。兹幸矣，瑛房璧臣先生捷南宫，诠部曹，前岁锦旋。诸昆健生、韵涛宦游在外者，又陆续回梓，合各房秀士英贤名噪庠序者不下数十人。人文之盛，无过于此。于是决议续修，开局于宣统三年春月。寒暑再易，世系始获就绪。乃蠲吉于本年秋七月十六日告庙开刷，阅三月而竣事。圻以老病孱躯，学植荒落，族众谬推与璧臣、昆田二先生担任纂辑，而在局诸君又相助为理，得以遹观厥成，何幸如之。然有不能已于言者。盖生人之大伦五，父子兄弟夫妇本乎一家，具乎一族，而備刊于谱。览斯谱者，苟能顾名思义，各循其分而自尽焉，将见父慈子孝，兄友弟恭，夫和妇顺，亲亲长长，老老幼幼，族谊笃而家道成，即圣帝明王所以平治其国与天下者，可由此而推也。吾族人其勉旃。

时

中华民国元年岁次壬子孟冬月谷且

珊房十七嗣孙容圻熏沐敬撰

原序

懿夫姓氏之统，正于大昊。姬姚子姒，畴非黄帝苗裔哉。我宋氏锡姓有周，蕃衍于汉晋唐宋者，已彰彰史册矣。即其开系司背，绵延于元明清朝者，亦炳炳家乘焉。金不敏，未敢多赘，亦未敢数典而忘。窃念谱之为道，上治祖祢，尊尊也。下治子孙，亲亲也。旁治昆弟，长长也。吾族之谱，自咸丰己未续修以来，迄今五十有四年矣。历时既久，生没者众，非重订焉无已明宗法，俾尊者益尊，不尔循蜚禅通之空有纪也。亲者益亲，不尔条徐萧索之怅式微也。长者益长，不尔东门子仲之交相痛也。去岁春，族中博雅诸君子兴修谱牒，酌先分譔系稿，互相考核，一疑义必辨晰，一诖误必参正，因革损益，务协于中。更两寒暑，两各房系稿始获汇齐，乃蠲吉于秋七月十六日告庙开盘，不十旬而刊印成帙。是役也，由诸君子殚心竭力，罔有作辍，克葳厥事，然不可谓非祖宗在天之灵默相助佑也。顾金愈有以晋祝者。其燮理阴阳也，盍思我青阳公相业匡时。其黼黻皇猷也，当效我良佐公辟台执宪。若夫凤毛济美，表述作于重光。庙食乡贤，并享祀于先达。或嗣徽我九仪继穜诸公，则又在后起者争自树立耳。至如鞠躬尽瘁，观阶明公父子名厕昭忠，荣膺世职，不尤足为藻鑑之征哉。吾因是有感矣。士君子匡坐弦诵，仁敬孝慈，此理同具。生初则修齐治平，其业终归吾党。善夫亭林顾氏曰：天下之大，匹夫匹妇，与有责焉。矧会际共和，所以仔肩世道者，端自植立大本始。所以立大本者，端自尊尊亲亲长长始。金也质本驽下，忝与纂次，事事惟询诸达识之士，而体例纪載率由旧章，夫亦曰信今传后，莫要于谱。敬宗收族，莫大于谱。继志述事，莫详于谱。亟愿隶斯谱者，兢兢于言孝，言弟，言忠，言信，以上希列祖列宗之矩矱，而胥成为文子文孙也。谨序。

时

中华民国元年岁次壬子孟冬月榖且

珍房十八世嗣孙式金熏沐敬撰

重建祠堂记（宲荣）

曲礼曰，君子将营弓矢，宗庙为先。古圣人制为典礼，垂为模范，凡为子孙者固当兢兢焉以奉先为首务也。我族兴建祠宇，末由稽考，所可得而闻者，建始于康熙间，至雍正四年竖造两廊二门，登上公之力焉。乾隆间增建寝室，其时寝旁巷路原从祠堂出入，虽极崇高，未免偏隘，头门仍龙山公之进士坊，历年久远，风霜剥蚀，中堂两廊栋宇卑□，榱楹朽蠹，门壁□□，是奚足以妥先灵而壮观瞻也。嘉庆初，先考与震斋伯父倡议改建，输金购材，酌将兴工，未果而没。尔时欲建而不能，欲不建而不可，其故何也。以寝左墙外巷路之未驳正耳。壬申腊，族众既驳换巷路，爰谋更正寝室，始事于癸酉春，落成于五月初，而建祠之举迄未有论定之也。乙亥春，荣乃缵承先志，首倡建祠之议，聚族劝捐，群焉乐从，无少吝者，于是诹吉三月初五日，偕兄粹轩，弟琅轩，侄济川等经营兴工曰，女其抡材鸠尔工，女其会计职，尔簿各有攸司，毋侵毋驰，上梁于八月十三，竣工于腊月二十四，越丁丑岁□□已毕，而祠宇始告厥成功。统计用费七千余金焉。迄今自庭堂室，巍然焕然，绰有可观，以视昔日之偏□剥朽者，当大相径庭也已。噫谋之廿载而未就者，不期年而蒇事，何创始之难而成功之速如是，岂非上赖祖宗呵护之灵，下仗族众捐输之举，以赞襄其盛事哉。爰乐而为之记。道光四年甲申仲夏月蒲节前一日撰

宗公祠堂记（维显）

盖闻君子将营宫室，宗庙为先。先王制礼，实欲动人以报本返始之思，示人以睦族敬宗之谊也。我祖宗公世居司背，逮我父与伯叔同居式好，怡怡相得。嗣因人繁屋狭，屡迁居焉。夫人多散处，各营私居，公室每难修整，恐先灵无妥，偕胞兄应德，堂弟应章、应高，侄赠廷等邀集合支子孙谋，仍旧址更造享堂，苦乏公财，公同酌议，立牌进飨，分配祔捐助钱文，或以田估值，或以店作价，胥归划一，共襄厥举。谨择道光二十二年三月初三日，鸠工庀材，构造祠宇。至二十三年十一月，喜告竣矣。经营年余，费金四千有奇，愿有宗庙以安先灵，必须俎豆以昭祀典。所剩钱文及田产店房租息，务择善理者秉公扶持，供给祭祀公用，勿瓜分吞肥，以获咎于神明。庶几先人俎豆千载常新，斯举也，众心之罔弗协也。众力之足以济也，无非我祖之灵所感而通所佑而成也，抑无非我合支之人，报本返始，睦族敬宗，炯然悚然，常觉有先人灵爽昭著心目，而后不惰于所行也。是则孝友之所关，伦常之所系，行且见一门雍睦，□炽□昌，以绍先代之遗烈，受福其余事也，而为福孰大于此哉。祖庙落成，因具其始末，以俟后之贤者□勉力学，增我门第之光焉。

重修祠堂及神龛记（师颐）

吾宗祠祠宇建始于清康熙间，至雍正略具规模。今之巍然大厦，实完成于嘉庆丁丑，读□荣公所撰重建祠堂记，得知其梗概而亦公之力焉。民国丁丑，抗战发动，不期年战祸延及长江流域，蔓及内地，凡敌人兽蹄所不到之地，专

令敌机肆虐，即不设防城市，以至穷僻之区，无或幸免。隔年戊寅秋九月十五日，城区复遭轰炸，宗祠亦波及，其损害最重者为寝室及神龛，全部被毁。中厅暨两旁房屋均受相当损失，蒸尝肃穆之地，竟成残垣败壁，瓦砾满场，今一思之，犹有余痛。越一载己卯为抗战第三年，余时供职省府保安处，因省会沦陷，迁移吉安。不料丙子辛氏因不服水土，感热病逝。当时环境感受极端苦楚，不得不扶柩归里，以图安顿。子女心痛之余，润清先生以祠宇损害事相询。余谓战事尚未结束，觉应缓修，当事者亦云。及今不为，将来更难措办。庚辰，余养病在家，中元祀祖，因祠宇败坏，改在饭店宴会，彼此相见默默。斯时也，触景伤情，今欲修而不能，欲不修而不可，众议仍认有急修之必要。谈及祠款，均云竭蹶。余乃首倡整理祀产，以求端倪，众意赞同，因组织祀产整理委员会，推余负其全责。余何人，敢肩此重任耶。惟念先人缔造之艰难，而先严在日常以族事为己任，自思所以报祖先者，即所以承先严遗志也，故不揣冒昧，毅然耽充。缘将宗祠及直属各祠会收支，自民国十九年起至二十八年度止，未经清算者斟酌情形，参对证件，逐一查核，将其盈余并先年族人积欠，次第收集，共得二千余金，核算时间达二月之久。是举也，堂叔辉贤与胞兄维汉费力独多，预计全部修理费用须五千金，不敷之数，经向虹桥祠采芹堂提谷售卖凑足，于是诹吉九月十七日鸠工修造，聘开榜炳炎联贤润兴怡初诸先生分任购材督工会计等职，矢公矢慎，悉心经营，在警报与敌机频传声中，毋敢稍懈。迨至腊月除夕前二日始告厥成，惟因物质高张，统计费用达六千金。迄今先灵是妥，堂室焕然一新，皆诸先生之力焉。余尝闻润清先生言谓，修理祠宇为公众最大企望，但每会均以不果而罢，考其原因，在前辈者洁身高蹈，不愿从事麻烦工作。其他人则各以见解不同而因循。予素主见危受命，是以抱定维护祠宇、共谋利益之目的，遵宗族至上之本旨，派除万难，匪计恩怨，努力苦干快干，以期完成之。实现者无非受良心之驱使也。回忆倡始之难而完成之速，其间不被别具用心者所掣肘，岂非上赖祖宗之灵呵护，下仗族众精诚之感化，有以使然欤。予亦不敢以此自豪，深愿族人以先人之立心为心，永远保护其庄严完整，以自附于君子之后而已。

中华民国辛巳年孟秋月撰

大祠祀产

立卖契瑛公分下叔侄兄弟良七、伯四、六八、鹏三等，今有承祖受分进士第内凉亭上下二栋，上至桁条瓦片，下至磉石地址及天井井石，进士坊门楼门外空土四围球场，至前小店屋后滴簷水为界，出入行路右至司墙，左至学墙，前抵官街止。其上栋凉亭止卖厅面，四散两榻，除两边房屋并两廊房，房楼各管未卖。及下栋楼上止卖楼亭，除左右楼房四间未卖外，其下栋楼下土仍系禁内众四分承管。契内所载，尽行出卖与瑛、珊、珍、琼四分子孙，共立祠堂，春秋祭祀。通族公议共出价丝银陆拾两足正。四分子孙不许推托退悔。立此卖契存照。　　崇正十四年　　上栋凉亭后至石墙为界　　子钦笔

伯六下所管上栋房屋一边，并下左廊二间，并地址。要卖亦仍卖与四分子孙，另立契兑价议定，不许卖与别人。　　伯六笔

原系同派一脉，日后仍从祠堂出入，不许勾引外姓践蹈。嘉庆十七年，合族公同将寝堂后空基与位之子孙驳换由祠出入行路，更正寝室。景澜子孙又将寝祠右侧己管毬场助出，为位之公支下子孙永远出入行路。其祠堂契内下栋楼下地土，前栋左右，俱并石墙为界。契内价银一并完足收讫，此照。　　良七笔

瑞二契

立卖契侄宋瑞二，将梯买期叔伯三原受分祖堂厅内右边廊下房屋二大间，连近空土一块，共去价银六两，今转卖与本族义良、廉节、伯鹏、方等承买。当日得授原叔契内价银六两，人手无欠，并无遗下寸土。自出卖后，任从族众管业无阻。原叔伯三契纸并缴付。众今恐无凭，立此存照。　　瑞二笔

此房系保世堂才公子孙梯买管业。此照。　　家长启吉笔

契内右边廊房二大间，并本房小楼板，上自瓦片，下并地址，前至廊树，后并墙廊。上至子钦出门房外街下廊树为界，下至下栋四分众房为界。

崇正十一年　　子钦笔

才公下保世堂另买伯六侄祖堂厅左正房二大间。又买瑞二侄右廊房二大间，并空土。共三纸，合兄弟叔侄孙正一、正四、彭子、仲七、叔五、冬吉等，今因禁乏公费，尽批拨与生氤整立房屋，公作贺敬途费，永远管业。此照。

此屋后生氤子孙转卖祠众管业

顺治十四年十二月初十日正一等　全具

康熙三十年二月十六日，立卖契鹏四、元春、竹儿，今将祠堂左边屋址一片，计四扇两落厫，前至司墙，后至祖堂土，左至学界碑，右至祠堂路，出卖禁内管业，得授时值价银贰两正。此照。

见家长元吉 奇毓 启珍 鹏四等笔

康熙三十一年二月十六日，立卖契成林，今将承父祖堂在左边廊地址一片，右至祖堂二磜廊脚为界，左边学宫土为界，上至祖堂石堦，下至祖堂下厫门首墙脚为界，出卖祠内管业。当日得授价银贰两正。此照。

见家长元吕 奇毓 启珍 春和 咸林笔

康熙三十五年二月十八日，立卖契宋阿易仝男发元、萝祥，今将承夫梯买翟家巷边店土一间，前至官街，后至大生土库横石墙脚为界，左至冬生店土，右至翟家巷众路为界。当日得授时价银壹两八钱正，出卖与祠内管业。此照。

康熙五十一年十二月二十九日，立卖契麒麟、锦妹、龙妹、三妹，今将翟家巷店土一间，左至龙人土为界，右至祠土为界，前至官街，后至大生土库为界，出卖与祠内管业，得授时价银五两四钱正。此照。

见家长克之 九龄 又程 发元

先年立卖契又程，今将明德坊六脚牌坊下店土三间，右至辛以恕土，左至龙人土，前至官街，后至以恕住屋土，卖与祠堂内，得授时价银三两正。文契一纸，付与淑生、闻鸣收，未经寻出。

见家长启珍等

康熙三十五年八月三十日，立卖契世秀，今将己手梯买按察司前店址土一大长间半，前至官街，后至三丈五尺长，右至云楫土，左至周人土为界，出卖与祠内管业。当日得授时价银叁两贰钱正。此照。

原契二纸并缴

见家长启珍 及人 能人 大生

康熙三十一年三月初八日，立卖契发元，今将父手梯买明德坊按察司前店土一大长间半，前至官街，后至三丈五尺长，右至云楫土，左至周人土为界，出卖与世秀管业。当日得授时价银贰两正。此照。

中人鲍杰士 宋九龄

此契并缴　又批及有店土并无遗下寸尺

立增契遗子外妹，原有祖手所管按察司前未分店土一片，因兄发元于前三月内托中私行包卖与世秀，以致兄弟状控县主。今凭亲族劝处，买人除先价外，增银壹两贰钱正。其土前至官街，后至龙人屋侧河墈为界，左右至周人牌坊石脚，右至宋云楫店土为界，尽行出卖与世秀管业。此照。

老契并缴

康熙三十一年十二月十八日　　宋外妹笔

同兄遗子 见伯方来

见家长元吕 天祥 克之 象之

祠堂寝堂得买瑛房子孙地土，左至位之子孙从祠堂出入巷，右至古巷，后至方泉、方素、方陶、方山四人土为界。凉厅左边得买珍房子孙地土二扇，后至方周墙，左至学宫墙为界。凉厅右边得买珍房子孙地土一扇，后至巷下瑛珊沟，右至祠堂墙滴水为界。祠门外毬场，前至按察司后墙，左至学宫墙，右至方鄹墙为界。

明德坊常平仓前店接连五间。

得买瑞祥兄弟叔侄高车白狗洞山一全嶂，并石竹冲山一全嶂。

高车大嶺山一全嶂。

嘉庆二十二年十二月一日，契买宋陶成等宋家畲象形山下旱田贰拾七把，荫注塘一口三股之二。

嘉庆二十二年十二月二十六日，契买王应孙四都二图下坛旱田拾把。

嘉庆二十五年七月初七日，契买宋习元龙江门外林家磨房屋全栋，磨形山一嶂，栾林竹木，荒熟花土荒田。

嘉庆十九年，宗季子孙将承祖手所营静安寺侧文昌宫门首前基土壹片，助与大祠管业。

道光九年十二月二十二日，契买大毛仝侄富贵、维崇司背樟树下右侧瓦屋全栋，并屋后山场栾林树木等业。

道光十一年十二月初三日，彭龄兄弟捐助曾祖起亭公所管石虎源早迟田三百陆十五把，又捐助梽柴冲早迟田壹百零五把。

道光十一年十二月十二日，抡廷捐助契买宋凤凰兄弟高车早迟田叁百贰十把，又捐助契买巢希盛大红陂鸡笼山早田壹百十五把。

道光十二年正月初十日，应钟兄弟同姪抡廷捐助高车早迟田壹百十把。

道光十三年十二月十八日，契买金凤黄江石虎源早迟田壹百二十把，其庄屋山场栾林竹木荒熟花土，与殿致二公合管十二股之一。

道光二十年，顶转新元得顶王富教原祖祠管大岭下心田冲全山，栽插茶桐杉杂等项，并土屋三间，瓦屋一栋四股之一。自后土骨、土皮俱属祠众管。

道光二十一年，位公支下方陶子孙捐梨木大屏全架。

立杜卖地基契人宋辑显、辑通、辑儒，今因要钱正用，无措出办，自心情原将祖手所创之业，坐落地名明德坊学宫坐向右边基土一大片，不计丈尺，前至常平仓墙角，后至宋姓屋基，左连行路至学宫墙脚，右至宋人基土灰椿为界，凭中踩蹈分明，扫数尽行出卖。托中召到宋恩庆堂承买为业。当日三面言定，得授时值价银壹百陆十两正。其银即日亲手收讫，无欠分厘，不必立另足帖。是处之业，委係正行交易，并非包卖谋买。未卖之先，并无重行典当。既卖以后，任凭买人建筑开垦，永远管业。恐口无凭，立此杜卖契存照。

元吕　奇毓　发元　启珍

见中人　宋春和　文程　能人　生原

大生　一介　九龄　克之

康熙三十五年八月三十日　宋辑显、辑通、辑儒　　全立

立卖契人云楫、鸾十，今因钱粮紧迫，无措出办，兄弟商议将父手所管司前店土五间，□土壹间，前至官街，后至龙人行路，左至世秀土，右至江塝为界。以上四至分明，要行出卖。凭中召到本族禁会内向前承买，当日三面得援时值价纹银壹拾两正，入手完讫。所卖其土係是正行交易，并非逼勒准折，包卖不明等情。其土现今郭云玉、吉祥等竖造瓦店叁间，第房壹间，余土连江塝壹片。自卖之后，任从禁内九月初一日起收土租，余土任从竖造，并无遗下寸土。今恐无凭，立此存照。

生厚　一介　敬典　文唱

家长启珍　大生　象之　咸宁

见亲陈公玮　　能人　天祥　克之　善辑

康熙三十四年八月二十日　立卖契人云楫　弟鸾十　笔

及有基内所存石磉堦桥石，俱係禁内管业。

再批契尾，契内纹银十两收足。此照。

立永卖庄田山场契人嗣孙洪澜，今因正用无措，自心情愿将己手梯买坐落地名四都二图圳上早迟田肆百陆拾五把，连土砖瓦屋壹栋，计六扇五间，左边陪屋一直，板仓贰只，并地基山场花土园土，四围栾林杂树木，屋后竹山一嶂，及四至等项开载于后，一概尽行出卖，不留丝毫杯土，凭中出卖与司背宋祠祔享会众管业。当日三面得授时值价纹银贰百叁十叁两正，并小包在内。其银即日入手收足，不欠分厘，即日银契两交明白是实。及有田上税粮，原载浮米共核叁担贰斗五升五合，现在西都一图二甲宋洪澜、宋汉户内过除，任从买人收归立户无阻。所卖其田，系是正行交易，并非包卖谋买，逼勒债算等情。自出卖后，任从买人发佃收租管业，卖人永无异说。今欲有凭，立此永卖契存照。

宋清园　宋绍文　宋成立

见中人陈锦云　宋寿益　高会明

宋禹臣　宋敬修

乾隆三十二年十二月十三日　立永卖契嗣孙洪澜　笔立

计开田把坵塅数

圳上门首早田陆十把叁坵、栗树下早田二十把贰坵、大山门首早田贰十把壹坵、藺塘门首早田二十把壹坵、弦上早田伍十五把五坵、河塘布早田四十把二坵、社布台早田二十把三坵、横田锅坵迟田十把壹坵、黄陂圳早田五十把壹坵、苦株树门首迟田三十把壹坵、田心门首埒上迟田陆十把壹坵、公折坵早田二十把壹坵、雷公圳头早田伍十把壹坵、屋侧张家门首早田十把二坵

瓦盖庄屋一栋计六槅，左连陪屋一直，板仓二只，花土菜园，四围空土，屋前后栾林杂树竹木，屋后竹山一嶂，栾林杂树竹木俱各在内，上至山顶岭脊分水，前至墈下田为界，左至张人屋侧灰褚直上及岭脊为界，右至山嘴外阳人

山为界。

立绝卖契人万载县十一都二图六甲赖日祥，今有父置受分所管坐落地名柴田南源冲等处早迟田壹百八十把，今因无钱正用，自心情愿，要行出卖，先尽亲房人等，俱各不愿承交，凭中出卖与万载西都一图二甲宋身修名下管业。当日三面言议，得授时值价银陆十五两整。其银即日入手，无欠分釐，并无重叠典卖，抑勒准折等情。如有来历不明，出卖人承担，不干买主之事。自出卖后，亦无回赎增找。今欲有凭，立此绝卖契，永远存照。

计开坵塅：柴田下冲口大路上早田玖十把伍坵，内有壹小坵坐向上至龙陈赖三姓田，下至大路，左至日兴田，右至大路为界。　下冲口迟田柒十把共十四坵，上至郭姓田，下至林姓田，左至陈姓田，右至山塝为界。

南源冲门首塘下早田贰拾把共贰坵。

额粮原载浮米壹担二斗陆升，现在十一都二图六甲赖日祥户内除，任从买人收归立户。

凭中人汪文衡　周盛幾

见父海运

依口代笔兄日魁

乾隆三十一年正月二十日　　立绝卖契赖日祥　　笔

立倒卖田契人宋应发，今因父亲入祠配享，少钱捐助，自愿将受分所管併己手所创坐落地名烧田等处早迟田贰百把，又荫注塘一口，连石陂古圳小水，俱照额荫注，及有田把坵塅开载契后。是处之业，不留遗下盃土勺水，扫数尽行倒卖与宋应德、应钟、应发、揄廷兄弟叔侄公众，以为祖父捐祠配享之田。当日得授时值价钱贰百七十捌千捌百陆十文正。其钱一併亲手收讫，无欠分文。及有田上税粮原载浮米壹斗四升，现在西都一图宋普盛户内过除输纳。所倒之业，系正行交易，并非包卖谋买逼勒等情，一倒千休。今欲有凭，立此倒卖契存照。

见倒人辛端立　　承命代笔男拜廷

道光十一年十二月二十日立倒卖契人宋应发　笔

計開田把坵塅界至於後

社背塘下早田五十把二坵，上至劉人塘、溫人田，下至唐人田，左至曾人田，右至墈爲界。社背門首路下早田六十伍把五坵，上至郭人田，下至溫人田，左至郭人田，右至山爲界。社背塅裡早田贰拾把貳坵，上至郭人田，下連王人田内禾五行橫過，左右俱至郭人田爲界。橫沖遲田叁十把五坵，上至王人田，下至郭人田，左右俱至山爲界。流坑召子上遲田卅五把九坵，上至易人田，下連水圳，左并水圳外至易人田，右邊至山爲界。社背蔭注塘壹口，塘面上土壹片併四圍塘塍塘底一概在内，上至路，下至買人田，左至買人田，右至行路爲界。

批明契内價錢併底串一併親手收訖，不必另立足帖。再照。

又批明老契二紙繳交。再照。

立出頂茶桐竹木杉松雜樹庄屋帖。嗣孫怡雲、紫昕、喬臻，今因要錢正用無措，叔姪等商議自心情願，將先年合同得頂李建昌等所租宋大祠衆管地名白口洞實竹沖二處山場内所栽茶桐竹木杉雜松樹等項，並頂後添造庄屋壹棟，計四扇三間，陪屋壹間，杉皮桁樤門壁窻户間扇等項俱全，不留寸草尺木及屋宇片磚塊瓦，掃數要行出頂。其山土原係祠衆管，不必載界。今請族房頂與祠衆管業，當日三面得授頂錢肆十陸千文正，即日收訖，無欠分文。自出頂之後，任從祠衆栽蓄砍伐，發佃耕作管業，永不生端異説。恐口難憑，立此出頂帖存照。

應鐘　杞文　曉云

見族房夢珍　璜貴　馳廷

華國　新元

即日批明：帖内價錢一併收足，不必另立足帖。再照。

先年得頂李建昌頂帖一紙並繳。再照。

在場仝出頂姪孫喬臻

仝出頂執筆姪紫昕

道光十五年十一月初十日　　嗣孫怡雲　立

立杜卖庄屋、竹木、柴薪、山土契人宋彭龄、柏龄、吉龄、瑞龄，今因要钱正用无措，母子商议，自愿将承祖手所管八都二图坐落地名黄江石虎源，坐东向西茅屋一栋，逢厅直上，坐向左边正房贰间，塞口厅壹间，横屋贰间，上连桁条茅盖门壁，下连石磉地基，门首毬场行路俱与致美公子孙平管。又承祖手已创庄屋对门下首竹木、柴薪、花土山场壹大片，又庄屋对门上首竹木、柴薪、花土、山场一大片，四至界限开载契尾，并不留寸土寸木，片砖块石，要行出卖，无人承交，托中召到司背宋大祠向前承买为业。当日三面订定，得授时值价钱肆拾千文正。即日钱契两交，并画字酒礼底串概行在内，收讫无欠。所卖之业，系正行交易，并非包谋逼勒等情。倘有产业不明，卖人一力承担，不干买入之事。未卖之先，原无重契典当。既出卖后，任从祠中竖造栽插蓄禁，发佃收租管业，卖人无得异说生端，一卖千休，永无增找。今欲有凭，立此杜卖庄屋山土契存照。

应锺　照万　锁寿　梦珍

兰茂　凤廷　华国　馨远

见族中人元大　锦瑞　象贤　伋元

方贵　赠廷　炳璜　璜贵

官仪　正牙

在场同卖母闻氏

道光贰拾四年十二月初四日宋彭龄　柏龄　吉龄　瑞龄　笔

计开界至于后

庄屋对门下首山场，左至辛人山塴为界，右至林人山沟塴为界，上至岭脊倒水为界，下右至林人土，下左至唐人田，下中至江仔为界。

庄屋对门上首山场，右至谢人山塴为界，左至林人山塴为界，上至岭脊倒水为界，下至横路下林人山为界。

批明山契二纸，日后寻出缴交，再照。　又批明：及有庄屋老契，有业相连，未缴交，再照。　又批明：契内价钱并底串一概收清，不必另立足帖，再照。

立转顶卖庄屋山皮、茶桐、竹木、花果、杂树等项契人嗣孙馨远，缘先年祖手所顶刘世勋租到宋大祠众管地名石竹冲横坑口右边山壹片，上至合颈，下至棉花土。今因祖母需钱赡用无措，母子商议，自心情愿将所顶此业山上树木等项概出卖，不留遗下寸草寸木，凭中转顶卖与大祠管业。当日得授时值价钱伍十五千文正。契内价钱即日入手收讫，并补底串，无欠个文，不必另立足帖。自出顶卖之后，任从大祠栽插砍伐，竖造开垦，另发别佃耕作收租管业，出顶卖人无得异说。恐口难凭，立此转顶卖契永远公私存照。

昆玉　元大　赠廷　梦珍

观仪　长贵　成凤　春帆

见族房应锺　璜贵　菊元　考祥

景瑞　象贤　所寿　才贵

学成　华国　凤廷　照万

炳煌　吉龄

在场祖母龙氏　母张氏

道光二十五年十二月初六日　　嗣孙馨远　笔立

即日批明：得顶刘世勋顶贴壹纸缴交，再照。

立议约合族人等，缘我族配享，惟爵与功，自道光十一年因建祠积欠甚钜，公议破格开捐，除五世以上请配外，酌定十世以上每位捐钱三百千文正，十一世以下每位捐钱捌百千文。于时有力之家捐田代钱，已配数位。然田虽增而祠欠尚未楚也。虽道光廿一年硚会捐钱五百千文，每年颁胙九千贰百文以答四十六股之忱，然祠欠终未尽楚也。迩年来祠用大而债愈重，兼岁荒谷少，支用愈绌，爰族集众重议捐配，订定每位捐现钱四百千文正，交祠听用，庶可裕嗣而清欠，此合族人等因时制宜之举。又继穜公登顺治庚戌科明通榜进士，公议请升配享，族有同心，立约三纸，瑛珊珍三公子孙各执壹纸为据。

应章　凤鹏　兰茂　春帆

长贵　开泰　应钟　定怀

馨远　名世　炳煌　才贵

华国　欢廷　成凤　赠廷

在祠同议梦珍　有元　锁寿　考祥

彭龄　善庆　璜贵　象贤

应高　元大　芳桂　荣廷

照万　凤廷　时立　秋云

续祖　观仪　学成　菊元

应发　瑞云　古庆　祥光

学古

道光二十六年九月二十四日　立

立顶卖店房契人宋峤臻，今因要钱正用无措，自愿将承父手拼顶陈姓地名明德坊仓前坐南向北店房壹所，一直三进，横直铺柜栏杆扶檐神龛楼板乘 枤，上连椽皮瓦盖，下连地脚磉石，左右店面及间扇粉壁门片晒楼俱全，其店基土原属宋大祠管业，其店中架料原经我父得顶，今我将所顶之业扫数顶卖与宋大祠管业，当日得授顶卖时值价钱贰百壹十叁千文正。其钱即日入手收讫，不欠分文。自顶卖之后，任从宋大祠租发修整竖造，永无异说。今欲有凭，立此顶卖契，永远公私存照。

照万　锁寿　官仪　馨远

璜贵　菊元　庚吉　有中

华国　象贤　福元　紫昕

见中人宋应章　炳煌　有福　锦瑞

梦珍　长贵　炳庆　学成

赠廷　有兴　才贵

龙宗庆　辛喜寿

陈云孙　宋黄氏

接笔汪连祥

道光二十八年十二月六日　宋峤臻 笔

立倒卖民田契人宋挥仁、裕仁，今因要钱正用，无措出办，母子商议，自心情愿将父手所创之业，坐落地名五都二图三甲长垴早田四十把一连四坵，上至宋人田，下至宋人田，左至宋人田，右至行路为界，其水分俱照老契车放荫注，并田塍、田塝、田底四至界内之业，不留杯泥条草勺水，合众踩蹈分明，要行出倒，先尽亲房人等，俱各不愿承交，托中召到宋大祠向前承倒为业。当日三面言定，得授时值价钱四十二千文正，即日钱契两交清白，入手收讫，不欠分文。及有田上税粮浮米，现在本都本图本甲宋　　户内，按田把过除完纳。所倒之田系正行交易，并无重行典当等情。倘有来历不明互混，出倒人一力承耽，不干承倒人之事。自倒以后，任从祠中清业过耕，发佃收租管业，出倒人无得异说。恐口难凭，立此倒卖契，永远公私存照。

时瑞　长林

见倒卖人宋有福

有孚　廷杰

在场母宋周氏

同治十三年十二月二十四日立倒卖民田契人宋挥仁　裕仁　笔

立杜卖民田花土陂塘等业契人宋阿唐氏偕男坤贤等，今因要钱正用，无措出办，母子兄弟商议，自心情愿将祖手所创之业，坐落地名二都一图麻田塅徐家塘等处民田玖百五十把，共计七十九坵，并随田各水圳及陂塘荫注蓄养俱各在内。又老虎冲土地埚花土一大面，又石灰塘下花土一大长片，不计块数，所有田把坵瑕田土四界均带契后。以上田土陂塘等业，不留寸土卦石，杯泥勺水，尽行扫数出卖。先尽亲房人等，无人承交。托中召到司背宋大祠始祖名下承卖为业，即日凭中踩踏四至分明，三面言定，得授时值田土等价银四百八十两正，并画字小包离粮酒礼一概在内。其银即日入手收讫，不欠分厘。及有田上税粮浮米，每十把七升正，现在西都一图二甲宋荣廷、九龄二户内过除输纳。所卖之业，系是正行交易，并无包卖谋卖，逼勒债算不明等情，亦非养膳公产。自出卖后，任从祠众发佃收租管业，出卖人绝无异说生端。一卖千休，永无增找取赎。今欲有凭，立此杜卖契，永远公私存照。

和瑞　海孙　宋珍发

仁发　贻孙　辛癸泉

见中人宋少泉　焕盆　刘辉牙

林生　长林　周福庆

有福　成福　炎发　集贤

计开田把坵塅界至于后

一處土地背遲田廿把計四坵，上至辛人田，謝人田下至仰山堂及李人田，右至張人山脚水圳，左至辛人田，登本處水蔭注。

一處狹頸裡早田拾把計貳坵，上至張人田，下至謝人田，左至江脚，右至張人山，登江某蔭注。

一處獅子瑙早田廿把計七坵，上至胥人山，下至謝唐二姓田，左至唐人田，右至胥人山，登張家陂陂水蔭注。

一處□仔坵早田廿把計壹坵，上下俱至唐人田，左至水圳，右至唐易二姓田，登張家陂水蔭注。

一處新屋門首早田伍十把二坵，上下俱至唐易二姓田，左至水圳，右至江脚，登上屋陂水蔭注。

一處楓樹下早田廿把壹坵，上至買人及易人田，下至買人田，左至易人田，右至江脚，登易家陂水蔭注。

一處石橋頭早田廿把壹坵，上至謝人田，下至易姓田，左至江脚，右至鮑姓田，登易家陂水蔭注。

一處新塘下早田六十把計四坵，上至唐姓田鮑姓塘，下至鮑易二姓田，左至鮑姓田，右至鮑姓水圳，登易家陂水蔭注。

一處石橋頭早田十把壹坵，上至易姓田，下至鮑姓田，左至江脚，右至鮑姓田，登易家陂水蔭注。

一處天燈柱早田十把壹坵，上至鮑姓田，下至易姓田，左至易姓田，右至唐人田，登三斗陂水蔭注。

一處天燈柱早田五十把計四坵，上至唐姓田，下至買人及鮑姓田，左至易姓田，右至謝姓田行路，登三斗陂水蔭注。

一處天燈柱早田十把共二坵，上至鄧人土，下至鮑人田，左至行路，右至鄧人塘，登三斗陂水蔭注。

一處沖裡早田廿把二坵，上至唐人田，下至劉人田，左至江脚，右至張人山，登張家陂水蔭注。

一處沖裡早田三十把壹坵，上至劉人田，下至易衆塘，左至江脚，右至張人山，登張家陂水蔭注。

一處謝家門首早田廿把壹坵，上至仰山堂田，下至謝人田，左至江脚，右至鮑姓田，登易家陂水蔭注。

一處楓柱下旱田五把計壹坵，上至易人田，下至買人田，左至易人田，右至江脚，登易家陂水蔭注。

一處楓柱旱田廿把壹坵，上至買人田，下至行路，左至易人田，右至江脚，登易家陂水蔭注。

一處楓柱下旱田五把壹坵，上至行路，下至張人田，左至鮑姓田，右至江脚，登易家陂水蔭注。

一處大布岭旱田廿把壹坵，上至易人田，下至仰山堂田，左至江脚，右至易人田，登廟門前陂水蔭注。

一處大布岭旱田四拾把共貳坵，上至仰山堂田，下至鮑人田塘，左至江脚，右至買人田，登本處水蔭注。

一處塪下旱田廿把貳坵，上至鮑人田，下至易姓田，左右俱至鮑姓田，登三斗陂水蔭注。

一处庙背旱田五拾把贰坵，上至易人田，下至五姓图会田，左至鲍姓田，右至江脚，登庙门前陂水荫注。

一处庙背旱十把壹坵，上至易人田，下至鲍姓田，左至易姓田，右至鲍姓田，登庙门前陂水荫注。

一处蛤蟆坵旱田廿把贰坵，上至邓姓田，下至仰山堂田、鲍姓田，左至江脚，右至邓人田，登本处某水荫注。

一处蛤蟆坵旱田壹百把计六坵，上至鲍姓田、仰山堂田，下至鲍人田，左至江脚，右至鲍人田，登本处水荫注。

一处筲箕埚旱田三十把共叁坵，上下左俱至鲍人田，右至鲍人及易人田，登本处江水荫注。

一处老虎冲石灰塘下旱田三十把计三坵，上至庄人田，下至水圳，左右俱至水圳，登石灰塘水荫注。

一处土地埚旱田六十把计四坵，上至龙姓土，下至水圳，左至龙人土，右至水圳，登石灰塘水荫注。

一处圳下旱田廿把壹坵，上至水圳，下至汪姓田，左至龙姓田，右至水圳，登石灰塘水荫注。

一处垅里早田三十把壹长坵，上至汪人田，下至韩人田，左至水圳，右至龙人田，登石灰塘水荫注。

一处败上早田捌十把一连九坵，上至庄人田，下至龙人田，左至钟人田，右至龙人土，登石灰塘水荫注。

一处败上早田四十把一连五坵，上下右俱至龙人田，左至韩人田，登石灰塘水荫注。

一处冲里众塘壹口，随田荫注。

一处大布岭田头塘壹口，上至易人田，下至仰山堂田，左至江脚，右至买人田。

一处蛤蟆坵田头塘壹口，上至鲍姓田，下左俱至江，右至买人田。

一处箣箕埚田头塘壹口，上至买人田，下至买人田，右至买人田，左至鲍人田。

一处土地埚花土相连四大块，上至□刘王三姓土为界，下至买人田，左至龙人土，右至龙人土为界。

一处老虎冲排上花土壹长大块，上至汪刘二姓山塝为界，下至上截龙人田、下截买人田，左至买人土，右至龙姓土为界。

接笔人宋正发

执笔男财贤

光绪三年十二月十四日立杜卖契人宋阿唐氏偕男财贤、坤贤、宗贤

立杜卖荒熟山土栾林山场屋宇毬场菜园余基等业契人张琴堂兄弟，今因要钱正用无措，兄弟商议，自愿将父手所创之业，坐落地名二都一图麻田虎塪下坐西南向东北，土墙土砖瓦屋，逢厅中心直上直下一半坐向右边厅，正屋长房三间，伸手屋、横屋、横厅、塞口房间、猪椆牛栏浴房不计间数，又屋外灰堵粪窖其屋，上连椽皮瓦盖桁条梁枋，中连楼板□栿门窗户壁，下连墙脚地基天井阶石，屋后山场岭窝随右边山一嶂，栾林竹木杉桐茶杂等树，荒熟花土余基，门首毬场山场菜园余基俱全。以上四至开载契后。凡是处之业，不留分寸丝毫，扫数尽行出卖。先尽亲房人等，俱不愿承交，托中召到司背宋大祠承买为业。

当日三面凭中踩蹈，得授时值价银五十四两正，并提笔、画字、酒礼、小包、底串、俗规，一概在内。即日银契两交明白，无欠分厘。所卖之业系是正行交易，并非包谋逼勒债算，亦无重行典当等情。倘有来历不明，不干承买人事，卖人一力承担。自出卖后，任从买人发佃耕作，竖造住居管业，卖人无得生端异说，一卖千休，永无增找取赎。今欲有凭，立此杜卖契，永远公私存照。

张玉堂 宋炎发 张子升
刘纯锡 宋少泉 宋仁发
见中人：宋正发 刘载锡 何金红
龙茂庆 刘方甫 刘道南
张介廷 张照轩 宋怡孙

光绪三年十二月二十二日张琴堂 薇堂 槐堂 同笔

即日批明：老契有业相连未缴，照依新契管业。再照。

计开麻田虎堖下屋宇山场四至于后

庄屋一栋，逢厅直上直下坐向右边壹边，屋后栾林随右边山壹嶂，屋后直上古碑为界，上至岭顶刘人山，有挖沟为界，下连菜园上截门首毬场行路为界，左至上截邓人坟山，下截至邓人山挖沟为界，右至岭脊背倒水，至刘人山挖沟为界，直下至黎谢易三姓土为界，又下至水圳为界。

立杜卖民田花土屋宇鱼塘菜园余基晒场山场竹木等业契人郭道熙偕侄恒文，今因要钱正用无措，叔侄兄弟商议自心情愿将祖手受分之业，坐落地名六都一图边冲松江东塘何家湾等处早迟田一千三百六十五把，其陂木、圳水、车场水路均照原额荫注，又庄屋壹全栋，菜园花土余基晒场鱼塘山场等业，不留分寸丝毫，扫数要行出卖。先尽亲房人等，俱各不愿成交，托中召到司背宋大祠向前承买为业，凭中踩踏四至分明，其田把坵塅界至荫注水分逐一开载契后。当日言定，得授时值业价银八百四十五两正，并提笔畫字小包酒礼一切俗规，概行在内。即日银契两交明白，一并亲手收訖，不欠分厘，不必另立收足帖。及有田上税粮，原载浮米每十把七升，现在四都二图七甲郭华国、郭巘堂二户内过除输纳。所卖之业，系是正行交易，并非包卖谋买债算准折逼勒不明等情，未卖之先并无重行典当不明情事。如有不明情事，卖人一力承担，不干买人事。

自卖后，任从买人发佃居住竖造耕作收租管业，卖人无得生端异说。一卖心休，永不增找取赎。今欲有凭，立此杜卖契，永远公私存照。

王新长　郭兆人　王绥诒
郭汉文　龙池涛　卢蔼瑞
彭和林　王新明　宋少泉
袁鲁卿　郭会云　袁兆敖
见中人　宋仁发　宋林生　鲍子昭
宋炎发　宋和瑞　郭人交
陈勉贤　宋海孙　王洪春
彭子良　鲍俊德　李芳瑞
陈诒福

执笔周文　欣文

光绪三年十二月二十五日郭道熙偕侄恒文、会文　仝笔

今将边冲松江东塘高城等处山场屋宇田土界至开载于后

一处边冲里庄屋壹全栋计六扇五间，连横屋拖陪灰堵粪窖不计间数，其屋上连椽皮瓦盖，中连楼板撑栿门片墙壁窗户，下连地基磉石併出入行路，凡百工造成尽行在内。其界前连毬场鱼塘，后至随檐滴水，左连花土树木，右连菜园行路为界。

一处碓屋壹栋，水碓四张，并碓臼碓座水圳，内用物俱全。四至以契内田为界。

一处窑冲山场一大嶂，并杉杂茶桐竹木，上至高岭逢岭，右边上截至辛人山逢埚直上，下连契内田，上左逢岭倒水至沈人山，左下截连社仔左边逢嘴直上直下，右连契内田为界。

一处窑冲早迟田一百三十把计连十五坵，左上至辛人山并土，右上至沈人山并土，下至行路外宾兴堂田，左连契内山，右至郭人山为界。

一处路下迟田五十把连贰坵，上至宋人田，下至宾兴堂田，左连宋人田，右连契内田为界。

一处边冲社仔背迟田一百六十把计二十坵，上至行路，外连契内田，下至

宋人田，左至沈刘宋三姓田并郭人山，右上截至宋人田，下截至沈人山为界。

一处横路上迟田三十把连五坵，又花土壹片，上至宋人及关王会内田，下至行路外连契内田，左至关王会田，右至郭人田为界。

一处马栏冲迟田六十把相连五坵，上至闻人田，下至宋韩二人田，左至宋沈二姓田，右至郭姓山为界。

一处边冲下笼早迟田共一百十五把计十八坵，上至宾兴堂田东洲书院田，下连契内田，左至张宋二姓田，右连水圳外至郭姓山下截至沈人田为界。一处边冲口路下早田三百把计八坵，上连契内田，下至辛鲍二姓田，左至宋人田、陂会山，又连花土壹片在内，右至江仔为界。以上之田均登本冲小水荫注。

一处高桥庙前早田二十把相连三坵，并洲土壹片，上至郭姓田，下至张姓土，左至张姓田，右至宋人田为界。

一处山石江早田三十五把壹坵，连洲土壹片，上至张人田，下至郭宋二人田，左至邹辛二人田，右至江为界。

一处燕仔窝圳下早田二十把一坵，上至水圳，下至沈人田，左至鲍人田，右至郭人及賓興堂田為界。

一處松江廟門首遲田二十把壹坵，上至賓興堂田，下至橋會田、沈人田，左右俱至宋人田為界。

一處松江廟上早田三十把壹坵，上連水圳，下至辛人塘，左至辛姓田，右至水圳為界。

一處藤仔樹下早田六十把壹坵，上至辛宋二人田，下至王辛二姓田，左至辛郭鮑三姓田，右至王人田為界。

又遲田五十把壹坵，洲土壹片，上至郭王二姓田，下至水圳，左右俱至辛姓田為界。

一處何家灣遲田四十五把二坵，上至郭姓田，下至辛郭二姓田，左右俱至郭姓田為界。

一處東塘塅裡早田九十把三坵，上至僧人田，下至辛姓田，左至辛宋聞三姓田，右至關王會易人田為界。

一處李家橋早遲田壹百把相連四坵，上至宋人田，下至郭人田，左至郭宋二人田，右連水圳在内，外至辛人田為界。

一處東塘堖定子坵早田二十把壹坵，上至宋張二人田，下至辛人田，左至張人田，右至宋人田為界。

一處出山口早田四十把計二坵，上至行路，下至宋人田，左至行路，右至宋人田為界。

一處梘坵早田二十五把壹坵，上至宋人田，下至百子燈會田、王人田，左右俱至辛人田為界。

一處菜園田計十把壹坵，上至郭人山，下至賓興堂田，左至契内屋，右至契内田為界。以上各田水分俱照老契原額蔭注。

卽日批明：該業庄屋四界，前連毬場魚塘，外至賓興堂田，後至郭人山水圳脚為界，左連空基樹木契内田，右連菜園契内田至行路為界。前所批隨簷滴水四字不作行用。再照。

又批明：老契繳交。再照。

又批明：契内等業無論已載未載，均照老契管業。再照。

立杜卖民田契人辛步安祖母、母亲、兄弟等，今因正用无措，合同商议，自心情愿将祖手所创之业，坐落地名二十都三图平山头官陂圳等处早迟田共计四百六十把，计拾伍坵，并官建二陂水蔭注陂水陂圳概行在内，所有田把坵塅界至，凭中踩踏分明，开载契后。以上之业，不留寸土坵角杯泥勺水，扫数出卖。先尽亲房人等，俱各不愿成交，托中召到司背宋恩庆堂向前承买为业，当日三面言定，得授时值该业价银四百六十两正，併提笔画字小包离粮酒醴一切俗规在内，即日契清价楚，其银当中亲手收讫，无欠分厘，不必另立收足帖。及有田上税粮，原载浮米每十把七升，其粮现在东都四图六甲辛荣宗及十四都二图一甲辛柱逢两户内过除输纳。所卖之业，系是正行交易，并非有包卖谋买债算逼勒互混不明等情，未买之先亦无重行典当情弊，如有此情，卖人一力承担，不干承买人之事。自出卖后，任凭买人收归立户，发佃耕作，收租管业，卖人无得异说生端。一卖千休，永无增找取赎。今欲有凭，立此杜卖民田契，永远公私存照。

今将官建陂等处田把坵塅界至蔭注水分开载于后

一处黄子坵早田二十把一坵，上至杨人田，下至契内买人田，左至周人田，右至杨人田。

又早田一百把一连三坵，上至杨喻二人田及契内买人田，下至张人田，左至张人田，右至杨周二人田，登官建二陂水荫注。

一处建陂圳早田九十把一连二坵，上至游人田，下至杨人田，左至陈人田，右至张朱二人田。

一处鸭仔市早田十把大小共二坵，上至喻人田，下至周喻二人田，左至朱人田，右至江，又江边被水打田二十把。

一处黄江洲早田一百把相连二坵，上至喻姓田，下至张杨二姓田，左至喻杨二姓田，右至张姓田。

一处碓场坵并江早田七十五把相连四坵，上至朱喻二姓田，下至杨姓田，左至杨姓田，右至朱喻二姓田。

一处堖头麻塘湾迟田五十五把一坵，上至张李二姓田，下至袁姓田，左至陈游二姓田，右至杨姓田为界。以上各田俱登官建二陂水荫注。

批明：缴老契一纸。再照。

辛恒吉 高厚傅

见中人宋登春 宋洪瑞 寿江

朱锁凤 荣昌

在场祖母辛易氏 母辛朱氏 弟步瀛 步正 步全 步承

光绪三十二年十一月二十日立杜卖契人辛步安 笔

立杜卖民田、山场、屋宇、茶桐、竹木、鱼塘、花土契人汪清泉、钱植连、槙祥等，今因要钱正用，无措出办，合同商议，将祖父手所创及受分之业，坐落地名二十都三图五百坵戏台背早田三十把壹坵，上至喻杨二人田，下至李人田，左至杨人田，右至朱、郭二人田。又坑仔迟田大小一连八坵，上至巢人田，下至李人田，左右俱至喻人山。官陂圳早田壹坵，上至李人田、禁会田，下至周人田，左右俱至周人田、禁会田。义仓侧余地一片，连墈上花土叁片，花果杂树概行在内，上至喻姓土，下至喻人塘，左至喻人花土，右至义会花土、喻人墓山。杨家冲早田一连二坵，上至朱姓田，下至李喻二姓田，左至喻姓花土塝，右至喻人田山。相连泉塘壹口，上至禾苗会田、朱人田，下至禾苗会田、契内田，左至朱喻二人田，右至禾苗会田。又相连早田贰坵，上至契内塘、禾苗会田，下至契内田，左至喻人田山，右至禾苗会田、喻人田，併棕树壹只在内。老屋坑口早田壹坵，上至水圳，外至喻人田，下至李喻二人田，左至朱喻二人田，右至水圳，外至喻人山。又早田壹坵，上下俱喻姓田，左至喻人山，右至喻人田。樟树笼早迟田相连叁坵，上至喻人田，下至朱人田，左至喻人田土，右至朱喻二姓田。老屋冲早田相连三坵，上至水圳，外至行路，下至喻人田，左至行路，右至喻人田。老屋坑早田相连二坵，上下俱至喻人田，左至喻人山，右至芒神会田、喻人田。老屋坑迟田一连七坵，上至朱人田，下至朱喻二人田，左至行路，右至朱人田。又圳背田壹小坵，上下俱至喻人田，左至喻人田，右连契内行路及契内田。以上之田共计贰百三十二把，其荫注水分均照原额老路。禁山埚瓦盖庄屋壹全栋，併拖陪六扇五间，屋后竹木杉杂茶桐山壹大嶂，上逢岭顶倒水，外至喻人山，下至朱喻二人田，左逢岭倒水，外至喻人山，右至杨人山逢岭直下。以上四至凭中踩蹈分明，自界内凡属五行所成，百工所造，连田塝、田底，无论已载未载，不留寸土寸木，杯泥块石，扫数尽行出卖。先尽亲房人等，俱各不愿承交。托中召到司背宋恩庆堂向前承买为业，当日三面言定，得授时值库秤银壹百三拾伍两正，併提笔书字俗规酒醴一概在内。即日银契两交明白，其银亲手收讫无欠。及有田上税粮，原载浮米每十把七升，其粮现在东都三图六甲汪崇寿户内过除壹百把正，其余在二十三都一图十甲钱启宇户内过除六十壹把半，又十八都七图三甲钱正奎户内过除六十二把，止与买人收归入户输纳。此业系正行交易，并非债算逼勒，包卖谋买，来历不明等情，倘有此情，卖人一力承担，不干买人之事。自出卖后，任从买人发佃耕作收租管业，一卖千休，永无找取赎。恐口无凭，立此杜卖契，永远公私存照。

宋文瑞　汪元盛

王文长　汪元煌

见中人高厚傅　汪大珠

宋登春　钱树梅

鲍意祥　汪占妹

执笔汪清泉　接笔钱植祥

光绪三十二年十一月廿日汪清泉 钱植连　植祥

批明：汪姓缴老契一纸。存照。

又批明：钱姓老契因有业相连，未缴。再照。

财政部执照

为给照执业事，今据江西省财政厅详报，万载县人司背宋大祠承买坐落万载县司背宋大祠前地方，官有常平仓废基，烂板屋料在内，除由该县登记承买官产薄第二十册第二十三页，并将该官产四至、丈尺亩、间数暨应缴价值分款开列外，合行给发执照。须至执照者。计开四至，东至行路，西至宋姓屋，南至八隅社仓，扎至宋姓墙，计七百七十号正，共价银英洋肆百元正，带收照册经贷英洋拾贰元壹角正。合并遵照。

右给承买人司背宋大祠　准此

中华民国八年一月二十八日　立

万载县政府于民国十四年验契案内验讫

立倒花土约人宋联袂、月珍，今因要钱正用无措，叔侄商议，愿将祖父手所创之业，坐落地名四都二图圳上畲花土壹片，上至王人土，下至王人土，左至王人土，右至阳人土为界。又一处屋场花土壹大片，上至刘人土，下至江塴水脚，左至阳人土，右至刘人土为界。又一处花土壹大片，上至王人山，下至刘人土，左至刘人土，右至买人山水圳行路为界。又一处花土壹大片，上下俱至王人土，左右俱至刘人花土为界。以上之业，扫数出倒，托中召到司背宋大祠向前承倒为业。当日三面订定得授时值业价钱叁拾捌千文正。即日钱约两交明白，入手收讫，不欠个文，不必另立收足帖。所倒之业，系正行交易。未倒之先，并无重行典当债算逼勒等情。自出倒后，任从承倒人发佃耕作，开垦收租管业，出倒人决无异言。一倒千休，永无增找取赎。恐口难凭，立此倒花土约，永远为据。

见中人宋华福　茂全

冬苟　毛苟

民国十三年十二月十六日立倒花土约人宋联袂　月珍　笔

即日批明：约内有阳姓花土一小土片。再照。

又批明：约内有坟墓贰塚。再照。

礄祠契券

立賣契司背宋大祠京兆堂，缘因公财不敷，要钱正用，无措出辦，族衆公議将祠所管地名明德坊常平倉前店房贰间壹连三进，上連椽皮瓦蓋，中连楼板□栿門壁，下连石磉地基。其界至，前至官街，后至河墈，左至大祠店，右至大祠店。憑衆出賣與宋雙虹礄祠管业，当日得受时值價錢叁百千文，入手无欠。所賣之业，係是衆心自愿，并无盜賣谋買，債算准折等情。自賣之後，任從礄祠收租管业。立此存照。

蔚起　汝扳　体健

方正　清圆　敬修

见族房新甫　才宏　德纯

绍卿　奇祥　步占

近光　洪兰　成玉

瑞祥

乾隆四十六年十月二十四日　族房鸿卓代笔押

立杜賣房屋基址契人劉會文、步禹仝姪啟瑞兄弟等，今因正用无措，兄弟商議，自心情原将己手梯買坐落地名明德坊孫家巷口，與宋雙虹礄祠合管房屋上中下三栋，并過廊游巷等项。又大门外砖墙背園土壹片，屋後砖墙外園土壹片，屋侧左右砖墙外上截書屋一栋，石屋一所。又屋侧右邊砖墙外下截空场一所，门楼屋一栋，门楼内倉场土壹片，门楼外空场一片，以及前后左右上中下廳面天心等项，俱各一半。又已另買管屋后衆園外園壹只。以上之业，俱上连椽皮瓦蓋，中併楼栿门壁窗户，下连石磉地脚各石墙，以及界至，俱照老契管业，扫数要行出賣。先儘亲房人等，俱各不愿承交。请中召到宋雙虹礄祠向前承買为业。当日三面得授时值价纹银五百两正，併畫字小包一併在内，其银即日入手收訖，无欠分厘。所賣之业系是正行交易，并非包賣谋買，債算准折不明等情。自賣之後，任從買人管业无阻，賣人并无遣下寸土寸木，片砖塊石瓦角。一賣千休，永无增贖。今恐无憑，立此杜賣契，永远公私存照。

见中人辛凤超　郭金池　杨永年

执笔人刘步禹

乾隆五十五年五月初三日立杜賣契刘会文筆押仝姪啟瑞方谷尊山俱押

批明：契内价银一并收足。再照。

（附注）上项之业，于嘉庆二十五年改作当铺。

立杜卖房屋基址店房契人辛鸣甫仝侄科元、洪元、儒珍等，今因正用无措，母子叔侄商议，自心情愿将承父手受分己手梯买坐落地名明德坊孙家巷口，与刘姓合管房屋上中下三栋，并过廊游巷等项。又大门外砖墙背园土一片，屋后砖墙外园土一片，屋侧左边砖墙外上截书屋一栋，石屋一所。又屋侧右边砖墙外下截空场一块，门楼屋一栋，门楼内仓场土一片，门楼外空场一片，以及前后左右上中下厅面天心等项，俱各一半。又已管孙家巷口店房二间，并店后土库内空土一块，仓场土内杉皮屋一间，上连椽皮瓦盖桁条，中连楼板乘枨门壁牖户，下连石磉地基，以及正屋书屋店房四围内外砖墙，要行出卖。先尽亲房人等，俱各不愿承交。托中召到宋双虹桥祠向前承买为业，当日三面得授时值价纹银三百八十两正，并画字小包一并在内。其银即日入手收讫，无欠分厘。所卖之业，系是正行交易，并非包卖谋买，债算准折，逼抑不明等情。自卖之后，任从买人管业，卖人并无遗下寸土寸木，块石片瓦，永无异说生端。今欲有凭，立此杜卖契，永远公私存照。

见中人 郭金池 陈锦云

郭人龙 宋攀桂

见卖堂叔懿会 堂兄再甫 彰甫

见母潘氏 春侄乾元

乾隆五十年十二月二十六日辛鸣甫笔 仝侄洪元 科元 儒珍俱押

计开界至于后

正屋后至刘人宋人土为界，右至上截至龙江山庙为界，下至庙前大路为界，左至孙家巷大路为界，前至各姓店后墙为界。上栋东边正房四间，厅面一半。

中栋西边上截正房两间，过廊一间，厅面一半。下栋东边上截正房两间，过廊一间，西边正房四间，过廊一间，厅面一半。书屋西边正房两间，厅面一半。石房二间半。店房两间，后至郭姓店后墙为界，右至各姓店后墙为界，左至仓场土为界，前至官街为界。

并缴老契叁纸，分约贰纸。已上各业俱照老契分关管业。再照。

（附注）上项之业于嘉庆二十五年将屋宇基土改作祠宇，店房二间改作一间。

（附）郭南轩搭扇合同约于后

立合同约人郭南轩众可高、成生，缘我南轩众与宋姓硚祠众管有明德坊店房相连，宋姓店坐右，砌有砖墙并墙角。今我南轩众更造新店，左边寄搭扇料于宋姓硚祠墙上。当日三面言定，我南轩众出过钱四十千文正，与宋硚祠众亲手收讫，以帮永远寄搭扇料，日后我南轩众不寄扇，亦断不向宋姓取转钱文。恐口无凭，立此合同约贰纸，各执壹纸为据。

王隆兴押

见中人郭少宗押

郭增连押

光绪二十二年三月二十日郭南轩众 郭可高、成生押笔立

立绝卖契司背京兆堂，缘因先年修祠欠账，无措办偿，合族公议将祠所管明德坊店房三间计四扇，上连椽皮瓦盖，下连石磉地基一并在内，凭众出卖与宋双虹硚祠管业。当日得受时值价纹银一百两，收讫无欠。自绝卖之后，任从硚祠永远收资管业。立此存照。

若彩 宾周 绍年 令德

明俊 君上 琴材 善美

伯选 垂统 藩成 绍文

见族长克仁押 方周 瑞祥押

谦吉 绣章 金翅 成立

佐卿 宗季 清园 长清

乾隆十二年三月初三日 代笔首选笔押

立杜卖基土契人宋伯玉仝侄学古、学铭，侄孙彭龄伯叔兄弟叔侄公孙等，合仝商议，自心情愿将祖手所管坐落地名明德坊仓前硚屋后基土一片，上至行路，下至硚屋墙，左至行路，右至硚屋墙为界。以上四至分明，不留遗下寸土，扫数要行出卖。先尽亲房人等，俱各不愿承交。托中召到宋硚祠众向前承买为业。当日三面言定，得授时值价钱二百五十千文正，连画字小包酒礼一并在内。其钱即日收讫，无欠分文，钱契两交明白。所卖之业，系是正行交易，并无谋买逼抑不明等情。自卖之后，任从祠众开垦竖造管业，决不生端异说。今欲有凭，立此杜卖契，永远公私存照。

应占 时立 均怀 宗元
梦珍 步青 彩云 体仁
见族房新元 会云 冬青 凤兰
承云 金步 煌清 晓云
学高 璜贵 应善
良成 仪富 桂福 有凤
在场仝卖集福 允中 鲁珍 金凤
昌泰 闻义 学荣 余庆
仪荣 仪瑞

嘉庆二十五年六月初三日 伯玉 学铭 彭龄俱押 代笔 学古 笔

契内价钱并底，即日收讫，无欠分文，未另立收帖。再照。

老契未缴，日后寻出 不得行用。再照。

（附注）上项之业竖造当铺

立永卖契人刘占春同侄首元，为因正用无措，伯侄商议，二人自心情愿将承父手受分地名建安坊双虹桥头店房二间，并店侧吊楼一间，共计三扇共大小三间，上连椽皮瓦盖，下连石磉地基，中连门壁铺面，前至官街，后至刘世掌店，右至刘世掌店，左至江，其吊楼后仍照正店并派界限。以上四至分明，要行出卖。先侭亲房人等，俱各不愿承交。托中召到宋双虹桥祠向前承买，当日三面得受绝价纹银九十三两正。当日人手无欠，即日银契两缴明白。所卖之店，系是正行交易，并非包卖谋买不明等情。自卖之后，任从买人管业，另发开张。

一卖千休，永不回赎。今欲有凭，立此绝卖，永远公私存照。

及店房并土堑阶乱石吊楼各处杂板等项，俱各尽行出卖，伯侄并无遗下寸土寸木片瓦块石。再照。

辛声远　　刘元点

见中人高殿赡　押　　龙明显　押

张曦若

见父文杰叔世掌押　　见男绍宗押

代笔弟思万押

乾隆十二年二月二十二日　　刘占春押　　侄首元等 立

（附注）后改作两间

立杜卖基土契人宋名珍、梦珍、云孙、树云、恩元、维藩伯叔兄弟叔侄公孙等，合同商议，自心情愿将祖手所管坐落地名明德坊仓前桥屋后基土一片，上至行路，下至桥屋墙，左至行路，右至桥屋墙为界。以上四至分明，要行出卖，先侭亲房人等，各不愿承交。托中召到宋桥祠众向前承买为业。当日三面言定，得授时值价钱六十五千文正，连画字小包酒礼一并在内。其钱即日收讫，无欠分文，钱契两交明白。所卖之业，系是正行交易，并无谋买逼抑等情。自卖之后，任从祠众开垦竖造管业，决不生端异说。今欲有凭，立此杜卖契，永远公私存照。

晓云　应占　金步

瑞云　均怀　步青

见族房彩云　时立　冬青

承云　宗元　学高

连云　会云　应善

煌清　体仁　新元

凤兰

在场同卖连祖　福贵　元泰

耀孙　璜贵　宋汪氏

代笔高桂押

嘉庆二十五年六月初七日名珍、梦珍、云孙、树云、恩元、维藩押立

契内价钱并底即日收讫，无欠分文，未另立收帖。再照。

老契有业相连，未便缴交。再照。

（附注）上项之业竖造当铺

立杜卖店房契人宋定瑞，今因要钱应用，无措出办，母子商议，自心情愿将祖手所创父手受分所管建安坊双虹桥学门首店房全栋，上连椽皮瓦盖，中连楼板□栿门壁间扇铺面俱全，下併石磉地基，前至官街，后至河，左至宋姓店，右至宋姓店。凭中踩踏四至分明，扫数要行出卖。先侭亲房人等，俱各不愿承交。托中召到宋桥祠向前承买为业，当日得受时值价银二百两正。其银即日兑清无欠，不必另立足贴。所卖之业係是正行交易，并无债算准折逼抑不明等情。未卖之先，亦无重行典当，倘有来历不明，卖人一力承担，不干买人之事。自卖之后，任凭买人永远收租管业。一卖千休，永无增赎。今欲有凭，立此杜卖契，永远公私存照。

有才　裕仁　仕和

赠廷　元章　珠林

见中人宋招发　宋富发　宋菊元

连祥　恰孙　文祥

佩谦　珠云　毛苟

良元　元杰　考林

应和　开庆

同治三年十二月二十日立杜卖店房宋定瑞押亲笔

立杜卖店房契人宋燸熜，今因正用无措，将父所创坐落地名万邑城内明德坊仓前上下贰栋店房壹所，上连椽皮瓦盖，中连楼板□栿，下连石磉地脚，店门铺柜等项毫无刻除，前连滴水官街，后连石墙至买人店，左连石墙木壁至宋大祠店，右连石墙木壁至买人店。以上四至分明，要行出卖。先侭亲房人等，无人承交。托中召到宋桥祠承买为业，得授价钱一百千交正。其钱即日收讫，不欠分文。未卖之先，如有重契典当，卖人一力承担清理。既卖之后，任凭买人租发开张，宋大祠止收地租钱六千文，以外无得异说。今欲有凭，立此杜卖

契，永远公私存照。

宋禄孙　辛兴祥　贻孙

见中人宋聊祥　宋绍发　宋宝林

谌芋牙　鲍年高　长林

增瑞

在场母宋谌氏

同治十二年八月初八日　　宋燸熜　笔立

立永卖田契嗣孙文仪，今因要钱正用，无措出办，自心情愿将父手受分坐落地名高车象形山下旱田拾把一坵，静土庵背旱田十把二坵，要行出卖。托中召到宋硚祠向前承买，当日得受时值价钱九千六百文正，即日入手收足，无欠分文。田上税粮原载浮米一斗四升，现在西都一图二甲宋学子户内过除。所卖之田，系是正行交易，并非包卖等情。自卖之后，任从买人收归立户管业，卖人永无异说。自欲有凭，立此卖契，永远存照。

见中人清园　明俊押

朞侄不牯押　金龙押

乾隆四十二年十二月二十日　　嗣孙文仪笔押

立永卖契嗣孙宋文仪，今因要银正用，无措出办，自心情愿将承父手受分地名宋家畬樟树下塘一坵，上至宋人田，下至辛人田，左至宋人田，右至王姓山脚为界。以上四至分明，凭中出卖与宋双虹硚祠为业，当日得授时值价钱十千文正。即日入手，无欠分文。所卖之塘，系是正行交易。自卖之后，任从祠众放水管业，卖人永无异说。今欲有凭，立此永卖契，永远存照。

见中人宋绍卿押

乾隆四十年十二月二十四日　宋文仪笔押立

立永卖契人辛庆春、庆联兄弟等，今因要银正用，自心情愿母子商议，将己所买旱迟田一百二十把，坐落地名宋家畬樟树下田三十把二坵，上至塘，下至宋人田，左右俱至宋人田。屋后井边五把一坵，下至宋人田，右至大路，左至山塆为界，后至塆。汪家门首柏树背田十把一坵，上至水圳，下至汪人田，左至河，右至山。老虎冲田十五把三坵，上至山，左右俱至山，下至宋人田。

石板塅庐茅里田四十把一坵，上至宋人田，下至鲍人田，左至郭人田，右至宋人田。蚁冲口二十把四坵，上至郭人田，下至汪人田，右至宋人田，左至郭人田。以上四至分明，要行出卖。先侭亲房人等，俱各不愿成交。凭中召到司背宋砎祠向前承买，当日得授时值价钱五十千零八百文正。即日入手，无欠分文。田上税粮原载浮米八斗四升，现在东都四图四甲辛庆春户内过除。所卖之田，系是正行交易，并非包谋不明等情。自卖之后，任从买人发佃收租管业，卖人永无异说。今欲有凭，立此卖契，永远存照。

宋文仪

见中人郭永怀押

陈锦云

乾隆四十四年十一月二十四日　辛庆春笔押立

当日老契并缴。再照。

立永卖契人汪能述、则威仝侄绍子、松子、结子等，今因正用无银，兄弟叔侄母子商议，将承祖手受分地名宋家畲石板塅早迟田三百一十把，并黄泥坑车水塘四股之一，又门首鱼塘二十把计一坵，要行出卖。先侭亲房人等，无人承交。凭中召到司背宋双虹砎祠内人等，向前承买为业，当日三面得授时值价纹银一百八十五两正，即日入手无欠。其田原载浮米二担三斗一升，其粮现在十八都一图四甲汪有德、三元户内过除。自卖之后，任从买人永远收租管业无阻。此系正行交易，并非包卖逼抑债算等情。今欲有凭，立此永远存照。

辛六生　易德昌

见中人汪运开　易日华

汪良州　宁州

全州

计开田把坵塅

老虎坑二十五把四坵

汪姓屋侧早田二十五把二坵

江下早田二十五把三坵

西门早田三十把大小四坵

黄泥坑早田二十把二坵

石塅汪姓庄屋门首侧早田三十把一坵

塘仔坵早田四十把大小四坵

桥仔头早田十五把三坵

绵弓形早田五十把三坵

枫柱坑迟田十五把二坵

大原里迟田四十把三坵

门首鱼塘一坵二十把

并小菜园一块

仝母孙氏　　同侄绍子　　松子　　结子俱押

乾隆二十六年十二月十一日　汪则威笔　　同兄能述押　　立

立永卖契嗣孙宋华云同弟祥云，今因正用无措，母子兄弟商议，自心情愿将承祖父所创地名中车塅李家塅窑口等处早迟田四百七十五把，并庄屋横

屋猪橺牛栏地基空土口土菜园鱼塘山场杉杂竹木等项，连筒车荫注水分水圳尽行在内，并无遗下寸土寸木，要行出卖。托中召到司背宋双虹砎祠向

前承买为业，当日得授时值价钱二百四十千文，即日入手足讫无欠，契交祠众收执。田上税粮原载浮米三石三斗二升五合，其粮现在酉都一图二甲宋启涛户内过除。所卖其田系是正行交易，并非包卖谋买债算准折逼抑不明等情。自卖之后，任从祠众收归立户输纳，发佃耕作管业收租无阻，卖人无得生端异说。今欲有凭，立此永卖契，永远公私存照。

周盛机

见中人杨正当押

刘清宇

才宏 清园

见堂伯叔廷望 新圃押

汝攀 景开

见堂兄弟儒宗 锦云俱押

乾隆三十七年十二月二十四日 华云笔押 祥云笔押

计开 平圳口四十把三坵，蓝家田三十把一坵，长坵四十八把一坵，路下二十把一坵，边坵二十五把一坵，黄沙垅八十五把二坵，窑口三十把一坵，三角口十把一坵，过水坵二十把一坵，天井坵十把一坵，牛丫坵十五把一坵，双元车三十把一坵，剃刀坵二十把一坵，曲口四十把一坵，月形山下三十把一坵，庄门首三十把三坵。

立永卖田契人吴昌行，今有父手受分地名中车塅黄沙垅早田五十把一坵，上至李人田，下至吴姓田，右至李姓田，左至圳上，车第五次水，分先一找，并陂车大小杩木一应在内。要行出卖，先侭亲族人等，不愿成交，凭中召到司背宋硚祠众向前承买为业，当日三面得授时值价钱三十七千六百文正。当日钱契两交明白，无欠分文，并小包各项在内。田上税粮原载浮米三斗五升，现在二十都二图三甲吴朝安户内过除。所卖之田，系是正行交易，并非包卖谋买逼抑准折等情。自卖之后，任从买人收归纳户管业，发佃耕作，卖人无得异说。一卖千休，永无增赎。今欲有凭，立此卖契，永远存照。

见中人杨正常 李开春俱押

易德昌 吴朝球

见卖胞兄吴忠行押 德行押

代笔胞兄梓材

乾隆三十九年十一月二十五日 吴昌行笔押

立永卖契人揭月生，今因无银正用，无措出办，将己手梯买坐落地名二十都五图沙潭李家埠车头源水坑尾等处庄田三百零二把半，连庄基蔭塘莱园空基荒熟花土山场，尽行出卖。先侭亲族人等，俱各不愿成交。凭中召到司背宋蹫祠向前承买为业，当日得授时值价银九十两正，并小包酒水在内。即日银契两交明白。田上税粮，原载浮米二担一斗一升七合五勺，其粮现在一都二图八甲揭月生户内过除输纳。所卖其田系是正行交易，并非包谋不明等情。自卖之后，任从宋人发佃，收租除粮，归户管业，卖人无得异说。一卖千休。今欲有凭，立此永卖契，公私存照。

郭宪颁 杨正常

见中人宋绍兴俱押

陈锦云 陈锦远

计开田把坵塅，俱照老契管业。

蔭注塘三口，山场屋基菜园荒熟花土，原与李丝二平管

代笔孙仁民押

乾隆四十一年十月初二日　　揭月生笔押

光绪三年踩踏沙潭李家埠等处田把界至

车头开券旱田二十把二坵，上至李人山，下至契内土，左至刘人土，右至契内土。

又相连土三大片，上至李人土水圳，下至契内田，左至契内田，右至渡会土。

又花土一片，上至水圳，下至渡会土，左至水圳，右至李姓土。

又开券旱田五把，上至契内田，下至谌人田，左至刘姓土，右至契内土。

又旱田四十把二坵，上至谌人并渡会田，下至水圳辛人田，左至李人山，右至契内田。

又旱田五把相连二坵，上至契内田土，下至谌姓田，左至刘姓田，右至契内土。

又旱田二十把一坵，上至李姓山，下至渡会田，左至李姓山，右至刘姓田。

沙田里旱田二十把一坵，上至李姓土，下至水圳，左右俱至李姓土。

车头湾旱田七十把相连三坵，上至朱姓田，下至谌李二人田，左至李姓山，右至李姓山。

炭山埚旱田二十把一坵，上连契内土一片并李人土，下至谌姓田，左至水圳，右至李姓山。

又旱田二十把一坵，上至谌人田，下至李人土，左至水圳，右至谌人田。

又旱田十把一坵，上至李人土，下至安泰仓田，左至水圳，右至谌人土。

又旱田三十把一坵，上至安泰仓田，下至水圳，左至水圳，右至水圳李姓土。

埚口旱田五十把二坵，上至行路，下至高人田，左至李人山，右至谌人土。

又迟田五把一坵，上至高姓田，下至水圳安泰仓土，左至塘，右至水圳。

界背早田十把一坵，上至谌姓田，下至辛姓田，左至杨人田，右至水圳。

月形山下早田三十把一坵，上至谌姓田，下至龙姓田，左至月形山，右连契内田。

又早田十把一坵，上至李姓田，下至渡会田，左至龙姓并契内田，右至杨姓田。

湖圳口早田四十把二坵，上至李姓田，下至李人田并水圳，左至吴姓田，右至谌姓田。

三角口早田十把一坵，上至水圳，下左俱至吴姓田，右至行路。

牛丫坵早田十五把一坵，上至辛姓田，下至辛人田，左至水圳，右至江埁。

上五斗早田五十把一坵，上至文会田，下至李姓田，左至水圳，右至李人田。

下五斗早田五十把一坵，上至契内田，下至易人田，左至李姓田，右至杨人田。

下三斗早田三十把一坵，上至李姓田，下至杨人田，左至易人田，右至杨谌姓田契内田。

上三斗早田三十把一坵，上至谌姓田，下至水圳，左至契内田杨人田，右至行路。

长坵早田四十把一坵，上至张姓田，下至辛姓田，左至水圳，右至易姓田。

圳边早田二十把一坵，上至水圳，下至谌人田，左至李人田，右至水圳。

圳背早田三十把一坵，上至文会田，下至水圳，左至水圳，右至吴姓田。

江埁上早田三十把一坵，上至吴人田，下至辛人田，左至水圳，右至江埁吴姓田。

社仔背早田二十把一坵，上至水圳，下至水圳，左至李人田，右至水圳。

镰刀坵早田四十把一坵，上至水圳，下至李人田，左至李姓田，右至谌人田。

窑口三十把一坵，上至辛姓田，下至契内田，左至塘仔，右至易姓田。

庄屋门首早田三十把相连三坵，上至契内田，下至易谌二人田，左至契内山脚，右至易人田。

又荫注塘一坵。

庄屋一栋六扇五间，左右落厫申首拖陪，屋后前毬场菜园，屋后山一大嶂，杉杂茶桐竹木花果荒熟花土在内。其山后至行路，左至行路，右至本姓山为界。

立永卖人宋盛光，今因正用无措，自心情愿将承祖手受分坐落地名黄田庙背下二十把一坵，茶坑中二十把一坵，黄石下四十把一坵，店仔前大路上十把一坵，社下二十把一坵，欧塘里七十把一坵，戴坡上下二十把一坵，共计早迟田二百把，要行出卖。先侭亲房人等，俱不愿成交。凭中召到本族双虹桥祠向前承买为业。当日得授时值价钱壹百贰拾伍千文正。即日入手收讫，无欠分文。田上税粮原载浮米壹担四斗，其粮现在西都一图二甲宋珍孙户内过除。所卖其田，系是正行交易，并无谋买包卖逼抑准折债算不明等情。自卖之后，任从祠内收归输纳，发佃收租管业无阻，永无异说生端。令欲有凭，立此永卖契，永远公私存照。

汪敏行 佑昤

见中人宋体健 自宏均押

冬青 来仪

见胞兄有光 吉光

近光 重光 均押

见卖母汪氏押

乾隆四十八年十二月十五日　宋盛光笔押

立绝卖契嗣孙仲光，今因正用无措，自心情愿将承父手受分坐落地名黄田早田一百三十把计六坵，四至开后，要行出卖，先侭亲房人等，俱各不愿成交，凭中召到本族双虹桥祠向前承买为业，当日三面得授时值价钱九十六千文正。其钱即日入手应用，钱契两交明白，无欠分文。田上税粮，原载浮米九斗壹升，现在西都一图二甲宋纶陞户内尽除。所卖之田，系是正行交易，并无谋买包卖债算准折逼抑不明等情。自卖之后，任从祠内收归输纳，发佃管业，永无异说生端。今欲有凭，立此绝卖契，永远公私存照。

计开丘塅界至于后

东湾旱田三十把二坵，上至僧人田，下至宋人田，左至江，右至陂田。

乔坵旱田四十把一坵，上至邓姓田，下至路，左至陈姓田，右至刘姓田。

九十把黄土坵下旱田二十把一坵，上至郭人田，下至鲍人田，左至鲍人田，右至周人田。

狮形下旱田十把一坵，上至江，下至宋人田，左至宋人田，右至路。

胡芦坵旱田三十把一坵，上至曾姓田，下至祠内田，左右俱至塝。共计六坵。

即日钱契两交明白。再照。

见中人 宋克勤 佑苓俱押

汝扳 体健

见兄 盛光 吉光

近光 有光 俱押

乾隆四十九年十一月初二日 仲光笔押接笔兄吉光仝立

立杜卖田契人欧阳义兴，今因要钱正用，无措出办，母子商议，自心情愿将父手所管坐落地名花塘塅仔背井坵旱田四拾把一坵，东至谭姓田，南至圳，北至韩姓田，西至圳下；屋门首旱田十把一坵，东南至圳，西至路，北至伍姓田；榨前大路边旱田三十五把一坵，东至韩人田，南至韩人田，西至邓人田，北至路，俱是枧水照圳蔭注。已上四至分明，要行出卖。先侭亲房人等，俱各不愿成交，托中召到宋硚祠向前承买为业，当日三面得授时值价钱一百二十千文正，并离粮酒水画字小包一并在内，其钱即日入手收讫，无欠分文，钱契两交明白。田上税粮原载浮米五斗九升半，其粮现在二十都一图五甲欧阳渡户内过除，与买人收归立户输纳无阻。所卖之田，系是正行交易，并非包卖谋买逼抑债算准折不明等情。自卖之后，任从买人发佃耕作管业，卖人无得生端异说。今欲有凭，立此杜卖契，永远公私存照。

见中人龙定澜 谭奇珠

韩义伦 韩绍元俱押

嘉庆十六年十二月初七日 欧阳义兴笔押

及有井坵老契有业相连未缴。再照。

立杜卖田契人阳义兴，今因要钱正用，无措出办，自心情愿将承父手所管坐落地名淰坡塅心早迟田一百把相连三坵，上至庵田，下至圳外阳姓田，左至阳姓，右至阳姓田为界。又一坵，四至俱至阳姓田为界。以上凭中踩蹈四至分明，其水分登雷陂水蔭注，不留余下盃土勺水，要行出卖。先侭亲房人等，俱各不愿成交，托中召到司背宋硚祠向前承买为业。当日三面议定，得授时值价钱一百四十八千文正，并离粮酒水画字小包一概在内。其钱即日清手收讫，无欠分文。田上税粮原载浮米七斗，现在二十都一图欧阳瑞阳、绍七、欧阳渡三户内过除输纳。所卖之田，系是正行交易，并非包卖谋买、债算逼抑等情。未卖之先，并无重行典当，亦无丝毫不明等情。如有不明，不干买人之事，卖人一力承担。自卖之后，任从买人收归立户，发佃耕作管业，绝不生端异说。一卖千休，永无取赎。今欲有凭，立此杜卖契，永远公私存照。

龙腾云　韩文彩

见中人阳仁兴　谭奇珠 均押

宋黄贵　宋承雲

嘉庆二十三年十二月二十二日　　阳义兴笔押

批明：契内价钱并补底串，一并足收，无欠分文，不必另立足帖。再照。

老契分关有业相连，未便缴交。

立杜卖民田契人宋元吉，今因要钱正用，无措出办，母子商议，自心情愿将承父手所创坐落地名花塘小水塅芜塘边早田三十把一坵，上至行路，下至城隍庙田，左至龙姓田，右至韩姓田；又小水墈早田二十把一坵，上至图会田，下至韩人田，左至韩人丁会田，右至丁会田；又十把一坵，上至谭姓田，下至韩姓田，左至水圳外龙姓田，右至韩姓坟山为界。其荫注三十把芜塘桐车水十四分之一，二处三十把俱登枧水荫注。以上四至踩蹈分明，扫数要行出卖，先侭亲房人等，俱各不愿成交，托中召至宋硚祠向前承买为业，当日三面得授时值价钱六十六千文。其钱即日入手收讫，无欠分文，不必另立足贴，并离粮酒礼画字各项小包一并在内。田上原载浮米每十把七升，其粮现在西都一图二甲宋发科户内完纳。自卖之后，任从买人立户过除，发佃收租管业。所卖之田，系是正行交易，并无债算逼抑包买卖谋买重行典当等情，如有此情，卖人一力承担，不干买人之事。一卖心休，永无增赎。今欲有凭，立此杜卖田契，永远公私存照。

赠廷　　连成　　汪元祥

见中人宋珍发俱押　　宋有才　　宋菊廷 俱押

贵才　　文祥

在场母宋李氏

同治三年十二月十四日　　宋元吉押　　仝立

立永卖田契人龙垂绅，今因要钱正用，无措出办，夫妇母子商议，自心情愿将承祖手授分管地名呼田小塘冲早田二百七十五把，并荫注塘一口在内，樟柱下早田二十二把半，神岭下尾迟田六十把，上炉龙姓对门早田四十把，又上炉门首腊柱下迟田三十把，琉璃塅斗碓坵早田二十把，朱林头早田十五把，屋仔厂场早田五十把，庙下早田二十把，又早田四十把，张家墓早田二十把，破园田书屋侧早田十把，又五把江墈边早田十把，共计早迟田六百一十七把半，要行出卖。先尽亲房兄弟人等，俱各不愿成交，托中召到宋研祠向前承买为业，当日三面得授时值价钱六百一十千文。其钱即日亲手收讫，无欠分文，并画字酒水小包俱各一概在内。田上税粮原载浮米四担三斗二升二合半，其粮现在二都二图五甲龙时乘、文飞、克远、垂绅四户内，与司背宋双虹研祠倒户过除输纳。所卖之田，系是正行交易，并无包卖谋买债算逼抑准折不明等情。自卖之后，任从买人收归立户，发佃耕作管业，卖人无得生端异说。一卖千休，永无增赎。今欲有凭，立此卖田契，永远公私存照。

计开界至坵塅于左

小塘口大路上早田四十把二坵，上至龍姓田，下至雜姓田，左至路，右連水圳至雜姓田為界，老契相連未繳。

小塘冲早田二佰三拾五把併塘一口十四坵，上至宋鄧二姓田，下至龍姓田塘仔，左右俱至山為界。

上樟樹下早田二十把半連二坵，上至袁人田，下至王人田，右至巢姓田，左至龍人田為界。

承嶺下尾即毯毛堝遲田六十把連十九坵，上下俱至宋劉二姓田，左至龍人田，右至山為界，老契有業相連未繳。

上爐龍姓對門早田四十把連五坵，上至龍姓田，下至張人田併行路，左至龍姓田塘，右至龍姓田為界。

又龍姓門首腦柱下遲田三十把連三坵，上至渡會田，下至宋人田，左至龍人山腳，右至雜姓田為界。

琉璃塅即斗碓坵早田二十把三坵，上至雜姓田，下至魚三會田，左至路，右至江仔為界。

朱林頭早田十五把壹坵，有界禾六行在宋人田內，上至山，下至龍宋二姓田，左至何人田，右至宋龍二姓田為界。

屋仔場早田五十把連塘二坵，上至陳人田，下至何姓田，左至陳人田，右至宋劉二姓田為界。此處老契未繳，日後予孫尋出，不得行用。

廟下早田廿把一坵，上至路，下至張陳二姓田，左至渡會田，右至劉人田為界。

又廟下早田四十把連五坵，上至劉人田，下至水圳宋人田，右至劉人田小江，左至陳人田為界，水口車水分蔭注。

張家墓二十把一坵，上至墳山，下至張姓田，左至宋姓田，右至汪姓田為界。

破菌裡書屋側早田拾把一坵，上下左右俱至龍姓田，老契相連未繳。

又早田五把一坵，上至龍姓菌坳，下至龍姓田，左至龍姓菌埁，右至龍姓田為界。

店仔門首江坳邊早田十把一坵，上至龍姓土，下至龍巢二姓田，左至龍人菌埁，右至龍人田為界。

宋學高　龍輝如

宋紹興　　耀如

見中人周俊彥　袁芳甫俱押

龍炳如　宋來清

錦湖　喻貴牙

巢月紅

嘉慶六年十二月二十日 龍垂紳筆押 立

立杜賣民田屋宇山場等業契人龍福貴，今因要錢正用，無措出辦，母子商議，自心情愿將承祖手所管坐落地名二都二啚呼田鳳雞山上土磚瓦屋一全棟，四扇三間，右邊落厫一長間，右邊伸首廳一間，左邊横屋四扇三間，毬場門樓，右邊菜園一隻併灰屋糞窖，其屋上連樑枋桁櫞椽皮瓦蓋，中連樓板□栿門窗戶壁檻柵間扇，下連石磉地基天井堦石□磚門樓，外毬場連行路下，右邊菜園一大片，四圍餘基餘土，屋後山一大嶂，楓樟杉雜茶桐竹木花菓等柱，旱田七十把，掃數盡行出賣，不留寸土寸木，片磚塊石，勺水坵角，先儘親房人等，俱不願成交。托中召到宋礄祠向前承買為業，當日三面得授時值價錢壹百捌十六千文正，併畫字小包酒禮一併在內。其錢即日親手收訖，不欠個文，錢契兩交明白。其田原載浮米四斗九升，其糧現在二都二啚五甲龍垂萬戶内過除，輸納無阻。田山界至開載契後，不必另立足帖。所賣之業，係是正行交易，並非包賣謀買逼勒準折債算等情。未賣之先，並無重行典當，倘有不明，賣人一力承躭，不干買人之事。自賣之後，任從買人開墾竪造，發佃收租，賣人無得生端異說。一賣千休，永無增找回贖。今欲有憑，立此杜賣契，永遠公私存照。

何良鑑　陳云珍　龍財興
陳啟云　龍月瑞　方貴
書元　正興　啟云
宋笏廷　蘭廷　菊元
見中人宋時立　鎖壽　正牙
宋象賢　連祥　元大
宋黄貴　學古　有福
宋觀儀　鳳廷　良云
炳煌均押

在場母龍況氏押

代接筆人何明才押

道光二十八年十二月初六日　龍福貴　押　立

即日批明：田山界上至嶺脊至山腳下各姓田併宋姓土塝，下至行路，外至王姓菜薗併水圳，外至各姓田並宋姓土墈，左至行路外至王龍二姓土墈，右至三嶺兩堝水圳外至各姓田爲界。

批明：丁家嘴早田二十把一坵，上至龍人田，下至大保會田，及有界至禾四行，俱在大保會田內，左至龍人田，右至大保會田。上首早田三拾把二坵，上至大保會田，下至龍姓田，左至小江，右至龍人田爲界。

批明：蟹坑早田二十把二坵，上至宋人田，下至渡船會田，左右至水圳外山脚爲界。

批明：所賣之山並土皮土骨，儘行出賣，及有山內古塚，只許來山掛掃，不許接葬。此照。

批明：契內價錢一並底親手收訖，不欠個文，不必另立足帖。再照。

光緒三年踩踏呼田田把坵墩界至庄屋田册

庄屋右側山茶冲早田二十把一坵，上至龍姓田，下右惜字堂田，左至宋人山脚為界。

王家冲土塘壹口，上至行路，下連契內田，左至宋人山，右至行路龍姓山為界。

又早田貳百把連十一坵，上連契內塘，下至宋姓田土，左至宋姓山，右至行路龍姓山為界。

又王家冲口早田四十把連二坵，上至宋人田，下右至行路水圳，左至劉人屋為界。

又大薗背早田五把壹坵，上至劉姓田，下至龍姓田，左至龍袁二姓田，右至宋姓田為界。

又早田五把一坵，上至渡會田，下至龍祠田，左至龍人薗土，右至袁人田為界。

又江塖上早田十把壹坵，上下俱至龍人土，左至宋宗公土，右至江塖為界。

又槐花巷口早田六十把壹坵，上至行路，下連契內田，左至汪姓田，右至行路為界。

又開券早田三十把一坵，上連契內田，下至劉汪宋三姓田，左至同姓堂田，右連契內田為界。

又塘壹口，上至行路，下至同姓堂田，左至汪人塘，右連契內田為界。

又歡盤坵早田三拾把壹坵，上至汪宋二姓田，下至龍人田，左至劉人屋宋人田，右至龍姓田為界。

又冲裡早田四十把一坵，上至劉姓田，下至劉人田，左至鄧姓塝，右至鄧人田為界。

又夾仔口腦仔上早田壹佰三十把連五坵，上至劉宋二人田龍人土，下至燒紙會田，左至龍人田，右至宋人田左界禾六行。

又淡裡冲口早田五十把一坵，上至劉姓田，下左俱至宋姓田，右至宋龍二姓田為界，又界禾六行在宋姓田內。

又廟下早田四十把連二坵，上至劉人田，下至大保會田，左至張姓田，右至水圳為界。

又社仔腦早田七十把連三坵，上至龍船會劉人田，下至渡會劉姓田，左至宋龍二人田行路，右至辛宋二姓田左界禾六行。

又早田二十把一坵，上至渡會田，下至張劉二人田，左至劉人田，右至水圳為界。

又屋場坵早田四十把壹坵，上至劉姓田塝，下至劉人田，左至行路，右至劉姓田塝龍船會田為界。

又早田一坵，上至劉人田，下至宋人塘，左至宋人田，右連契內田行路為界。

又朱淩頭早田二十把連二坵，上左至行路，下至龍船會啚會田，右至龍祠田為界，右界禾六行在龍人田內。

又斗斗坵早田四十把連四坵，上至大保會王人田，下至水圳龍人田，左至行路水圳王人田，右至水圳為界。

又臘柱下早田四十把連三坵，上下至龍姓田，左至江仔，右至王劉二姓田為界。

又上壠敗上早田四十把連五坵，上至宋人田，下至龍祠田，左至行路龍人田，右至宋人龍祠田為界。

又楊木尾遲田五拾把連四坵，上至燒紙會田，下至宋人田，左至燒紙會龍姓田，右至龍姓山為界。

又蟹沖早田二十把連二坵，上至宋人田，下至渡會田，左右俱至龍姓山為界。

又□毛堝遲田六十把連十四坵，上下俱至劉人田，左至宋龍二姓田，右至龍姓山為界。

又丁家嘴上首早田三十把連二坵，上至承年會田，下至龍祠劉姓田，左至水圳，右至龍宋二姓田為界。

又下首早田二十把壹坵，上至龍祠田，下至承年會田，左至龍祠宋人田，右至承年會田為界。

又樟樹背早田貳十把連二坵，上至龍祠田，下至王祠田，左至宋姓田，右至辛祠田為界。

又庄屋壹棟，計四扇三間，左邊橫屋計四扇三間，又拖陪壹間，右邊申首橫廳壹間，屋前毬場，門樓外大毬場花土至王姓菜薗，屋後連契內山壹大嶂杉雜竹木茶桐樟柱花菓在內，其山前連契內庄屋，後至山脚山屋，左側上截至山脚，中截至宋姓土龍姓園，下截至王姓山，右側上截至山脚，中截至宋姓山溝，下截至山脚為界。

立杜賣民田屋宇塘山場等業契人李舒元、升元同姪文壽，今因要錢正用，無措出辦，叔姪商議，自心情願將父手所創坐落地名五都二啚後塘香爐沖早田五十把，茶山脚下早田十五把，葉坑屋側上首沖早田五十把，葉坑庄屋一棟右側逢廳直上直下壹半計三間，灰寮糞窖，上連椽皮瓦葢，中連樓板乘楸門壁廳門房門窗戶穿枋過磚，下連地基石磉堦石等項，門首毬場逢廳直下壹半，自屋後山場一嶂，逢廳直上至嶺脊，右邊一帶至倒水鬼湖口止，又葉坑屋對門下首山傷二嶂，直上至連塘凹山路一帶倒水齊山脚下，又太石腦逢嶺直上直下坐向左邊倒水，直上直下一帶嶺脊倒水至馬脛裡大石邊，併長堝花土至各姓田為界，三處山場并土皮土骨，茶桐竹木等柱，畬土茅草地柴，不留餘下寸土寸木，杓角塊石，所有已載未載，掃數盡行出賣，其田山屋宇界至踩蹈分明，開載於後。要行出賣，先儘親房人等，俱各不愿承交。托中召到司背宋橋祠承買為業，当日三面言定，得授时值價錢壹百贰十千文，併離糧酒禮畫字小包底串一併在內，即日親手收訖，不欠個文，不必另立足帖。田上原載浮米八斗零半升，其糧現在一都五啚七甲李祖和户内過除輸納。所賣田山屋宇等業，係是正行交易，並非包賣谋買，債算逼抑，重行典當不明等情，如有不明，賣人一力承躭，不干買人之事。自賣之后，任從買人立户，發佃耕作，住坐管業。一賣千休，永無增找取贖，生端異說。今欲有憑，立此杜賣契，永遠公私存照。

今將三處山場屋宇田界開載於後

香爐沖旱田五十把二坵，上下至宋人田，左至買人山，右至鄧人山為界。

茶山脚下旱田拾五把四坵，又花土數片，上下至至茶山脚，左至買人山，右至郭聞二姓田為界。

葉坑屋左側上首沖裡旱田五十把四坵，上至宋人田，左右至買人山為界。

及有田内蔭注塘水併塘底，照依六股之一管業。

辛和廷　張錦成　朱迎牙

宋夢珍　宋璜貴　炳煌

應鐘　觀儀　級元

见中人 王壽松　孫池龍　鳳廷

宋象賢　鎖壽　正牙

黑牙俱押

在場母孫氏押

同賣弟升元姪文壽俱押

道光二十七年十二月二十日　李舒元笔押　立

立杜賣民田花土契人宋李氏、男祥鳳、池鳳，今因要錢正用無措，母子商議，自心情愿將己手所管坐落地名后塘葉坑旱遲田共計七十五把；葉坑上首旱田連塘四坵，上至宋姓田，下至宋人山，左右至宋人山；葉坑下首旱田三坵，併路下花土三片，上至買人山，下至辛王二姓田，左右至宋人山；鬼湖口遲田五坵，上至郭人田，下至張人田，左至張姓山，右至辛人山。以上四至分明，要行出賣，托中召到宋雙虹礄祠向前承買爲業，當日三面言定，得授時值價錢陸十四千文正，併晝字小包酒禮在内，即日錢契兩交明白，併底收訖，無欠個文。契上稅粮浮米現在西都一啚二甲宋可和戶内倒戶過除，收歸輸納。所賣之業，系是正行交易，並非包賣謀買債算不明等情。未賣之先，並無重行典當。既賣之後，任從買人發佃收租管業。一賣千休，永無增贖。今欲有憑，立此杜賣田契，永遠公私存照。

鎮壽　荀仔
見中人宋照萬　良元
象賢　炳呈
長貴
在場叔宋佑成
同賣母李氏押
同賣弟宋池鳳
道光二十九年十月二十六日　立賣契人宋祥鳳

立杜賣山場屋宇杉雜竹木土田契人巢錦章，今因要錢正用，無措出辦，父子商議，自心情願將己手授分業產，坐落地名福壽坊烏溪門外盧家沖白泥埈演武廳坐向左側兩廊巷口土屋一棟，計四榻三間，屋左申首拖陪各長間併牛欄豬椆灰堵糞窖，屋右拖陪長間，四圍圍牆門樓晒場，出入行路，其屋上連椽皮瓦蓋乘栿桁樤，下連窻戶門壁間扇間門地基磉石俱全，屋後竹山一嶂，又守山土屋一間，週圍荒熟花土相連四片，毫無間雜，左右魚塘二口，土田數坵，併餘基餘土，杉雜竹木及塍上塍下塍內塍外雜柱竹木等項俱各在內。以上之業，上連土墻溝外至山爲界，下連業內土塍外至行路爲界，左上截連業內土牆外至行路爲界，左下截自上直下連業內土塍溝外至行路爲界，右上截連業內土塍溝外至山爲界，右下截自上直下接連俱至業內之土塍溝外至山爲界。以上憑中踩蹈，四至分明，四至之內無論已載未載，已掃數不留寸土寸木，片磚塊石，要行出賣。先儘親房人等，俱各不愿承交，托中召到宋雙虹磄祠向前承買爲業，當日得授時值價錢叁百六十五千文正，併畫字小包酒禮俱各在內。其錢即入收足，無欠分文。田上稅粮原載浮米七升，現在二都一啚八甲巢錦章、方彥戶內過除輸納。所賣之業，係是正行交易，并非包賣謀買債算逼抑重行典當不明等情，亦無墳塚情弊，如有此情，不干買人之事，賣人一力承耽。自賣之後，任從買人管業，豎造耕作，抑或另發別佃開懇栽種，賣人無得異說。一賣千休，永無增找取贖。今欲有憑，立此賣契，永遠公私存照。

即日批明：契內價錢併底串亦併收足，無欠個文，不必另立足帖。再照。

當繳老契貳紙，日后再有老契尋出，不得行用。再照。

及有分關，有業相連，未繳。再照。

李福元 宋菊興 宋苟仔

龍敏才 王黑才 鎖壽

見中人周才起 巢慶男 長貴俱押

李吉茂 唐仲四 炳煌

柏成 郭卓人 象賢

宋照萬 宋良元 辛細苟

弟巢華章

在場男京南榮南代筆男巢煥南俱押

道光二十九年十二月初八日 巢錦章押 立

立杜卖民田契人郭善言、俊发、财发，今因要钱正用，无措出辦，母子兄弟商议，自心情愿将先人所管父手受分之业，坐落地名十九都一图万岁桥下彭塅早田四百十把共计十五坵，界至载后，上筒车水分一股零一找，下筒车水分三找，交无车水分半股，猪婆塘水照田蔭注，张家菌塘四坵内水照田蔭注，不留尖角方寸土石，要行出卖，先尽亲房人等，俱各不愿成交，只得托中召到司背宋桥祠向前承买管业。当日三面言定，得授时值价银二百五十九两正，即日银契两交明白，并画字酒礼概行在内，一并收清，无欠分厘，不必另立足帖。田上税粮原载浮米二担八斗七升，现在十七都一图一甲郭绍书，又七甲郭弟元、归农三户内过除输纳。所卖之田，系是正行交易，并非包卖谋买债算逼抑不明等情，亦无重行典当情弊，如有此情，卖人一力承担，不干买人之事。自卖之后，任从买人发佃耕作，收租管业。一卖千休，永无增找取赎，卖人决无异说生端。恐口无凭，立此杜卖契，永远公私存照。

计开田把坵塅界至于后

张家菌早田三十把计四坵，塘水蔭注，上至周姓山，下至郭人田，左至韩人至山，右郭人田。

路下旱田十把，计一坵，上至行路，下至郭姓田，左至郭姓田，右至行路。

马杓坵旱田二十把计一坵，上下左右俱至郭姓田。

菌下旱田七十把计二坵，上至郭姓田，下至韩人田，左至辛姓田，右连水圳。

桥仔头旱田三十把计一坵，上至郭人田，下至江脚，左右至郭姓田。

下车长五十旱田五十把计一坵，上下至郭姓田，左连筒车圳，右至郭姓田。

暗山下旱田六十把连二坵，上下至郭姓田，右至郭姓暗山脚，左至买人田。

黄家门首旱田六十把一坵，上至郭姓山，下至郭姓田，左至买人田，右至郭姓田。

又旱田五十把一坵，上至行路，下至宋姓田，左至郭姓田，右至买人田。

批明：老契分关有业相连，未缴。再照。

即日批明：上筒车、下筒车、交无车三处陂桨马脚木料车料水枧车场等项，概行卖与宋桥祠管业蔭注。再照。

谢满元　龙敏材　郭善兴

谢廷杰　谢考元　郭志牙

郭守仁　郭锁牙　谢新元

郭连仁　巢珍牙　韩富元

见中人郭细子　邓瑞昌　宋考林

谢国贤　张乾元　宋文祥

郭转妹　郭佳兆　宋良元

宋长贵　宋锁寿　宋象贤

谢廷洪　黄启明

在场叔郭履仁押

在场仝卖母邓氏押谢氏押

咸丰元年十二月初一日郭善言笔　俊发　财发俱押同立

立杜賣田契人宋春瑞，今因要錢正用，無措出辦，自心情願將己手所創之業，坐落地名二十一都二圖腦塅裡旱田三百一十把，所有坵塅界至開載契後，以及各處陂水，俱照原額蔭注車放。是處之業，憑中踩蹈分明，先儘親族人等，不願承交，只得托中召到宋礄祠承買為業。當日三面言定，得授時值價錢五百三十九千文正，併畫字小包酒禮俱各在內。其價即日併底一概收訖，無欠個文，不必另立足帖。田上稅糧每拾把原載浮米七升，其糧現在十六都二圖五甲胥燭九戶內過除，買人收歸輸納。所買之田，係是正行交易，並非包賣謀買準折債算逼抑不明等情，如有不明，賣人一力承耽，不干買人之事。未賣之先，并無重行典當。既賣之后，任從買人發佃耕作管業。一賣千休，永無增找取贖。恐口無憑，立此杜賣契，永遠公私存照。

宋招發　郭開勳押

見中人宋有才　高文盛押

宋篤生押

同治八年十二月初十日　宋春瑞押筆立

今將契內田把四至開載於左

桐木礄早田二十把一坵，上至游姓田，下至游姓田，左至胥姓田，右至彭人田為界。

蓮木坵早田四十把一坵，上至彭游二人田，下至游人田，左至游姓田，右至義倉胥人田為界。

滯土坵早田三十把一坵，上連土塖在內至游姓田，左至游人山墈下，及右至游人田為界。

棗柱下早田三十把一坵，上至胥游二人田，下至胥人田，左至胥姓田，右至彭人田為界。

新坡上早田三十把一坵，上下俱至彭人田，左至彭游二人田，右至彭游張三姓田為界。

筧頭橋背早田四十把連二坵，上下俱至汪姓田，左至江，右至易人田為界。

新谷堆早田六十把連四坵，上至義倉游姓田，下至張游二姓田，左至彭游胥三人田，右至游胥義倉田為界。

周石塘早田二十把連二坵，上至彭人田，下至胥姓田，左至游人田，右至胥人田為界。

中塅園下鄧四斗早田四十把壹坵，上至彭胥二姓田，下至彭姓田，左至胥姓田，右至游胥二姓田為界。

即日批明：老契有業相連未繳。再照。

立杜卖店房契人宋正元，今因要钱正用，自心情愿将祖上所管之业，坐落地名明德坊仓前店房一间，前至官街，后至虹硚祠店，左至官街，右至龙江山神袍堂店。以上四至，凭中踏看分明。四至之内，不留寸土寸木，块石片砖，上连椽皮瓦盖，中连楼板□楸，下连磉木地基，扫数要行出卖。先侭亲房人等，俱各不愿成交。托中召到宋双虹桥祠向前承买为业。当日得授时值价钱七十四千文正，并提笔画字底串俗规酒礼一概在内。即日清手另收，不欠个文，不必另立足帖。此业系是正行交易，并无重契典当包卖谋买来历不明等情。倘有此情，卖人一力承担，不干买人之事。一卖心休，永无增找取赎，生端异说。恐口无凭，立此杜卖契，永远公私存照。

遵照向章，按原价扣兑足纹银五十二两八钱。

宋显斋　文珍

见中人宋子宽　少山

宋福龙　有合

光绪二十五年十一月二十六日命笔长男宋从心押　宋正元笔押　立

立杜卖山场、茶桐、杉杂、竹木、荒熟花土、瓦屋基土契人宋瑞云，今因要钱正用，无措，自心情愿将己手受分地名后塘叶坑山场瓦屋，逢厅直上坐向左边一半，屋前毬场，屋后逢中直上至岭顶一面倒水山场，茶桐、杉杂、竹木、荒熟花土俱左边直出，相连不间。至冲口界塣倒水内面为界，下至山脚行路为界，相连直上左边一连山场，茶桐、杉杂、竹松等木，数岭数埚并埚内熟土，上自岭顶倒水，下至山脚为界，直上至马颈里李人埚土为界，倒水逢埚直上右边为界。以上山场俱系倒水冲内，各岭各埚俱不间杂相接，一连至李人山坐向左边分水为界。以上之业，凭中踩蹈分明，托中召到宋双虹硚祠向前承买为业。当日三面言定，得授时值价钱九十千文正。即日钱契两交明白，无欠分文，不必另立足帖。所卖之山场屋宇等业，并未留下寸土寸木，概行出卖，亦无重行典当。自卖之后，任从买人发佃管业，栽种收租，卖人绝无异说生端，亦不得增找回赎。恐口无凭，立此杜卖契，永远公私存照。

见中人喻作宾　宋启文　宋学成
晓云　学铭　学古
梦珍　应德　赠廷
见族房应钟　璜贵　元泰
华国　貤廷　祥光
杞文　新元　彭龄

道光十八年十一月十八日　宋瑞云　笔立

立杜賣民田、屋宇、花土、杉雜、茶桐、竹木、山場契人李金山，今因正用無措出辦，母子商議，願將父手所創己手受分之業，坐落地名株木橋馬蝗沖茅薗裡等處之業，逐一開載契後，凡處四至，憑中看蹈分明。四至之內，不留坵角勺水，寸土寸木，片磚塊石，無論已載未載，掃數盡行出賣。先儘親房人等，俱各不願承交，託中召到司背宋雙虹橋祠向前承買為業。當日三面議定，得授時值庫平銀伍佰叁十捌兩正，連提筆畫字酒禮俗規一概在內。即日親手收足，不欠分釐。田上稅粮原載浮米每拾把七升，其粮現在一都三啚六甲李祥光復興堂戶內過除輸納。此業係是正行交易，並非包賣謀買，債算逼勒，來歷不明等情。倘有此情，賣人一力承躭，不干買人之事。未賣之先，並無重行典當。既賣之後，任從買人發佃、住居、收租、管業。一賣心休，永無增找取贖，生端異說。恐口無憑，立此杜賣契永遠公私存照。

計開各處界至坵塅田山屋宇於後

一處馬蝗沖庄屋門首遲田一坵。上至戴姓田，下至吳姓田，左至池人田，右至池人田。

又遲田十三坵。上至戴人田，下至江，左至行路，右至吳人田為界。

一處馬蝗沖庄屋半棟。計正房貳川，橫屋四間，灰舍壹隻，谷倉壹只，屋后山場壹處，逢嶺倒水，上至蕭人山，下至契内屋，左至池人山，右至戴人山，并及松杉桐棕花菓竹木在内，又庄屋花土薗土菜園壹半，上至山，下至戴人土，左至契内屋，右至戴人土爲界。

一處江右遲田泒田壹處，不計坵數。上至契内山，下至林姓田，左至江，右至辛人田戴人田爲界。

一處茅菌裡庄屋半棟計四間。屋後花土竹木山場一處，上至辛人山，下至屋，左至辛人山，右至辛人山爲界。

一處茅菌裡屋門首菜菌一處，屋左菜菌土壹處，又相連山場壹處。逢嶺倒水，上至林人山，下至河，左至吳姓山，右至辛人山。又路下相連遲田十六坵，上至行路，下至林姓田，左至江河，右至鄒姓田爲界。

一處上遥門首遲田相連三坵。上至立科田，下至鄒姓田，左至鄒人田，右至行路。又花土一塊，上至鄒人田，下至鄒姓田，左至契内田，右至關王會田爲界。

一處白門樓遲田六坵。上至夏姓田，下至行路江河，左至池姓戴姓田，右至李姓鄒姓田爲界。

即日批明：契内共田七百六十五把，各蔭注水分及庄屋出入行路，均照老契原額。再照。

又批：繳是處老契壹紙，其餘有業相連未繳。

又批明：馬蝗沖庄屋背山有李姓墳墓壹穴，准其來山掛掃，不准接葬。再照。

李茶牙　宋紫山　龍裕儒

見中人朱果山　宋雙學　辛恒吉

李高泗　宋文興　宋福祿

湯銘儒　宋筱溪　宋韓門

在場母李葉氏

光緒三十二年十二月十二日　李金山　筆立

立杜卖民田契人郭作霖、傅霖、文霖、侄云松，今因要钱正用，无措出办，母子兄弟叔侄商议，自心情愿，只得将父手受分之业九都二图坐落地名道田塅早迟田共计一百四十五把计四坵，各处界至详，后均登门陂水荫注。凭中踩踏分明，四至之内不留勺水坵角，无论已载未载，扫数要行出卖。先侭亲房人等，俱各不愿承交，托中召到司背宋虹硚祠向前承买为业，当日得授时值价钱一百七十千文正，并画字小包一切俗规在内。其钱即日我兄弟叔侄亲手收讫，不欠分文，不必另立足帖。田上税粮浮米现在四都 一图十甲郭显宗户内过除输纳。

所卖之业，系是正行交易，并非包卖谋买债算逼勒等情，亦无重行典当之弊。恐有来历不明，卖人一力承耽，不干买人之事。自卖之后，任从买人发佃收租，无得生端异说。一卖心休，永无增找取赎。恐口无凭，立此杜卖契，永远公私存照。

见中人 宋文珍 宋德基

宋冬妹 郭四凤

在场母郭王氏押 执笔作霖押

光绪二十二年十二月二十六日 郭作霖 傅霖 文霖 云松俱押 仝立

今将各处田把界至开列于后

一处巢姓门首早田四十把计一坵，上至闻姓水圳，下至宋姓田，左至闻姓塘坳，右至宋姓田为界。

一处古井下早田三十五把计一坵，上下俱至宋姓田，左右俱至辛姓田为界。

一处椆陂头迟田四十把计一坵，上至郭姓田，下至辛人田，左至水圳，右至郭姓田为界。

一处江塍边荷苞洲迟田三十把计一坵，上至郭姓田，下至巢姓田，左至李人田，其垱塍系本田所砌，右至龙人田为界。

即日批明：此处老契分约，因有业相连未缴。再照。

立杜賣民田契人宋冬茂、錫洪、師雲、師慶、師義等，今因長兄冬妹身故，喪費無措，兄弟叔姪商議，同心情願將祖上所創我等受分之業，坐落地名宋家坊天陂塅竹薗背早田三十五把相連二坵，上至行路郭人田，下至惜字會田，左至賣人毬場菜薗及郭姓田，右至盧郭二人田爲界，登天陂水横塘等處水蔭注。以上四至，憑中看踏分明，連田塍田底坵角俱各在內，四至之內，不留盃泥勺水，塊石根禾，無論已載未載，掃數要行出賣。先儘親房人等，俱各不愿承交，托中召到宋虹礄祠向前承買為業。當日三面言定，得授時值價錢四十千文正，併畵字酒禮一切俗規在內。即日親手收訖，不欠個文。田上稅粮浮米每拾把七升，其粮現在十六都六啚二甲宋廷新戶內盡戶過除輸納。此係正行交易，並非包賣謀買債算逼勒來歷不明及重契典當等情。倘有此情，賣人一力承耽，不干買人之事。自賣之後，任從買人發佃耕作，收租管業，我等絕無異說生端。一賣心休，永無增找取贖。恐口無憑，立此杜賣契，永遠公私存照。

遵照向章，按原價扣兑足紋銀貳拾八兩五錢正。

宋正妹 郭玉福

見中人宋韓門 郭增福

宋元良

執筆宋海牙

光緒二十七年十二月二十二日宋冬茂 錫洪 師雲 師慶 師義 立

批明：老契二纸，缴交壹纸，其一纸因有业相连未缴。再照。

立杜卖民田契人周任洪、魁洪、春洪兄弟等，今因要钱正用，无措出办，兄弟商议，只得将父手所创之业十九都一图，坐落地名万岁桥仰山庙门首早田三十把一坵，上至巢姓田及行路，下至张姓田，左至刘姓田，右至行路水圳为界，交无车水分三十二股之一，又登猪婆塘水蔭注。又猪婆塘口早田三十把相连二坵，上至韩姓田及行路，下至郭人田水圳，左至周人山张人田，右至行路水圳为界，登猪婆塘水蔭注。四至之内，已载未载及菜草杂苗车坡水枧圳路等项，尽行扫数出卖，凭中踩踏分明，先侭亲房人等，俱各不愿承交。托中召到司背宋虹桥祠向前承买为业，当日三面言定，得授时价值钱八十千文正。即日契钱两交明白，亲手收讫，无欠个文，不必另立足贴，并画字小包俗规酒礼底串一概收清。田上钱粮原载浮米每拾把七升，其粮现在西都一图一甲周炳庆户内照把过除输纳。其是正行交易，并非包卖谋买准折债算逼勒不明等情。未卖之先，并无重行典当，倘有来历不明，不干买人之事，卖人一力承担。自卖之后，任从买人另发别佃，收租管业，卖人无得生端异说。一卖心休，永无增找取赎。今欲有凭，立此杜买民田契，永远公私存照。

龙庆云 郭才发

周富孙 周年牙

宋元龙 吴富科

见中人郭锡元 周成生

宋怡孙 宋聚明

彭兴隆 周任苟

周松苟 宋和春

在场叔周国庆押

光绪十九年十二月初六日 周任洪 魁洪 春洪俱押 笔立

立杜卖民田契人宋炳松、焕彩、荣彩、芹彩、绪彩，今因要钱正用，无措出办，叔侄商议，合家自心情愿将祖父手所创之业，坐落地名十八都四图猪里尾合之背早田一百把大小相连四坵，上至曹人田，下至蓝曹二人田，左至学宫田连水圳行路，右至郭人田为界。其田水分现均登施家冲塬头水，任放到田，随满荫注，及有一路黄泥坡圳照原任放。古路口早田五十把连二坵，上至曹人田，下至老人会郭大祠田，左至宋人田连水圳在内，右至宋人田为界，登古路口陂水圳水荫注。大园里早迟田一百十五把连七坵，上至黄人田，下至吴人田，左至黄吴二人田，右至黄姓田为界，来水荫注照依老额。又下首早田十五把连二坵，上至黄姓田，下至宋姓田，左至袁姓田，右至黄姓田为界，其水登大园里门首乌龟洞陂水荫注。以上四至，凭中踩踏分明，四至之内不留勺水坵角，扫数尽行出卖。先侭亲房人等，俱各不愿成交，托中召到宋虹桥祠向前承买为业。当日得授时值价钱二百三十千文正，并提笔画字酒礼一切俗规在内。其钱即日亲手收讫，无欠个文，不必另立足帖。田上税粮浮米现在十八都四图四甲宋兴瑞户内过除输纳。所卖之业，系是正行交易，并非包卖谋买债算逼勒等情，亦无重行典当之弊。如有来历不明，卖人一力承担，不干买人之事。自卖之后，任徒买人发佃收租，无得生端异说。一卖心休，永无增找取赎。恐口无凭，立此杜卖契，永运公私存照。

宋炳舒　宋有孚　宋贻孙

王仁寿　宋星山　宋元福

见中人龙贤图　宋少山　宋明瑞

辛锦仕　宋元贞　宋仕和

李书林　宋果山　宋聚明

在城兄嫂宋龙氏 宋龙氏

光绪二十一年二月二十六日宋炳松　焕彩　荣彩　芹彩　绪彩同立

立杜卖山场花土契人揭任高、魁高等，今因要钱正用，无措出办，兄弟商议，自心情愿将祖手所创己手受分之业，坐落地名一都二图揭家塅小地名大山里山场一处，山上茶杂树木俱全，相连荒熟花土一大块，上至揭兴和山土，下至行路、揭凤孙山、林姓土、卖人土，左至卖人土、山及揭兴和山，右至卖人土及揭人土墈为界，凭中踩踏分明，四至之内不留只树块石，土皮土骨，无论已载未载，扫数尽行出卖。先侭亲房人等，俱各不愿承交，托中召到司背宋虹硚祠向前承买为业，当日得授时值价银十二两，即日契银两交明白，不必另立足贴。所卖之业，系是正行交易，并非包卖谋买债算逼勒等情，亦无重行典当来历不明等弊，如有此弊，卖人一力承担，不干买人之事。自卖之后，任从买人永远管业，发佃收租，安葬坟茔。一卖心休，决不生端异说，增找取赎。恐口无凭，立此杜卖契，永远公私存照。

揭云孙 宋允贤。

见中人揭集瑞 巢细牙 宋仕和

揭洪瑞 宋果山

光绪二十二年九月初一日 揭任高 魁高 笔立

即日批明：老契有业相连，未缴。分关未批，未缴。再照。

又批明：左至之内有卖人李氏祖母坟茔一穴无碑，准其来山掛扫，不准再行接葬。再照。

立杜卖屋宇田产契人宋凤廷仝侄林生，今因要钱正用，无措出办，叔侄商议，自心情愿将承祖手所创受分之业，坐落地名呼田庄屋一栋，计八扇七长间，右边横屋，屋后拖陪猪椆牛栏板仓。其屋上连椽皮瓦盖桁橼，中连乘栿门窗户壁，下连墙脚地基礤石，门首毬场柱木，门首右侧至巢姓田为界，门首左侧连鱼塘一口，塘塍外至汪姓田塘为界，屋后余土柱木，围墙外至本契田为界，左至围墙及行路为界，右连菜园余土柱木灰寮粪窖，塍外至汪巢二姓田为界。又早迟田四百七十五把。凭中踩蹈分明，及田把界至坵塅桐车荫注水分开载契后，不留寸土寸木，杯土勺水块石，扫数尽行出卖，托中召到司背宋虹硚祠向前承买为业。当日三面言定，得授时值价钱八百一十千文正，并画字小包酒礼在内。其钱即日入手，无欠分文，钱契两交明白。田上税粮原载浮米三担三斗二升五合，现在西都一图二甲宋应寿户内过除输纳。所卖之业，系是正行交易，并非包卖谋买债算准折逼勒等情。如有不明，卖人一力承担，不干买人之事。自卖之后，任从买人收归立户，发佃耕种管业。一卖心休，永无增找取赎。今欲有凭，立此杜卖契，永远公私存照。

见族长寀荣

应善 梦珍 贺廷 文兆

瑞云 均怀 贵红 新成

宗庆 新元 外子 长贵

见族房凌云 学古 渭溪 欢廷

晓云 学铭 步青 承云

休仁 璜贵 金步 学高

应钟

在场伯叔应章 应占

应盛 应高

见卖母汪氏

见卖兄嫂辛氏

兄弟明廷 菊廷

道光元年十二月二十八日立卖契凤廷笔　同侄林生笔　立

田把界至水分列后

一筒车四扛车场水圳木料枧筒等项在内，其水分照老额放水荫注。

一处屋后早田六十把连二坵，上连餘土树木土墈外至巢人田，下连树木至本基，左连餘土树木围墙外，左上截至行路，左下截至汪人田，右连餘土树木土墈外至汪人田为界，登夹仔口头车水荫注。

一处门首宕仔下早田百十把连四坵，上至闻人田山塝，下至烧帋会田，左至龙人田，有界禾六行在龙人田内，右至买人田为界，登夹仔口头车脚车水荫注。

一处夹仔口早田三十把一坵，上下左右俱至汪人田为界，登夹仔口头车脚车水荫注。

一处垅里早田四十把一坵，上下均至刘姓田，左至巢人田，右至刘人田为界，登刘公筒车水蔭注。

一处炉下冲口庙脑上路上路下早田九十把连四坵，上至辛人田，下至渡船会田、刘人田，左上至龙人田，有界禾六行在龙人田内，左下至宋人田，右连水圳外至何人田为界，登水口车水，又登小江陂水蔭注。

一处株陵头早田十把一坵，上至买人田，下至龙姓田，左至何姓田，右至龙姓田为界，登水口车水，又登小江陂水蔭注。

一处庙前淡里早田五十把一坵，上至宋人田，下至汪人田，有界禾六行在汪人田内，左至刘人田，右至宋人田为界，登小水蔭注。

一处杨木冲迟田五十五把连八坵，上至烧纸会田，下至宋人田，左上至烧纸会田，左下至山，右连水圳外至龙人山为界，登冲内圳水蔭注。

一处山柿冲早田三十把一坵，上至张人田，下至龙人田，左连水圳，外至龙姓山，右至龙姓田为界，登冲内圳水蔭注。

立转卖车筒水份贴人张九成会等，缘先年得买龙曾氏呼田夹仔口车料水分二十四股之一，连车场车头杩脚车经树料陂浆水枧水圳等项一併在内，今转卖与司背宋虹桥祠永远放水蔭注无阻。当日得授时值价钱六千文正，即日入手收讫无欠。自卖之后，绝无異说。此照。

见卖人龙书元　龙清元　宋学廷

道光三十年三月初十日　张九成会　守成笔立

批明：即缴老贴壹纸。再照。

立杜卖店房地基契人宋瑛珊支下首士元贞、华林既子孙等，今因宋硚祠竖造店房需用地基，二公支下子孙公同商议，将祖上与硚祠、辛延房祠、宋秋云公朋管明德坊仓前地基一块，前至官街，后至龙江山神袍堂店，左至硚祠店，右至神袍堂宋正元店。先年派我瑛珊公支下应进地租钱一千四百文正。又左侧店房一所，前至官街，后至神袍堂店宋元贞店，左至元贞店，右至硚祠店与辛延房祠、宋秋云朋管地基。凭中踩踏分明，四至之内不留寸土寸木，盃泥块石，扫数卖与宋虹硚祠为业。当日三面言定，得授时值价钱五十二千文正，并提笔画字店底俗规酒礼一概在内，亲手收讫，无欠个文，不必另立足帖。此系正行交易，自卖之后，任从买人拆毁竖造管业，二公名下子孙决无增找取赎，生端异说。恐口无凭，立此杜卖契，永远公私存照。

遵照向章，按原价扣兑足纹银三十七两一钱正。

宋宝祥　显斋　仲衡

宋有合　聘三　微垣

见中人宋渭川　少山　灵峰

宋辑卿　筱溪　兆辉

宋子宽　绍甫　德基

光绪二十五年十月初四日　元贞　华林　执笔德儒　仝立

立杜卖地基契人宋萃庆、显斋、义成、信成、闰成、必成等，今因要钱应用，叔侄兄弟商议，自心情愿将我祖秋云公与瑛珊公会、硚祠、辛延房祠朋管之业，坐落地名明德坊仓前地基一块，前至官街，后至宋元贞栈房，左至瑛珊会店，右至宋正元店、龙江山神袍堂店。以上四至，凭中蹈看分明，四至之内不留寸土块石，扫数要行出卖，先侭亲房人等，俱各不愿承交，托中召到司背宋虹硚祠向前承买为业，当日得授时值价钱二十一千文正，并提笔画字底串俗规酒礼一概在内，即日亲手收足，不欠个文，不必另立足帖。此系正行交易，并无重行典当，包卖谋买，来历不明等情。倘有此情，卖人一力承耽，不干买人之事。一卖心休，永无增找取赎，生端异说。恐口无凭，立此杜卖契，永远公私存照。

德孙　宝祥

见中人宋子宽　宋玉辉

允贤　福龙

光绪二十五年十二月二十六日宋萃庆　显斋　义成　信成

闰成　必成　同立

立杜卖店房契人宋元贞，今因会内做店，自愿将岳父丈所赠之店，原系与瑛珊会合管，计我名下三股之二，坐落地名明德坊仓前街栅栏内侧边，坐东向西木料店房一所，前至官街，后至龙江山神袍会店，右至买人店，左至前橛至买人店，左后橛连本店坐向左边一大间併吊楼拖陪，前至井塖行路，后至买人店，右至行路为界。以上四至，凭中蹈明，四至以内，不留寸土寸木，片砖块石，插针之地，托中卖与宋虹桥祠为业。当日三面订定，得授时值价钱八十二千文正，併画字酒礼底串小包百项在内。其钱即日亲手收讫，不欠个文，钱契两交清白。其店上连椽皮瓦盖桁樤，中连楼板□栿门壁窗户，下连石磉地基。未卖之先，并无重行典当。所卖之店，系是正行交易，亦非包卖谋买债算等情。自卖之后，任从买人竖造新店，发租开张管业。一卖心休，永无增赎。今欲有凭，立此杜卖店房契，永远公私存照。

遵照向章，按原价扣兑足杀银五十八两五钱。

员成　先福

见中人宋荟庆　元明

守和　元福

光绪二十五年十二月十八日　宋元贞押

即日批明：缴老契壹纸。再照。

立倒地基约人辛延众首土彩庆、锦财等，缘先年我族与宋虹桥祠、宋秋云三人合管明德坊仓前地基一片，今宋虹桥祠改造店房，宋托中成就我等邀集族众商议，均愿将我族名下应管三股之一地基，要行倒就与宋虹桥祠管业。三面订定，得受钱一百七十五千文正，并俗规在内。其钱当中，并底收清，无欠个文。自倒就之后，任从宋虹桥祠竖造发租，永远管业，我族众决无异说生端，永无增找取赎。恐口无凭，立此倒就约存照。

邓悦林　朱文轩　高锡福

邓正隆　辛裔荣　刘维新

辛秉彝　张菱舫　辛伦恩

见中人辛百生　宋星山　邓文元

巢利亨　郭洪盛　彭金如

朱瀛滨　巢弼堂　欧阳承奎

张华牙　易定甫

辛嵩生　辛范九　辛颐卿

在场辛玉虎　辛锁生　辛赐发

辛细毛　辛源有

执笔辛祥孙押

光绪二十五年四月二十四日辛延众首士彩庆　锦财均押　仝立

立永卖民田契人郭承牙，今因正用无措，自愿将己手受分之业，坐落地名十九都一图万岁桥张家园早田二坵，上至会内田，下至刘姓山，左至会内田，右至郭姓田为界，并田塍田底荫注水分俱各在内，扫数尽行出卖。先侭亲房人等，俱各不愿承交。托中召到司背宋虹桥祠向前承买为业。当日三面言定，得授时值价钱三十四千文，即日钱契两交，不欠分文，不必另立足帖。田上税粮，原载浮米每十把七升，现在　都　图　甲户内过除输纳。所卖之业，是系正行交易，并非包卖谋买，债算逼勒不明等情。如有不明等情，卖人一力承担，不干买人之事。自卖之后，任从买人发佃收租，竖造管业。一卖心休，永无增找取赎。今欲有凭，立此永卖契，永远公私存照。

见中人陈仁初　郭有兴　郭聚光

郭秉钧　刘谷祥

代笔期姪郭冬吉押

民国十年十一月二十二日郭承牙押　　立

立杜卖民田花土契人杨有德，今因要钱正用无措，夫妻商议，情愿将自手所创之业，坐落地名田心冲早迟田一百四十三把，花土数大片，坵塅界至开载契后，以及各处陂水圳水塘，俱照原额荫注车放。是处之业，凭中踩蹈，四至分明，先侭亲房人等，不愿承交，托中召到宋虹桥祠向前承买为业。当日三面言定，得授时值价钱二百三十千文正，并画字小包酒礼俱各在内。其价并底，即日一概收讫，无欠个文，不必另立足帖。田上税粮每十把原载浮米七升，现在十六都三图四甲杨裕光户内过除输纳。所卖之业，系是正行交易，并非包卖谋买准折债算逼抑不明等情。如有不明等，卖人一力承担，不干买人之事。未卖之先，并无重行典当。既卖之后，任从买人发佃耕作。一卖心休，永无增找取赎。恐口无凭，立此杜卖契，永远公私存照。

见中人巢庆南　李福元　宋良元

周才起　李吉茂　郭卓人

道光二十九年十二月十八日立杜卖民田花土契人杨有德押　笔立

计开坵墩四至于后

田心冲早田三十把一坵，东至辛姓田，南至墈，西至龙姓田，北至行路外水圳为界。

又田心冲早田十五把一坵，东至辛宋郭三人田，南至黄人田，西至龙易二姓田，北至水圳为界。

又田心冲早田十五把一坵，东至郭姓城隍庙会田，南至黄姓田，西至宋郭二姓田，北至辛姓田为界。

又田心冲土田十五把一坵，东至黄姓田，南至宋姓土，西至宋姓土，北至黄姓田为界。

又田心冲土田十五把一坵，东至墈，南至黄姓土，西至宋黄二姓土，北至黄姓田为界。

田心冲口迟田三把一坵，东至水圳，南至辛姓田，西至郭姓田，北至辛人田为界。

杨家坊庙侧迟田三十把一坵，东至黄郭二人田，南至袁人田，西至八隅会田，北至郭人田为界。

立杜卖民出契人宋正坤，今因正用无措，母子商议，自心情愿将已手受分之业，坐落地名黄荆布六斗墈下早田三十把一坵，东至宋人田，南至土墈，西至易姓田，北至谌姓田。江仔背早田五把一坵，东至宾兴堂田，南至巢人田，西至渡船会田水圳，北至刘姓田。驳田里三十把五坵，东至水圳，南至鹅峰书院田，西至谌姓田，北至水圳。上墩二十把一坵，东至杨姓鹅峰书院，西至水圳，南至杨姓田，北至宋姓田为界。以上各处陂水圳水塘俱照原额荫注车放。以上之业，扫数出卖，凭中踩踏，四至分明。先侭亲房人等，俱各不愿成交。托中召到宋虹矫祠向前承买为业，三面言定得授时值价钱一百七十六千文，并画字小包酒礼俱各在内，其价并底即日一概亲手收讫，不欠分文，不必另立足贴。田上税粮每十把原载浮米七升，现在十七都三图四甲垂远堂户内过除输纳。所卖之业，是系正行交易，并非包卖谋买准折债算逼勒不明等情。如有此等情弊，卖人一力承耽，不干买人之事。未卖之先，并无重行典当。既卖之后，任从买人发佃耕作。一卖心休，永无增找取赎。恐口无凭，立此杜卖契，永远公私存照。

易德芬 王兆祥

见中人辛贵祥 王镇生

宋冬贵

在场母 宋张氏押

道光二十三年十二月初八日立 杜卖民田契人 宋正坤押 笔押

瑛珊会契券

立杜卖契人宋晓云、秋云，今因要钱正用，自心情愿将己手倒买所管地名南吹藜早迟田一百四十把，并石坡古圳小水，俱照原额荫注，及有田把坵塅开载契后。是处之业，扫数要行出卖。先侭亲房人等，俱各不愿承交，凭中召到宋瑛珊二公祭扫会众向前承买为业。当日得授时值价钱一百八十千文正，并画字酒礼小包俱各在内。其钱即日亲手一并收足，无欠个文。田上税粮原载浮米九斗八升，现在西都一图二甲宋晓云、秋云户内过除。所卖之业，系是正行交易，并非谋买包卖，债算准折一切不明等情。自卖之后，任从买人收归立户，发佃收租，永远管业。今欲有凭，立此杜卖契存照。

梦珍 应钟 炳煌

见中人体仁 怡云 学高

杞文 廷俊 乘云 俱押

仁发 貤廷

在场弟 凌云 瑞云押

侄泰庆 福庆

见族长寀云押

道光九年十一月初八日 晓云 秋云同立 秋云笔立

批明：当缴老契一纸，契内价钱并底一并收足无欠，不必另立足帖。再照。

田把坵塅开载于后

百坑迟田一百二十五把，内塘一坵，上至辛人田，下至江，左右俱至辛人山为界。

张坑口早迟田五把一坵，上至辛人田王人山，下至辛人田，左至张人田，右至辛人田为界。

袁家门首早田十把一坵，上至唐张郭三姓田，下至王人田，左至行路，右至考棚田为界。

立杜卖店房契人宋廷庆、奎庆仝姪乔姿、洪恩，缘先年祖手所创坐落地名明德坊仓前店房一所，一直三间，前至街，后至宋姓土，左右至宋姓店。又东边二间连吊楼塂石在内，前至街，后左至行路，右至买人店。春叔秋云得倒三股之二，父手得倒三股之一。今因正用无措，兄弟叔侄商议，自心情愿将父手所倒三股之一要行出卖。先伵亲房人等，不愿成交。托中召到宋瑛珊二公子孙向前承买为业。以上四至分明，所有父手得倒三股之一店房木扇，上连椽皮瓦盖，中连桁櫞楼板□栿门壁铺门铺柜地脚，下连石磉地基塂石，尽行出卖。当日三面言定，得授时值价钱八十千文正，并画字小包酒礼一并在内。即日钱契两交明白，无欠个文。所卖之业，系是正行交易。自卖之后，任从瑛珊二公子孙竖造管业。一卖千休，永无增赎。恐口无凭，立此杜卖契，永远公私存照。

赠廷　菊元

瑝贵　元泰

时立　学铭

见中人宋学古　昌泰俱押

荣廷　祥光

凤廷　发成

在场见卖秋云　瑞云　永庆　长发　凤姿俱押

道光二十三年十二月初八日宋廷庆笔　奎庆　同姪乔姿洪恩仝立

及有老契，秋云有业相连，未缴。契内价钱并底收足，不必另立足帖。再照。

立倒拼店人宋秋云，缘先年同胞兄晓云得拼三服之一，我名下得拼三股之二，坐落地名明德坊仓前坐南向北店房一直四间并后添造一间，左右至宋姓店，前至官街，后至河为界。以上四至分明。今因正用无措，将己手得拼三股之二，扫数凭中拼与宋瑛珊二公子孙为业。当日得授倒拼店价钱一百八十四千文正。

其钱即日亲手收讫，无欠个文。所拼之店系是正行交易。自拼之后，任从瑛珊二公子孙另发收赀管业，出拼之人无得异说。今欲有凭，立此拼店帖，永远公私存照。

宋璜桂　学古　仁发
象贤　瑞云　锡廷
见拼人廷庆　炳煌　赠廷　凤姿俱押
宋官仪　永庆　良元
高锦涛　菊元　狗仔
长发

道光二十九年十一月二十八日　宋秋云笔押

立拼店帖人宋廷庆、奎庆仝侄乔姿洪恩，缘先年同春叔秋云得拼店房三股之二，父手三股之一，坐落地名明德坊仓前坐南向北店房一直四间，并后添造一间，左右至宋姓店，前至街，后至河，以上四至分明。今因正用无措，将父手得拼三股之一凭中拼与宋瑛珊二公子孙为业。当日得授拼店价钱八十千文正。其钱即日入手收讫，无欠分文。所拼之店，系是正行交易。自拼之后，任从瑛珊二公子孙另发收赀，无得异说。今欲有凭，立此拼店帖存照。

秋云　荣廷　学铭　元泰
长发　梦珍　应钟　时立
见拼人宋学古　祥光　凤姿　赠廷
凤廷　发成　瑞云　永庆
菊元　昌泰　煌贵

道光二十三年十二月初八日宋廷庆笔　奎庆　同侄乔姿　洪恩俱押立

及有老拼贴，秋云有业相连，收执未缴。契内价钱并底收足，不必另立足帖。再照。

高城金钟势官产执照（垦字第五百九十号）

为给予执照事。据万载县人宋锦森、午崧、师璟、文藻禀请遵章承领万载县未垦丁等荒地一段，业经垦务局派员丈查完竣，照收地价洋八元五角，并查照江西垦务局清理官荒简章第九条之规定，给予执照，以资凭证。

右给承领人宋锦森 午崧 师璟 文藻收执

江西垦务局填发员黄柏龄印

中华民国十三年七月三十日 江西省印

计开

一 坐落：万载县高城金钟盖湖。

二 四至：东至辛人田土，西至大路辛人田，南至辛人田土，北至辛人田土。

三 亩数：一十七亩

四 每亩地卖五角

附注车塘灌荫一律照旧

修建雙虹磄記　清知縣邑進士郭大經

倚學宮左畔有磄曰雙虹，創于元季黄竹關，舊矣。有明洪永間，圮複修。至成化乙未，縣尹陳璨重修之。閱歲，水又圮，邑之人屢疲於工，無有議而複之者，行人病焉。時宋先世一鳳公獨挈貲甃東西岸，中立墩，旁辟釃道二，階級亭欄畢具，功其偉哉。厥後宋族有孝廉希賢之曾祖九疇，祖良彥，以時修治。越清康熙間，賢之同懷弟希俊，複承先志續修之。雍正五年，磄面亭欄悉壞，其族人重鋪石 新欄楯，更複以屋，兩岸勒以碑。尋作久遠計，得四十六人，偕於是歲取貲。貲益廣，積而至乾隆嘉慶間，頻加修砌。近複撤屋，建袤亭於其上，高瓴飛桷，左右列廛十有一，百貨雜陳，鬻售梭織，往來者幾忘鴈齒之拾級也，夜則篝燈防步躓，其為功於橋者美矣備矣。夫磄之作也，所以通行人。作於始者難，作於繼者難，作於繼而復作於累世子孫者尤難。以斯磄之扼市，闤闠水衝，其屢修屢圮亦云瘁矣。故竹關後裔無能為役，浸假而聽於官。官以時率作，縻帑金，騷民財，卒無由善其後。藉非宋之先世起而建之，後之子孫因而重之，曷克自明閱今上下數百年，不煩官，不役民，而磄之屹然，亭之巍然，與學宮環拱，美且備若斯哉。此以知宋先世以心濟人，大有造於邑者，而其子孫克承先志，尤兢兢廣濟人之心，相引於弗替也。是其世濟之美，皆可傳也已。或且謂雙虹之名始於竹關之嗣，或又謂宋公一鳳其號雙虹，學宮泮池嘉靖間雙虹迭見，僉又謂磗之瑞應。要皆傳聞異辭，而宋族之有功於斯磗，固較然不可泯者。余故摭實書之，以為邑之世行其德者勸。道光元年仲秋月。

雙虹磗祠小引

雙虹磗為縣城東西兩岸要津。明成化間，一鳳公號雙虹者捐貲修建。萬歷丁丑歲，水漲磗圮，九疇公重修之。癸未，水復衝壞，又修之。越數十年，東管壞，繼父志而續修者，良彥公也。清康熙戊辰，別水墩塌，我族眾捐脩之。癸未，重脩別水墩橋面兩岸，則希俊公捐囊首倡。雍正戊申，愼則公邀集四十六人，斂金修甃，以其餘銀立會，節年生息，置有橋棚店房田產。自是陸續脩整，胥於橋會取給焉。後之有志承先者，戮力同心，以勷厥事可也。道光二十一年，因祠欠未清，會內公同酌議捐錢伍百千文，以紓祠項。此會四十六股，酌於每歲冬祭日，每丁送代胙錢貳百文，以答孝思，永為定規。

桥祠会名录

珊房 登上三两 珍房 孟侯四两

珍房 图南二两 珍房 诚功十两

珊房 子安三两 珊房 方周一两

珊房 方郰五两 珊房 方陶三两

珍房 笃恭一两 珊房 济也十两

珊房 善美十两 珊房 方山一两

珊房 令德十两 珍房 金翅三两

珍房 韶舞三两 珍房 嵩年一两

珊房 运通一两 珊房 若霖二两

珍房 春龄一两 瑛房 宗季一两

珊房 垂训四两 珍房 首选一两

珊房 垂统五两 珊房 方泉一两

珍房 成録一两 瑛房 绣章一两

珊房 谦吉一两 瑛房 美玉一两

珊房 贵成五钱 珊房 观成五钱

珍房 成选一两 珊房 绍明一两

珊房 若彩五钱 珍房 成茂五钱

瑛房 志诚五钱 珊房 藩臣五钱

珊房 盛谟十两 珊房 傎则十六两

珊房 方素一两五钱 珊房 垂厚七钱五分

珍房 恒成一两五钱 珊房 睿周二钱四分

珊房 佐卿兄弟三两 珍房 伯师一两五钱

桥东岸街侧，程宪颁立禁碑，永禁往来车载损坏硚面。常平仓侧，朱宪颁立禁碑，永禁竹木树排囤积上流，冲横贻害。

合会公议，节年创置田产店房，原为桥梁预储甃砌之用，务择会中殷实公正者三人管理，互相维持，会外人不得滥入冒管。至股分一项，酌定节年三月初三日，每名给发钱四千文。又会中子孙，文武童生应试者，每名盘费钱捌百文，乡试盘费钱每名肆千文，会试盘费钱每名二十四千文，入学花红钱每名八千文，补廪花红钱每名八千文 恩拔副岁优贡生花红钱每名八十千文，文武中式举人花红钱每名一百六十千文，文武进士花红钱每名二百四十千文，钦点花红临时酌议，捐职出仕花红亦临时酌议。嗣因有将祖会典当者，承典当人止许收每名下股分钱文。几会中一切规费，永不得滥膺。

右虹硚记，系清道光元年郭星硚先生所撰。小引，亦清咸丰辛巳堂伯子明公手泽。文中有国朝字样，系一时颂扬语，删留无关轻重。至管理股份，盘费花红，已另订规章，原有公议议録，只成前法而已。

资料出处：民国三十年《万载司背宋氏族谱》

三甲　龙云尚

宗族组织概况：

与东都一图九甲龙士尚共大祠

四甲　刘相材（本刘相童，乾隆册改）

族谱摘录：

孜公祠堂记

孜公之有专祠，创始于同治三年甲子。先是孜公起有丁会，先君子善为经理，置有田产若干，于是商诸前辈列先生，以江下之老屋作祠宇，以丁会之田业作祀产，列先生均乐相与赞成其事，修葺补缀，上下两进规模依然重新矣。中祀孜公，两旁则或配或祔分列东西，昭穆秩然不紊。光绪戊戌忽遭回禄，止遗下栋数椽。予小子适任其事，于心不能无戚戚焉，遂与族中诸公力为图谋，爰变祠基之畸零作建祠之使用，迨铢积有余而祠基犹在，权买小北门外花门前李姓屋暂安神主，诸公均踊跃从事，亦犹先君子创始之时，和衷共济，故事之易成若是也。今则江下基址横直仍遗若干丈尺，后之相继经纪者，念江下为吾祖发源之地，并体前辈创建之心，权子母，兴工作，如予小子与先君子时协力同心，直其绳缩其版，若寝若堂若廊，其地尽足以敷竖造，不能不有望于孝子慈孙。

二十二世嗣孙师敞谨记

茂公祠堂记

吾支自嘉庆二十五年始克有此祠，前朝鹅峰，后枕龙江，碓墚马脑环其左，笔架锦水绕其右，我祠可谓得地之胜矣。况体制悉备，栋宇榱然，岂仅肃观瞻已哉。盖上为寝堂，中为中堂，中堂而下为两廊，两廊而下为门楼，其傍为祠屋，此皆荣新公乙照公实董其事者也。至咸丰辛亥，我叔祖銮公为房长，兆丰诸君为首事，又创竖门外围墙，墙上开两门以正出入，不惟我祠之观瞻愈肃，而我祖之灵爽尤妥。忆嘉庆二十五以前借新桥之老屋展秋春之孝思，其规模不更且大哉。兹因支谱之修，恐年远世湮，而本末不具，故述数语以记其略。

光绪乙亥元年嗣孙师澄谨

资料出处：宣统元年《万载双虹刘氏族谱》

五甲　鲍禄俸

宗族组织概况：

与三图八甲鲍继柏同祠

六甲　甘文

七甲　周翟兴（周复童改周翟童，后又改）

八甲　林满朝（本林满牙，乾隆册改）

族谱摘录：

林氏康乐坊宗祠记

礼有之，君子将营宫室，必先祖庙。俗习第以雕栋华宇宅其躬，而忍以上漏下湿处其祖，何以妥先灵于弗替。嘉庆十二年冬，城北康乐坊乙山辛向宅，直长八丈四，横阔三丈六，凡尺地一瓦，公备契价买于高姓，合族止知作火房，非志在为祠也。兹道光壬午夏，匾为林氏宗祠，是仅以狭隘祀其先矣，似于众志为少合。所贵有志改观，增其式廓，不贻笑于大方则幸甚。（卷首•基址图，页 5b）

城东建城坊林氏宗祠记

盖闻宗以报功继祖继祢，大宗小宗所由昉。庙以设主，序昭序穆，祖庙祧庙所由建，则祖庙之修由来尚矣。吾族自蕴公于唐文宗八年由闽徙万，卜居邑东兴仁坊菓巷内，建造祠宇五进，后遭兵燹。迨嘉庆丁卯置买邑北康乐坊高姓之屋，至道光壬午整为林氏宗祠。越同治甲子，合族人等又买邑东建城坊九仙塘易姓之屋全栋一直三进，并门楼毬场余地，又店面二 间，四至俱载契内。乙丑之春，择吉立为林氏宗祠，设主奉祀以妥先灵。后之人登斯堂也，非特尊祖敬宗之意油然而生，即入孝出弟之心亦同。然毕具矣，从此祭于庙而爱存慤著，岂邀默佑于先人。行其庭而揖让雍容，必有光前之后裔，安见吾林之创造可济美于巨族名宗耶。今因谱牒告竣，故特举其巅末以告后之知所建立云尔。是为记。

光绪八年岁在壬午孟夏月中浣 之吉

根发公支下裔孙谨识

林氏锦公享堂记

大凡享堂之设，莫不本于后人之孝思所迫而成，而后有以享某公，崇禋祀而与合姓之宗堂并垂于不朽，未闻有仑奂之堂自构自享者，有之自我锦公始。夫锦公奚为而作是堂哉？当其先，岂为一己计，实为子孙计也。为子孙贻善策，莫先于建家塾。乾隆甲申冬鸠工庀材，不惜数百金，不畏构造苦，自冬徂春，亦自春徂冬，阅两寒暑乃目其成，喜从中来，岂等于冒昧之 用情，盖后有俊秀可于此地造就焉。而笃志好学，不患其无藉也。果尔延名师以讲学，率子弟以薰陶，乃发越未值其时，人材因以少利，迄锦公捐馆时，锦公辗转反侧，未及睹孙若子学成而名立，此志将何释。诸裔慰之曰，未食报于子孙，子孙敢不思所以报乎。他日享我公于堂亦无妨于讲学之初念。锦公曰，我未能立享堂以祀先，而汝欲以兹堂享我，殊失我立堂之本意，可乎。吁，此仁人孝子之言，而实有以启 我后人仁孝之心矣。今日者，享公即所以安公，安公即所以践言。遥忆康熙甲寅寇变，兴仁公祠被焚，支祠未立，欲祀先灵，苦无别所。于是我锦公支下子子孙孙慨然兴木本水源之慕，藉有堂以祀公而又不追祀公之所自出，则忘我公诀别语。以故又立宗英公主牌以共祀焉。某年月日，颜其匾曰锦公享堂，无滥及也，亦足见我公手泽之隆，裕后之隐，与夫食报之情而罔憾。夫悴一人之心血而绵万世之 蒸尝，在锦公支裔固奉为不易之礼仪，而虎塘乡村亦共推大观之在上。上栋下宇，榱桷之巍峨焕然。前田后山，环远之青葱雅极。登斯堂而以享其德，以报其功，入此室而如闻其声，如见其履，则我公虽往不犹存于风清月白下乎。孙齿曩幼且不敏，而抚堂兴思，因享致敬，后之视今，亦犹今之视昔。食先德而莫忘，亦及时以修理。祀事孔明，相引弗替，以孙心而印祖心，我将我诚相感相通，靡有杆格，甚盛举也。是为记。

行家三二孙有庆顿首拜撰

资料出处：道光二年《万载兴仁林氏支谱》

九甲　辛通

宗族组织概况：

与东都辛觐辛延辛顺辛达辛建孚辛建昌共大祠

十甲　龙彭陈（本欧阳洪，后改）

彭未书，陈寄居三区另起宾兴，龙与三甲龙云尚、九甲龙士高同祠

二图　兴贤坊

一甲　易澄

宗族组织概况：

易文敏支下未书

二甲　张世良

三甲　王胜孙

宗族组织概况：

与东都一图一甲王兴同祠

四甲　郭宠

田下里递

族谱摘录：

田下郭氏重建大祠记　宗大经星峤

宗之有祠曷昉乎？昉于河南程氏修譜略，謂家必有庙。子朱子撰家礼，謂庙非有赐不得立，乃名之曰祠堂。以古庙制严卿大夫三适士二官师一，非是不庙不祭，故士无田与庶人之荐俱限于制不可越，究无以伸报本追远之思。近遵程朱礼下达庶人通享四代，视古卿大夫有加隆焉。邑著姓各有祠，而祠之望推田下郭氏为最。祠旧有寢有堂有重门，无以异乎各著姓之为祠也，惟门外有坊，坊外有池，池外有桥，桥外有墙，规模宽敞，则大异乎各著姓之祠。夫亦可以妥先灵展孝思以而族子姓犹拳拳于为寢为堂为门之仍旧者无以异乎各著姓之祠而思拓而新之，尤审睬夫门外之坊，桥外之墙，昔之位置鲜惬也，更思迁建而式焕之，于是度祠基。基之隘于左者，康侯公子孙（2b）捐地尺有咫袤延以就墙之直，其隘于右者与宗国公墙屋相犄角，乃谋于其子孙为改修墙屋，易其地而规于正，族之人聚而懽然曰：是可鸠工矣。计善庆公资不足，爰据南轩、绿陰二公钱粟取材运石斲之砻之，峻其宇，延其桷，为崇为广，视昔有加已大异乎各著姓之祠矣。乃复撤桥畔之墙，竖以石坊，辟街道之门环以崇墉。於烁哉，美矣备矣，族之人以时讲礼于堂，修祀于寢，邑之往来瞻仰者佥曰田下郭氏祠洵甲乎各著姓之祠乎。穆穆乎敬宗收族其报本追远之思固有不失乎程朱之礼者，奚啻称祠之望为各著姓所推最已哉。是役也，始事于嘉庆九年七月二十三日，越十一年十二月工竣，费金计七千有奇。倡议修竖则有若岖、古、光笏、大吕、超俊、如云、（3a）如屏、如藩、樹芝、飞雄、拱、垣、文璘、爾元，提调则有若功岱、功吉，坐局尊房则有若岖、如峦、涛，师慧治刚，采购木石则有若如峤、功卫，监造出入则有若锦桃、大球、功劝、如□、廷才、步高，会计钱粟南轩公裔则有若拱宸、功曦，绿陰公裔则有若瑞仪、垣。矢共公慎，协力宗祠，是皆可嘉也，例得备书。

田下郭氏祠堂原记

我族自天成公辟地西隅，逾数传至南轩绿陰环碧公，人与文两盛，派分为三，三列为八，八衍为十有二房，由西城暨南郭，居联云聚，鸡犬桑麻之盛半康乐矣。人众不可无纪，嘉制祖思治地为祠，卜舍于今祠之故居者数十年，湫隘不当巨观，厥志未竟。岁丁卯五月，余补弟子员归，我父偕诸伯叔祖举酒话昔，喃（3b）喃往事，遂慨然有拓大之意，谋诸长老，商诸通族，咸喜动颜色，振衣思奋，虽下走儿童莫不欣为盛举也。量力捐助，计口纠财，未踰日累积近千，至其争先恐后之状若有神佑焉。爰相爾宅，爰采爾秀，嗣前人所未就，仍故居扩新舍，再三恳之族叔正初诸兄弟，而后成。然尚未备也，因陋就简，所缺良多。爰展土伐木，鸠工庀材，委族之精勤者轮董其事，朝夕治办，不转瞬门庑改观矣。计门之对为志喜堂，一楼横峙，而其间犬牙相错，终不得为完业，费多金购辛氏空址贸之，而后山环水抱灵聚秀钟奇吐光喷甲第人文之茂，上宏祖烈，下贻孙谋，猗欤盛矣，鲜有踰斯制者。构寝堂，镂金燦碧，以燕以宁，竖两廊饬阶砌玉，可登可降，备厨传具器用。勅书有阁，藏神有寝，会见有堂，贮积有库，种种规为罔所挂漏。基古而象新，地敞而观丽，方之前者湫隘（4a）不其壮且都哉。登斯堂也，则有作敬著肃，俨若以思者矣，则有型仁讲让，姻睦以和者矣，则有士淳民愿，乃心所事者矣。昔也涣，今易之以萃。昔也朴，今易之以华。昔也分为三为八为十二房，今则统同联异而靡不一也。稽工既疾，落成又速，非邀神佑曷克臻此。异日者，礼乐文章之富，蛟龙虬变之符，意者其在斯乎？叔长春公走数百里，征文而颜之曰：有道洵令誉也，敢不书以备一览。十五世孙士选、士逵、士逢同撰

郭氏祠堂第一门记

祠宇之首有门第，由是而阶而两楹而堂而寝，类然也，尽其制则美，阙一则不足壮观。康城郭氏宗祠，前湫隘，经后人恢廓崇峻之，实甲于康城诸祠，惜其堂前横一第而止，无有复蔽者。夫宫室之制各有其分，不可为而为者越，

可为而不为者亵，可（4b）为而不为则浅狭弗邃，非所以藩神居，且俾其祠之富美，人得窥其所藏，殊未满人意，后有见及者又苦于财不果。越康熙丙戌秋，郭君万冕等不畏难，不惜财，毅然首倡之约族之同志三十余人，各竭其囊之所有，卜日之吉，鸠工选材以为祖若宗，增远其门第，而穆邃其神寝，有不给，谋诸族，以族之余廪余橐补费百七八金，越几月而竣，迄今崔然而崇者复穆然而远，拓然而大者复渊然而深，纵有能窥者几不得其门而入，吁天下事何常之有，浅者见浅而深者异，迩者见迩而远者异，即一举措间而有以卜其人之底蕴，是役也，人谓诸君尊祖敬宗，壮厥观而不惜其私固然，然余窃叹诸君之绍承佑启，凡为后先计深远而臧且周者，于此可见。故因其继谱而乐为之记。若谓使后之族人按籍而考其事，因得以不没其名，此浅丈夫之所为是，（5a）岂诸君子之志，抑岂予之所推服于诸君子者哉。乡进士钤阳夏侯嵛拜撰

田下郭氏重修祠堂记

族姓肇兴，虽由人杰。贤豪辈出，实本地灵。然非有钜笔写之则美而弗彰，彰而弗久，其与荒烟蔓草何殊，是故会稽兰亭以逸少之记而显，豫章滕阁以子安之序而传，彼昌黎之寝庙尚有藉于苏子瞻之碑也，严子陵之祠堂不重有赖于范希文之纪乎？矧吾族之祠堂其兴也有自，其建也有年，其成也有渐，其盛也有由，安可以不记。相其地势，介于西南月台右拱，梵刹之钟鼓遥闻，笔架左迎，虹桥之烟市如错，鹅峰耸翠，直整冠裳。绿水朝宗，横若襟带，汾阳之封虽远，绿阴之荫犹存，桥梓翩翩隆于彦牖祖之时也，实自世祖而隆华鄂韡韡耀于志喜堂之日（5b）也，亦由田下而耀。第地势之形胜固佳，而祠制之规模未扩，则诸美莫收犹或因之减色，幸我宗人克恢前绪，撤迁旧宇，大构新堂，经始于康熙丙戌，落成于乾隆庚申，以故夏屋渠渠牕櫺璀璨崇墉，仡仡阀阅森罗非必求奇奇争造物，自能呈巧巧夺天工。南浦朝云频飞画栋东隅旭日早照朱扉且也池沼弓张垣墉屏列长桥卧波未云而龙，短栏横岸，不风而虎，风云欲际其会龙虎愿得相从今人之心不异古人之心则古人之局不诚扩于今人之局耶。自是气象聿新，耳目一焕，由唐甓而登阶，由登阶而升堂，由升堂而入室，既可见榱桷之轮奂。自正寝而降庭，自降庭而游庑，自游庑而出祊，又可知祖宗之谋

猷。仰而瞻瑶阶三级，俯而瞰流水一濙，积厚流光，源且远矣。枝蕃叶茂，本綦大乎。伯叔兄弟，百家之遥也，于此而萃其涣。春夏秋冬，四（6a）时之异也，于此而荐其馨。綏我思成，赉我思成，僾见而忾闻也。遗爾孝孙，赉爾孝孙，受禄而宜稼也。赫赫明明，不曰在旁则曰在上。蹌蹌跻跻，不曰乃造则曰乃依。昭明高朗，千古如一日也。对越骏奔，一日可百年也。猗欤盛哉，非我祖之厚德佑启，后人何以致此。是故游斯堂者睹今日祠宇之盛，宜思当年缔造之艰，溯祠基之辟，辟于嘉制祖也，而贸土乐助者有若而人，记祠宇之肇，肇于建侯公也，而革故鼎新者有若而人。至若求大木，择工师，辇奇石，凿清泉，董其役者复有若而人，乃知其兴也有自，其建也有年，其成也有渐，其盛也有由，立可久可大之规，非一手一足之烈，虽曰人事，岂非地灵欤。此古人所以有地灵人杰之说也，以斯人之代钟，卜斯堂之不朽，纵甚固陋，乌能已于一言。愚不自揣，因为芜言以纪之。十七世孙邑优廪生达撰（6b）

郭氏重修迴澜桥记（入县志 邑孝廉汪元英春圃）

事非决择之难而坚持实难，人非联络之难而协一实难。惟有坚持之力而又济以协一之心，斯能不摇于浮议，不怵于艰难，足以鼓舞众志，输将乐效，事以集而功乃成。盖尝观田下郭氏之重修迴澜桥而知理有固然者。吾邑踞龙江之曲，一水贯城，由南浦汇于学前下，绕城墙而达蜀江，两岸居民所由往来无阻者，皆藉桥为通行，若南浦龙河二桥之为上下锁钥，双虹桥之中联通衢，固已熙攘辐辏，视若坦途矣。而自王家桥以西越笔架洲而前，尤为要道所必经。康熙间，郭君钟桢倡邑人创修石桥于此，以洲中有笔架迴澜之景，因名曰迴澜。东西经行，一时称便焉。后经百年，西岸渐淤，桥半沉没，存者又皆断阙剥蚀，过者不寒而栗。每当春涨，人皆望洋惊返。当是时，岂无有力者欲起而增葺之？顾或摇于浮议而迟徊瞻顾，或怵于艰难而糜费不赀，卒无一慷慨而前者，独郭氏诸贤慨然以斯役之必不可已而实义不容辞也，遂合一族而共承仔肩焉。于是解囊争输，伐石鸠工，不以激而加劝，不因谤而中沮，踊跃趋事，撤其旧而一新之，不一稔而功以成。向使诸贤不坚持其必欲为之力，复联其合族协一之心，几何不摇于浮议，不怵于艰难而能成功如是其亟乎？今邑中诸大兴作兼修并举，使诸襄事者皆毅然不摇于浮议，不怵于艰难，一如郭氏诸贤之坚持弗懈，协一相济，又何事之不可举，何功之不可成也哉。若郭氏者是可风矣。桥长九丈九尺，广五尺，高丈许。七墩，两岸面铺平石如砥俨为学前作案。经始于嘉庆二十年八月初四日，讫工于十一月中旬。董其事者，有若古、�、如峦、光笏、有善、垣、奠疆、如屏、之纲、如云、樹炽、定识、定鞏、功岱、瑞图、功盖、奠玙、樹槐、樹芝、拱、爾元、楙恭、履谦等也，例得备书。

田下郭氏新置家学田记

乾隆三十八年夏归自会城，余友郭大鼎以其族新置家学田属为纪。余愿得闻其说。郭君曰：吾族方行训课，每以月某日课于一堂，远乡皆至，亦颇知奋勉。然为日无几，犹惧无荒也，欲立一学使族之人咸就学焉。又苦于无赀，于是族叔坚、如冈以其事请于族长邦城公。公伟其说，首捐数百金为倡，如冈禀命于尊人洋，亦捐五百金。族伯治镐亦捐百金。一时之好义者皆因其力之丰俭倒囷而出，共得若干金，置田若干。余曰：此盛举也。古重教学必先于家，由是而党而州而国。周礼百里之内二十五家为闾，闾共一巷，巷之首有门，门边有学，学固非一家之教。今郭氏之学不有当于古欤。学之有田，记无明文。然观孔□新谷已入余子皆入学，则其田从可识矣。郭氏学与田俱设，储（2b）蓄必充，经费必裕，月计岁计不待新谷之入。昔华亭张氏倣宋范文正公遗规，捐田千亩，上其事于朝，诏加褒许，郭氏之举此也，宁惟是一日之计，计所经久而善后者，必更有说。我国家崇右儒术，至隆至渥，自郡邑以上及省会皆有书院，名公卿辈出于其间，其所培养盖有渐矣。余闻郭之先博士侍郎两公皆其尊人绿陰书屋之教，今学又与绿陰相望，庶几相观而善本淳固愨实之风为明善复初之学，处则为名儒，出则为名臣，若犹是舍本务末，不实力于古圣贤所以为计而以词章声誉为高，则非诸公厚期之意也。夫田亩另册，兹不书，同事者某某皆得备书如左。

邑孝廉孙馨祖拜撰

田下郭氏义塾（入县志）　邑孝廉辛廷芝

昔范文正公为秀才时，以天下为己任，盖其学本圣贤之学，故其（3a）行为至公之行，及贵显，积所赐禄为义田，族人赖之。吾邑田下郭氏，慕文正之义，谋举立义学，出其祖南轩绿阴二公遗金各七百两，因而欣然助五百金者，有若宗国、正南二公捐田五百把者，有若裕才其次以百以十以两计者，百余人得金约数千，遂购田二百余亩，为膏火赀，创义塾于南坛侧，横若干丈，直若干丈，中建讲堂，堂之后有厅，厅檽洞达，厅后辟花圃，堂前左右回廊，中辟门，皆轩敞，堂之旁翼为斋舍五十余间，曲而通，奥而明，门前凿池以观鱼跃，周垣玲玲见远山如画。庖湢备具，极藏修游息之大观也。其经营筹划则名都、惠和、砥中三君之力居多，及告竣诸君请记，予谓人才者国家之本，培植者，造士之方，今郭姓不下千余，家诸君出至公之心，进一族之能文子弟，日课以圣贤之道，储其才以为当世用，仰体国家培植人材之计（意），诚知（3b）体要者矣。先儒云，师道立，善人多，子孙贤，族将大，往者郭敏斋翁创绿阴书屋，以课后人，其时南轩绿阴二公皆以文名大显于世，今子孙建此义学，则其显发不且后先辉映乎哉。经始于乾隆丙申（四十一年，1776）之春，落成于乙巳（五十年，1785）之冬，费白金三千有奇，其捐助及襄事诸君并田亩庄所，另著于碑以垂后。并诗一首：范公义田立，万族仰遗规。落落数百年，前徽继者谁。郭氏令公后，盛举复见之。艰大非独力，英杰喜同时。并捐千黄金，倡作义学基。一时闻风起，争输未尝辞。培植人才计，心公不自私。为国储其贤，儒尚君子儒。绿陰泽已远，林宗风可追。勃发朓诚念，岂计美名垂。同志一日事，千载起人思。

乾隆五十一年丙午孟冬之吉

敕授修职郎乡贡士截取知县改任抚州府金溪县儒学教谕加（4a）一级七七老人辛廷芝顿首拜撰

捐建家塾田基小引

国家之治端赖人才，人才之兴由于学校。古者党庠术序之设尚已，汉唐以来历皆有学，迄于我朝规制大备，自国学至郡县立师儒董率之，复设书院以勤训课，俾讲习乎忠孝之经，预致其体用之实，久道化成，骎骎日盛，生其时者虽遐陬僻壤莫不争自濯磨，仰体圣天子作人雅意，顾童蒙养正要必端自家塾。吾族旧有绿陰书屋，由来已久，为前明五世祖敏斋公所创，课其孙南轩绿陰二公，厥后一膺选举授国子监博士，一登进士官刑部侍郎，兄弟显扬，识者皆謂绿陰书屋教育之力为不容没云。今二公子姓甚繁，资财颇茂，族中诸务次第备举，惟绿陰书屋久废未葺，坚（4b）尝欲族人重建并益以学田等项永为吾族家塾，往往为议所阻。壬辰秋复以是举商于族兄如冈，意欲不取给于大祠而各敛赀财以成其盛。族兄欣然叹为夙愿，爰集祠中贤豪相与劝助，咸推族叔祖邦诚公为领袖，公亦慨然首捐，而一时之好义者，或傾私囊，或出公资，类多欢欣乐赴，共襄盛举，不数月间醵千有余金，置学田若干亩，又买南城外基址一片，与绿陰书屋相去数武，欲即构造书屋。适以修葺谱系，啧啧多故，不能不少有所待。夫义塾之患，患于无资。今幸捐置田基，则束修膏火以及藏修游息俱已有所凭藉。由是举而行之，固不等于昔之徒托诸虚愿矣。惟冀后之学其中者，逊志时敏敦行不怠，举圣贤所以教人之语，时时体备于己无坠乎。南轩绿陰二公之书香以力求乎。忠孝体用之实学在家在国，总期无忝庶几成人有（5a）德，皆本于小子有造而于今日建塾劝学之心乃无遗憾也夫。乾隆癸巳夏月　族人南浦坚题

义塾联

坐里烟云蒸变指点春来新旧到南郊此地几番催碧草，

望中水木清华流传秀远步趋当胜日及门一气趁东风。淑邮辛炳晟

西园东壁临南郭，黄卷青灯诣绿陰。德圃习家驹

关中皋比今张子，吴下宅田古范公。丹山陈池凤

风流犹想角巾塾，志气同观宝剑篇。毅持　祚炳

俊秀一堂时教育，诗书继世发馨香。质孚辛文彬

相师祭酒传胶序，共读遗经到绿陰。星峤　大经

通于经术程公塾，兴以人文范氏田。此堂孙馨祖

识通经籍才方大，力克操存道始真。畹堂辛廷芝

名山风雨千秋业，家學渊源一脉传。驾山袁廷鳌

功于着意磨方锐，名以无心得更佳。

名宗有意兴文教，上国不忧乏异才。辛象川

尽知尽仁兼尽勇，希贤希圣且希天。

浦水云飞侵雪案，鹅峰翠涌入鸡窗。

……

卷首·南轩公祠宇图记

田下郭南轩公祠堂记　二十三世嗣孙郡优廪生序

事有为前人所缘起而后人必拓而大之，事有为前志所未逮而后人必继而述之，要在审时度势，土木工兴不伤财不病众，以报本反始之心尽尊祖敬宗之道，而后散者可一其归，涣者可使之萃，其在易曰王假有庙，子程子修大礼略曰家必有庙，庙必有主。子朱子撰家礼以庙非有赐不敢立，乃立祠堂。祠之为言祀也，则我祖南轩公之专祀又乌容已者乎？先是道光初元，诸前辈即有建祠之议，义井基址梁材悉南轩公众所留遗，亦既缔造美完矣。嗣以其湫隘非巨观也，因颜之曰寵公祠。寵公者，我十世支祖，凡七寵也。七寵合食于一祠，盖自此始，其费皆取给于众。后又经营醵金，襄成盛美，创腴产，绵蒸尝，岁时祭祀，颁胙燕毛，煌煌乎鉅典哉。无何栋宇渐就倾圮，族议遂有（1b）爽垲之更。是时南轩公众赀财饶裕，寵祠租息出入有余，兼筹续捐以济不足，乃择地于大祠之右。祠右旧为屈侯公屋，商于其子孙，易以寵公祠宇，仍备价千金，爰相爾宅，爰构爾材，求木运石，选择工师，撤旧而鼎新之，时在同治壬申十一年也。越光绪丙子而工竣，峻其宇，宏其规，寝室三金碧辉煌，藏器有库，会见有堂，观瞻有阁，登降有阶，绕以两廊，列以东西厢，壮以头二门墙，庖湢之所，门子之居，悉具焉。巍乎焕乎，雕梁刻桷，洵备极精工矣。乃集子姓于堂曰：七寵公祠，前人所缘起也。南轩公祠，前志所未逮也。今既拓而大之，敢不继而述之哉。以寵公溯而上焉，南轩实为其曾祖。由始祖推而下焉，南轩公实我大房祖，其专祀也宜。矧十世祖如然公有祠，达公有祠，烈公亦有建祠，训公祠，华公附之，安知英贤二公不即继起而并立祠乎？顾或（2a）者谓南轩公之专祀，

礼也。而寵公合祀已久，传不云乎，有其举之莫敢废也，曰乃所以不废寵公也，分两祠则用必繁，用繁而度支必绌，顾此失彼，顾彼失此，则分祀寵公而孝享不笃，何如专祀南轩公而合享尽诚也。且寵公之孙皆其孙，即寵公之财皆其财，既非二本，又何疑于分合之迹耶？而南轩公慰矣。寵公亦慰矣。佥曰：唯唯。于是诹吉告庙，迎主而崇奉焉。自八世至十一世皆得请进配食。及有科名宦达者，配祔如例，其余配祔各助香火赀有差，且援朱子旁亲无后者得以其班祔，不可谓非一时之盛举也。抑余闻是役也，共费金一万七千有奇，得捐享金六千四百有奇，除捐仍实费一万有奇。夫此万有奇者，自有之而自用之，犹可紓也，不得已半出于称贷而财已伤矣。土木之兴，顾如是之可惧乎哉。虽然尊祖敬宗大典也，报本反始（2b）同情也。祠建矣，神妥矣，祀事孔明，尤期相引于弗替矣。夫生财有道不外开源节流两端，自今董事者苟能调剂于其间，筹善后之策以清积歉，则源自开，省不急之费而力维持，则流以节。将昔之分储各足者不且后之合置有余乎，安见古今人之不相及也。于以隆祀典，展孝思，祖宗在天之灵实式凴之。吾知祭必受福，诗所谓孔惠孔时，惟其尽之。子子孙孙，弗替引之也，则继述之善必有攸归者矣。

卷首·绿陰公祠宇图记

田下郭绿陰祠堂记　二十世嗣孙恩贡生会畴

古者卿大夫家礼得立庙，所谓卿大夫三适士二官师一者是也。厥后严于制礼不容越。子朱子撰家礼谓非有赐不得立庙，则人之欲展孝思所以报本追远之心不滋歉欤，虽然庙不可骤立而祠堂之兴有不能自已者，则吾绿陰公之专祠其宜崇祀也由来久矣。夫孝弟之心有所观感则油然而易生，有所率循，愈怦然而难已。公之伯兄南轩公已于大祠右侧创建专祠，巍然在望，况公于前朝登甲科列清要，炳炳乎功绩昭垂，崇祀乡贤，于此不专而祀之，据之仁孝之思，有恧然而难安者，于是集支众而谋之曰，公与伯兄当日兄弟怡怡，比翼齐飞。今伯兄有祠而我公无祠，可乎？众闻，咸有奋志，但祠赀仅可敷每年支给，不敢擅兴土木。乃共商酬款，定以章程，画以规制，即于南轩（1b）公祠上首基址相连，恰有旷地，且前原为司寇第故址，为公旧产，虽其中间有归本支后嗣者，悉将地基捐享。爰是询谋佥同，协心合力，公议配食者酌以百金为率，祔食以一十二金为率，不伦科名，无分宦达，配祔悉如所议画一，无有低昂。旋见踊跃捐输，不数月得捐资一万一千有奇。维时求木于千里外，踩石于深山中，不辞劳瘁，不惮攀跻，所获皆轮囷材，所运皆坚结石。由是选工择匠，备极能手。诹吉兴工，见夫栋宇崔崇，有焕乎其峻起者，寝室之翼翼也。宽宏开敞，有深邃而穆远者中堂之冠冕也，而且绕以两廊，竖以站亭，围以二门以及屏门窗棂榱楹宲桷，无不雕刻极其精细，点缀穷其璀璨，洵恢恢乎一时之巨丽矣。又于左廊外为庖湢所，其下相连，筑室数楹，为祭祀栖息之居。又其下余土一片，周以砖墙，留为止公祠。门外余基尚（2a）广，其绸缪之密如此。是役也，经始于同治甲戌年，越二年丙子而落成，统计实费一万有奇。登斯堂者，孝思不由此展乎？向之观感而动念者，今则彼此而并峙矣。向之率徇而勉从者，今则后先而如一矣。所以报本者在是，所以追远者亦在是，则虽祠也不于庙而有加隆哉，行见人文炳蔚，灵聚秀钟，共睹盛举，永奠灵长，上为烈祖光，下贻孙子谋，不皆有赖于祖灵之呵护，众志之竟成也夫。然犹有待者，前有头门之建，后有燕惠堂之造，一时隘于赀尚未竣事，其栋梁木料俱已裁成，悉备藏之祠内，竖造兴工不能不有望于后之能者。

资料出处：光绪甲申重修《万载田下郭氏族谱》

五甲　周辛海（本周海，顺治九年改）

六甲　谢毛诏

族谱摘录：

重修族谱序

盖谱者，上所以敬宗，下所以收族者也。昔河南程氏曰，管摄天下人心，收族敬宗，厚风俗，使人不忘其本，须明谱系，立宗子法，倘若无谱牒，则宗派源流不可考，尊卑长幼不可分，亲者不亲而疏者愈不亲矣，近者不近而远者愈不近矣。由此言之，同宗者同族，同族者同谱，谱之必修尤必续修，而后族乃收，宗乃敬，谱岂可不修乎哉。我谢氏自康乐公裔起宗公来，历千余载，谱经兵燹散失，至明诏公及前川公诸君，历世撰有草帙，未行付梓。乾隆间，心田公商于联举公及诸君，和衷共济，将吾族草录世系付诸梓人，亟成其事，而后昭穆辨，尊卑别，长幼分，支派明，婚姻卒葬了如指掌，于是上识其所自出，而下不至视族人如秦越者矣。由是乾隆乙巳至同治庚午，于今又三十余年。兹合族诸君商议同心协力，均以修谱为急务，欣欣然全乎仁人孝子之心，成乎一本九族之谊，共襄厥事，皆踊跃各订丁稿，按户详查，准诸旧谱，依旧增新，是以知宗派，识源流，析尊卑，判长幼，则亲者固亲，而疏者亦亲矣。近者固近，而远者亦近矣。譬之木焉，枝固多也，而反之则本依然。譬之水焉，流固分也，而溯之则源依然。其所以承先启后者，真可谓源远而流长，根深而枝繁矣。兹幸斯谱续修告竣，但愿我祖默佑孙子秀者为士，朴者为农，显扬前人，昌厥后裔，是吾合族所深望也夫。

时

皇清宣统二年岁庚戌孟秋月吉旦

局内嗣孙敬撰

万载西都谢氏源流序

按谢氏系出申伯，其后以地为氏，自汉夷吾以迄典午，南渡与王氏居乌衣巷。淝水之捷，幼度以功封康乐公。康乐即今万载也。子瑍早卒，孙灵运袭封康乐侯，又为临川内史，又为永嘉大守，今读书堂遗址改建公祠，现在万之厂塘北楼山及丁田康乐桥左，厥后灵运公谪徙广州，孙起宗始由金陵来筠，复由筠居万，故虽系出康乐而不以康乐为第一世也。起宗公始于康乐故城，五代中易邑名为万载，乃隶西都之锦衣坊源濠里，其后公子孙世居西都，承隅坊二图六里里递。数传至仁公子孙，购买东都之安仁坊北路口钟家塘，义公子孙购买宜邑之金瑞，今复居株树潭。国朝康熙十三年甲寅逆匪猖獗，所过残毁，民人逃窜山谷，翔龙翔凤二公避寇于十四都六图之荷岭，王师平贼后，遂随庄侨居于是，与金凤公子孙仍充西都徭役云。

嗣孙前川敬撰

续修族谱序

窃惟族谱之修，所以明亲疏，序世次，近而一本九族，远而千支万派，犹水之由源而流，木之由根而枝叶也。吾家族谱肇自洪武间，诏公创始，厥后万历间前川公复从而订之。迨我朝乾隆乙巳，联捷诸公续之。嘉庆丁丑，耀麟诸公续之。道光戊戌，族长彩骥公与族内诸君子续修成牒。然余谢氏家乘之续之已历数次，迄今又三十三年矣。其间生齿日繁，婚嫁卒葬纷然无纪，不及时续编，恐世远年湮，考核无凭，搜罗鲜据，安能信今而传后哉。而况散处于邃谷奥区者且莫能辨，安保不一本而塗人视耶。识者忧之，爰议续修。询谟佥同，众志莫异，而举族内能秉笔者董其事，任其责，事系巨典，推诿弗获，用诹吉兴修，立局芜上会内众屋，召工开刷，矢公矢慎，非可稍存己意，受旧谱而厘订焉。首查世次，舛讹者正之。次搜故绝，遗漏者补之。编辑成帙，付梓自春徂秋，越数月而工告竣，展卷翻阅，竟实而不华，本本源源了如指掌，以信今传后快然也，则是谱之修，切实可据如此，虽然谱之修者，文也章也，情之亲者，仁也义也。仁义其本而文章其末也。但愿诸后裔敦诗书，尚礼义，善则相劝，过则相规，贫则相赒，患则相恤，雍雍睦睦，维系固结而不可解，则所以尊敬其宗祖者在是矣。

时

皇清同治九年岁次庚午秋月 谷旦

合族嗣孙敬撰

序

谱何为而修之续之也，盖国有史，家有乘，国非史不足以考实，家非乘不足以征信，两者并重而家乘之叙述本源，蕃衍苗裔尤动人油然爱敬之心，鼓人雍然仁让之俗，较国史之功为尤著。予族源于康乐公，其孙袭封康乐侯，然犹未家万也。康乐侯之孙起宗公，始隶西都之锦衣坊源濠里，数传至仁公、义公，派分两房，庆衍一脉，已而迁今之荷岭。谱之修肇自前明诏公，厥后前川公复从而订之。其前则兵燹之变，故家文献往往以之泯灭，不独予谢氏然也。我朝康熙甲寅，谱又遭兵燹而不复存矣。赖启新公蒐罗草录，纂辑成牒。乾隆乙巳，联捷诸公续之。嘉庆丁丑，耀麟诸公续之。今又二十一年，时至事起，续之其可以已乎。夫人道之大在亲亲，亲亲故尊祖，尊祖故敬宗，敬宗故收族。今当重熙累洽之时，庭帏内倘凉薄而寡恩，按之一本九族之谊，负疚良多，尚得为仁人孝子也哉。呜呼，一父之子，数世而至于无服，数十世而渐至于途人，此无他，其所历者尽也。然推而上之，至于古则同祖，且推而上之，至于天则同亲。无他，其所系者一也。今兹之役，汇二十一年之生齿，仁义两公之支派，溯流穷源，以伸仁孝之心，尊祖者在其中，敬宗者在其中，收族者在其中，谱之续可以毕乃事焉。然毋以此毕乃事也。余族由邑而乡，聚族于深山之中，嚣尘远隔，其俗朴，其风古，勉哉诗书启后，务使彬彬郁郁，才人辈出，不惟尊祖敬宗收族代有其人，且绳其祖武，继美康乐公侯，则先人之墜绪维新，而与国史争烈也无难矣。是所望于阶前之培宝树者。

时

皇清道光十八年岁次戊戌冬月 谷旦

四十三世嗣孙彩骥敬撰

序

吾家谱牒自明文诏公创始，迄我朝乾隆乙巳续修，已历四次，今又二十一年矣，其间生齿之日繁，婚嫁卒葬之日积叵累，停书者久。族长彩骥公恐其散而无纪，不足以承先而启后也，慨然起而续之。余才谫，勉承纂修之乏，凡例家规祠堂陈设诸图，与夫祭仪诸词，苐新其楮墨而已。坟山为先人体魄所藏，祭产为千秋血食所关，仍旧册之以昭郑重。仁义两公，分房之祖，族众辄称其讳。仁公字长元，义公字正民，今后改称长房正房。入门犹门讳，况祖讳耶。后裔耶。生卒葬备书之，盗葬者不书。子跨父，妇逼翁，陷新而陵尊，不得谓之葬也。生继者彼此皆书之，不忘本有所归也。子即系于母之下，若异母或元续或嫡庶，必注明所出。若庶为长，则先书嫡，不使陵焉。奋志者削生辰。书娶不书配。女改适者不再书其婿，妇人从一而终，贬其不终也。世行纪其数如某行一二，某行三四不等。宗庙百礼，昭穆居其先。司徒五教，长幼居其一，不使陵长以加大，务俾隅坐而徐行也先明，有美而弗知，不明。知而弗传，不仁。嘉言懿行，昭然在人耳目者，传之不敢没，亦不敢诬。生传非高年不录，苟晚节不坚，其何以传信欤。损益前人之凡例，志在善因。予厄于名途，而读书有味，凡事曾识大体，遏恶扬善，谱之所以作，谱之所以续也，爰发明续纂之意而序之。

时

皇清道光十八年岁次戊戌冬月 谷旦

四十三世嗣孙彩鳌敬撰

序

善作者尤须善述，有开必先，有美必继，作述之谓也，谱之续修，述者之一事耳。予族溯委穷源，肇自幼度公以淝水之功，公封康乐，其孙袭封康乐侯，迄今书堂石砚，邑人士凭吊遗址，景犹仰于百世下，殆所谓善作者欤。其孙起宗公由金陵迁江右之筠州，后以康乐为故封，逮籍西都，遂家焉，为予谢氏始祖。传载性恬淡不乐仕进，好为山水游，缅想活荡，襟怀倦游，不忘封邑，殆所谓善述欤。二世仲初公有乃父风，修道于阁皂山，归故里，适旱，拔剑插地，涌泉济之，厥功伟矣。旧山之炼丹池、试剑石，与书堂石砚并传，非又善述者哉。族之谱，前明洪武间诏公以兵燹遗失之后，蒐辑草录，此述之难而不惮其难者也。万历间，前川公本草帙而续修成牒，迨我朝乾隆乙巳、嘉庆丁丑，叠续两次，善作于前，无不善述于后。今又二十一年矣，续修之旨主，纂修二公序之已晰。予勦以编修之任，敢云善述哉。前人已善作而善述，凡我族人，绳其祖武，昭兹来许，安在有美必继，不又隆于今日乎。家规延师教读一条，使俊秀子弟专心向学，洵重务也，其余亦皆恪凛之毋忽。

时

皇清道光十八年岁戊戌冬月 吉旦

四十三世嗣孙彩凰敬撰

万载西都谢氏续修族谱序

尝读张子宗法议谓宗法立则人知来处。周礼小宗伯掌三族之别，人知辨亲疏。未尝不叹尊祖敬宗睦族之意其义至深也。然欲尊其祖，敬其宗，睦其族，涣者使萃，萃者不使涣，上系先祖所从出，下关苗裔所由盛者，非谱其曷以哉。是家谱之立不綦重欤。忆吾族康乐侯之孙起宗公来万，历今千余年矣。岁月迁流，惨经兵燹，谱系散失。幸明启新公遗有草帙，得所考据。至国朝乾隆四十九年，族长联集据前帙倡修未果而殁，五十年得族长心田公因前草帙更考成宪，于遗文访实绩于老成，订讹补阙，纂成谱牒，垂之于后，庶一族之内上识其所由来，下不至视至亲如路人也，岂不伟哉。迄今又三十余年矣，族属久远，派衍视昔愈盛，支分较前益繁。际此升平有道之日，寖昌寖炽之会，倘不因时详加续录，将后之世次何以辨，长幼何以序，生配卒葬何以考，其何以对先人而裕后昆也乎。此谱之续修不敢绶（缓）者也。今岁八月内，族中耀州、耀远、耀信、耀暐、耀宇、耀春、耀生诸公欲因旧增新，谋续修之，举余统领其事。余自顾才识闇劣，无所短长，再三固辞不获，因集众议，令各房汇齐世系送祠，便以考订，付剞劂，其中义例本前次章程，间有阙误者，今悉考正之。其他未敢有易焉。嗟乎，谱之作也，尊祖敬宗睦族，前人之意念深于此，而不有以续之，则前虽善作，后无善继，数传后派愈衍而支愈分，且或棋布星罗，散处异地，势不至上不识其由来，下不视至亲如人者几希矣。如此其何以尊祖，其何以敬宗，又何亲亲而收族以继先人作谱之深意乎。然则今谱之续修，非徒侈观美也，惟冀凡为人后者，阅其家乘咸兴木本水源之思，以尊祖而敬宗，亲亲而睦族，绵绵绳绳，相继无穷，俾后之续今无异今之续昔，咸体作者续之志，是则族之所大幸，亦余之所深望也。

时

皇清嘉庆二十二年丁丑冬月　吉旦

四十二世嗣孙耀麟敬撰

万载西都谢氏续修族谱原序

今夫天之生物也，由微之著，由小而至大，凡物类然，族宁异是。顾族之繁也，当其始则一祖也，又渐则数兄弟也。积而至于大宗小宗之别，星罗棋布则千支万派也，而原其千支万派之先，则不过数兄弟之身，数兄弟之先则不过一祖之身。迨谱牒既废，宗莫稽，至有语其先而不知其名，与族人面而忽以途人目之者。悲夫，一祖之身分而至于途人，此前谱之不容不作也。然族属愈久则支派益众，散处益多，有不可纪极者矣。不因时以续修，何以联宗盟而笃同气，不复视为途人者乎。此后谱之续尤不缓于前谱之作也。吾家宗谱自余祖心田公于乾隆五十年与族中诸公纂集，已炳炳烺烺于前矣。兹族长耀麟公，房长耀州、耀远、耀信、耀暐、耀宇、耀春、耀生诸公因年久月深，生齿日繁，大惧某也生，某也卒，某也娶某氏，某也葬某邱之无纪也，且惧孰为昭孰为穆，孰为某之子孙，孰为某之支派之裔而莫辨也，于是商所以续之。询谋佥同，众志莫异，而命余属笔。予曰：此重大事也，惶然悚，惕然惧，以不克胜任为辞不获，因勉强承命，矢公矢慎，遂取前谱续而订之，间有增益者亦增所应增，非敢好易前人矩矱以炫其长也，总期千支万派归于数兄弟之身，数兄弟之身归于一祖之身，不至语其先而不知，面族人而以途人目之云耳。然则自今以往，阅斯谱者孝弟之心其亦油然而生者乎。

时

皇清嘉庆二十二年丁丑冬月　吉旦

四十三世嗣孙彩鳌敬撰

万载西都谢氏续修族谱原序

谱之作也，其有忧患乎。曷患乎尔，始患其昭穆之失序也，继患其亲疏之罔辨也，终患其统绪之混淆也。有一于此，大非所以尊祖敬宗，敦本睦族之义也。故自汉魏以来，家多有乘，姓必有谱，如司马迁之辑本纪世家，班孟坚孔仲达各撰叙祖系，而序次之详，缠绵恺恻，令人读之不禁流涕欷歔者，则惟苏老泉、欧阳永叔为最著，故后之作谱者，总以二家为法。余家族谱于乾隆五十年余祖心田公及联成、联举、耀德诸公，因前人草录，更加详核纂辑，序其昭穆则尊卑秩矣，辨其亲疏则等杀分矣，溯其统绪则源流晰矣。且一脉相承，自起宗公源源本本，至二十九世分为二房，福生公子孙则为仁公之支派也，寿生公子孙则为义公之支派也，无旁枝，无外附，了如指掌，可不谓详哉。迄今又三十余年矣，其间生配卒葬，未及记载者甚繁。今岁丁丑，族长耀麟有志祖述，奋然以重修是倡，余亦共襄其事，越数月告竣。凡族训戒条各仍其旧，其庙图祭图以及行述传赞等项，悉增其新焉，其谱较前不益备欤。夫重修一事，其典甚巨，予敢自居于述哉。第先人已纂于前，自不得不续于后，俾奕世下识其木本水源而兴尊祖敬宗敦本睦族之意也乎。至继此而续之，又有俟于后矣。

时

皇清嘉庆二十二年丁丑冬月 吉旦

四十三世嗣孙彩松敬撰

万载西都谢氏续修族谱原序

慨自秦汉以来，宗法大坏，人心日偷，一族之内有亲未尽而不相往来，冠婚不相告语，死丧不相吊恤，甚则有父子异居，兄弟相讼者。而原其故，皆由无谱以联之。昔程夫子云，欲管摄天下之人心，必先收宗族，欲人不忘本，须是明谱系。有味哉，慨乎其言之矣。窃思吾族之在万也，其原出于康乐公。自起宗公来万以后，世居西隅。至明鑾公生仁公、义公，始分为二房。仁公子孙移居荷岭，我义公子孙始移宜邑之金瑞，后复居株树潭。前乾隆五十年，心田公据前明所遗草录，复考订纂辑，付之剞劂，谱成散之各房，俾一族内咸知支派攸分，亲亲而睦族仁厚之风，孝弟之行，蔼然生焉。今又三十余年矣，生配卒葬日多，族长耀麟公倡率续修，以继前徽。由是前谱未备者增之，讹者正之，遗者补之，谱系较前不盛益欤。嗟夫，莫为之前，有美勿彰。莫为之后，虽盛勿继。今幸斯谱之续修越两月而告竣，庶几哉后之人览其家谱，思先人之世泽，忠厚立其本，勤俭培其根，入孝出悌，型仁讲让，庶保世滋大，无忝先人焉耳。

时

皇清嘉庆二十二年丁丑冬月 吉旦

四十三世嗣孙耀春熏沐敬撰

万载西都谢氏族谱原序

族姓之繁，势不能无亲疏，然自祖宗视之，皆一体也。第历年久远，其间千支万派，迁徙靡常，不可胜数，非有谱以联之，何以敦一本之谊乎。是谱牒之修洵不可以不亟也。吾族自康乐公裔起宗公以来，世居万邑西都，原原本本，一脉相承。前明诏公蒐辑成牒，前川公复重为详订世系，断自起宗公来万始，起宗公以前则姑阙之，顾其时昭穆已井然不紊，凡生配卒葬以及各处丘墓，了如指掌，其所以承先启后者，固可谓源远而流长矣。我大清康熙十三年甲寅，突遭兵燹，民人相率避寇于山谷中，携在草帙。启新公于贼平后，复因草帙广为搜罗，今所遗者皆启新公手泽也。我皇上以孝治天下，大化翔洽，沦肌浃髓，直省族姓，靡不以谱为重。况我谢氏系出康乐，世居万邑，其本原尤可稽者哉。乾隆四十九年，族长联集倡修草帙，未付梓而殁。今岁族内举余为族长，不获辞，即以谱为首务，联成联举耀德诸君子等皆欢忭踊跃，共襄厥举。爰于乾隆五十年十一月开局付梓，告竣于十二月谷旦。合族人等俱各矢公矢慎，祇期信今传后，无忝我祖宗云尔。我族其久远和睦各安生业，共守国法，无使以游惰为得意，视礼义为赘疣，间有不肖亦委曲开导，慎毋中弃不中，才弃不才也。庶型仁讲让，必上不负圣主之教化，下敦一本之恩谊，则予有厚望焉。

乾隆五十年岁次乙巳冬月 吉旦

四十一世嗣孙联捷熏沐敬撰

原序

今夫国之有史，家之有谱一也。史为国典，谱为家乘，尊王于天，所以大一统也。推原于祖，所以志一本也。昔庐陵欧阳氏，眉山苏氏俱有谱。近士大夫诸名家亦各加意于谱牒，诚重之也。自宗法废则世系不明，昭穆莫辨，人鲜不忘其本，非笔之于谱，将支分派衍之际，茫然不知祖考所自出，或相视如秦越焉。是谱牒之修，诚不可以不亟也。吾族自起宗公至万以来，历千余载，前谱经兵燹散失，至明诏公、前川公、启新公历世撰有草帙，未行付梓。一日房弟心田公来万商于余曰，吾家世系，前明虽有草录，然自明迄今又二百余年矣。际兹重熙累洽之会，倘不详加考辑，为之刊刷以垂久远，后之子孙将何以辨昭穆，明尊卑，别支派，俾上识其所自出，下不视至亲如秦越者乎。余闻其言，不禁悚然曰，此甚盛事也，盍亟成之。于是告之族众，佥同莫异，遂举前世草帙与今之世系，详为考订，鸠工捡刷，越数月而告竣。今幸乐斯谱之有成也，尊祖敬宗睦族之意固当阅斯谱而惕然兴矣。然吾犹愿后之子孙能以今日作者之心为心，收录其将来增续其册叶不至残废而珍今日之作，如是则庶几乎后之作者亦有其人焉。是则余之所厚望也。

时

乾隆五十年岁次乙巳冬月　吉旦

四十一世嗣孙联举熏沐敬撰

万载西都谢氏族谱原序

家谱之修，所以序昭穆，别亲疏，使千支万派归于一本，后世子孙孝弟之心油然而起也。吾族自康乐公袭封，其孙起宗公始来居万，历今千有余年，其间之迁徙靡常，固不可胜纪，然居万者，祖宗丘墓皆详志其巅末，即间有遗佚，而征文考献又未尝尽付诸郭公夏五之例也。前明诏公于洪武年间念旧谱经兵燹遗失，于是复蒐辑旧绩，参以见闻，集成草帙。前川公于明万历三十九年辛亥复重为详订，虽世远年湮，而源源本本了如指掌，睹斯谱者，孝弟之心有不油然而生者哉。今族内诸君子议辑谱牒，众志佥同，命予捉笔。余谢不敏，以父兄命不获辞，因择吉开局，汇辑世系，一仍前谱，生配卒葬，未入者增之，据事直书，使足以传信而已。后之有志者倘能重加厘订，使吾族昭穆亘古不紊，子子孙孙勿替引之，是余所深望也夫。

时

乾隆五十年岁次乙巳冬月 吉旦

四十二世嗣孙耀絅熏沐敬撰

承德公享堂记

古人营建，宗庙为先。本始之思，人有同然。吾族自起宗公为我谢氏始祖，传廿九世至仁公，移居荷岭，义公始移宜邑之金瑞，后复居株树潭。仁义两公宗祠历未有建。迨我四十世承德公生子五，曰宗桂，曰宗綵，曰宗亮，曰宗徐，曰宗岐。长次无传，而三四五三公椒衍瓜绵，子孙颇繁，后人承积善之余庆，思竭诚而报德，特欲建祠以安历代祖考之位。虽然报本之思，人心所同，惜我公下斯无众产众会，奚能图度经营乎？然而事之成否，则各有天焉。若夫有志兴作，虽无一钱一粟，何难竟成盛役哉。于同治丙寅冬，合公商所以营建祠宇，然三公子姓悉欣然从命，即购族内起凤株树下象形面前塘成田，转驳本公下彩起田以作基址。次年同治丁卯，公下新沛新达新构景光等竭力捐乐助，劝进享得钱四百有奇，其创始之赀颇敷。由是而鸠工庀材，凡各户成丁者自饮自食，一丁帮助二十工。及公下有会木匠泥水锯匠者，自饮自食，每人帮助二十工，起首上梁等项利市，各匠均无。越数月而上栋告竣，隔年同治己巳公下新浩新亮新寿新蔼景清等竭力捐乐助劝进享，得钱一百有奇，其再建之赀略足。由是而鸠工庀材，凡各户成丁者自饮自食，一丁帮助十二工。及公下有会木匠泥水锯匠者，自饮自食，每人帮助十二工，起首竖门上梁等项利市，各匠均无。越数月而下栋告成。三年两造，不请外人一工，俱是自己帮助而落成焉，可不谓合公协力，踊跃襄事者乎。盖寝室厅堂厨房毕具，公财告歉，神龛槽门缺焉，俟后添造，其规模虽未甚广，而有上栋下宇，周围砖墙以蔽风雨，则祖灵可以安，子姓可以聚，岁时伏腊得以恭行时祭，且可以读法讲礼于其中，后之人瞻栋宇轮奂，思水木之本源，亦当念其创建甚费艰辛也。今值族谱续编，爰附记以示后。

时

皇清同治九年岁次庚午秋月　谷旦

四十三世嗣孙国学生吉祯

偕侄职员善营敬撰

资料出处：宣统二年《万载西都谢氏族谱》

七甲　郭政

宗族组织概况：

与本图四甲郭宠、十甲郭联拱俱田下里递

八甲　周兴

族谱摘录：

八修族谱序

族之贵乎谱也，何居乎？盖以一族之丁口众多，支分派别，举凡生殁嫁娶，创建迁移，与夫先人之箴训，合族之规章，仕宦簪缨，忠孝节烈之炳然蔚起，不一一有以纪载之，则经时久远，势必至于散失遗漏，莫可稽阅，孝子慈孙不忍坐视一族一支之世系事迹湮没无傅，此谱牒之所以必一再修辑而不已也。吾族之有谱牒也，自明代永乐甲申先人原惟公创修，尊宋星公为第一世祖，叙述上世源流，原原本本，翔实有法。后历成化甲午重修之，万历乙未三修之，一秉原惟公旧规略加增订。逮及清代二百余年间，先后又复三次续修。民国肇建，百度维新，族人以谱事为亟亟，于是乃德等起而为七次增辑，然皆不失前人之意。迄今距七修时仅二十余载，族人士又急谋续梓，揆诸古人三十年一修之期虽尚未及，然因庚辛世变，兵燹频仍，族人不免流离，谱牒间多散失，非及时加以缀辑之功，诚恐先人之箴训，合族之规章，与夫各支子姓生殁嫁娶创建迁移等等，废坠无稽，乃委予任其责。予以族人殷殷于谱事若此，心实善之。惟自忖学浅识寡，于谱法素未究心，虽曰有前轨可循，踵事增华，易于为力，然于应增应删之处，均须有识力为之斟酌，始德臻于完善。予何人，斯而能若是乎？幸得在事诸人相与热心参订，底于成功，旧牒增新，体制仍昔，虽不敢告无负于前人，庶几可永贻于来许。由是昭穆以序，亲疎以别，尊卑不失其伦，散亡得有所统，孝弟之心亦可油然而生，是则先王尊祖敬宗收族之道，惟谱可以尽之矣。抑尤有进焉者。今当抗战建国之际，上下一心，共谋民族之复兴，以期国基之臻于巩固。盖国族者，由家族之所推也。吾族人务须深悉此义，团结精诚，由爱护家族之观念扩而充之，以爱护国族。能如是，则在宗族而称孝弟者，在国即为忠义士也。国族之兴，岂非实基于此哉。予之有冀于族人者又如此，族人其以吾言而奋然交勉焉可也。

时

中华民国三十年辛巳冬月 谷旦

二十五世孙文会 谨撰

田下周氏族谱原序

万载田下周氏者，距县伊迩，为邑之著姓。余以秉铎是邑，见其祠揭族训，约例严悉，余心窃肯之，因喟然曰：此非诗礼之家不能敬宗睦族，恩意绸缪若斯也。不数月间，有老翁原惟者以亲属匾额之事来谒。余见其古貌古质，与之语皆古君子有道者之言，心益肯之。有间，请余抵家，率子弟辈彬彬致礼，宴席之间谈论益洽，予乐其人之可重而快其家规之可风也。自是往来绸密，欢然道故。一日手草牒向予而言曰：吾常承先君命，会将家世源流古志，编续先人世系事迹，愿先生一言以弁其简首。予闻而善之，因稽周氏宗祊原出姬姓后稷之后，古公之裔，历邕公受封于周，后因以周为氏。嗣是汉晋唐宋，卿相文人最多，不能具载。今之谱则自宋星公始。公以父纪善公由道令万，遂家于此。厥后子孙昌阜，或以邑令著，或以推官显，或以义士彰，或以贤才辟，举官至按察副使，宦声政绩彪炳史册，因叹理学之裔渊源有自。予向以诗礼之家归美于周氏更不诬矣。今翁承父遗命，慨然有志于尊祖敬宗收族之义，创成谱牒，垂裕后嗣，岂非仁人孝子之用心乎？诗曰：毋忝尔祖，聿修厥德。周氏原惟之谓矣。是为序。

明永乐甲申春月

万载训导曾礪 拜撰

重修原序

故元末造，邑数被兵，人家遗文旧籍大抵消蚀过半。我族古牒虽存，而多历年所，势亦腐烂将迄。我朝永乐甲申，原惟公乃起而昌明之，续旧录，编新图，或原或委，有条不紊，其所以继前人而启后昆者，意良厚也。今又七十一年矣，荷大平之日久，庆生齿之日伙，中间世族，长幼尊卑以及男女婚嫁，生殁年月，殡葬坟茔，阅时既久，为事益繁，倘局守旧章，不加厘订，将前有所考，后无所稽，而向之所谓或原或委有条不紊者，不渐即眊然杳然耶。夫善作者尤望其善继，前人当兵燹之后，他务未遑，犹急急于谱牒之修。吾荷大平之久，更何敢视为缓图，致泄泄於编章之阙。因急合族人，重为编辑，大要以公慎为尚。至旧谱之荒忽，详加整饬。其书法义例，一准古训。世系则补之，文纪则增之，图考则按其伦次而布置之。稿成付梓，越期而功始告竣。於是世族之源流，昭穆之次第，男妇之生殁，庐墓之罗列，非特前有所稽，抑且后有所考，以视向之或原或委有条不紊者，今则按部就班更觉了如指掌也。呜呼，族谱至斯可谓盛矣。抑予更有厚望焉。异日者，英贤届起，光大前修，将见按图考纪，虽奕世而遥，当亦如在同堂，则今日斯举可不谓承先启后之一助欤。

明成化甲午冬月

十世孙邑增生庆新偕弟庆宁撰

三修谱原序

尝闻善作者必须善述，善述者尤须善继，凡事皆然。矧家谱纂辑，厥系尤重且大耶。忆余族之谱斯也，历数百年于兹矣。粤自前明原惟公，本家世所传源流古志，及家万以来之草录，据实援引，上至基祖星公，下迄永乐二年，详其事实，序其生殁配葬，盖不欲祖功宗德，积久渐湮云尔。但前之所作，草创未备。亦阅成化甲午，庆新、庆宁二公复广为搜辑，俾阙者补之，略者详之，且列以祭仪诗歌，缀以族训义例等项，汇辑成帙，梓以示后。由是长幼尊卑，与夫巍科显宦，潜德懿行，壶范节烈，靡不昭以晰焉。是前人之所作而明，以俟后人之善述者也。使前有善作而后无以述之，则枝叶莫辨，世次混淆，其何以光祖烈而示来兹欤。予忝族长，志在重修匪朝伊夕矣。特以族属星散，人心不一。漕务既尔靡宁，货财又恐不给，夫是以有志焉而未逮也。今年春，族众英贤踊跃赴祠，欲成吾志，共襄此举。爰请梓人入祠镌刻，自鼻祖分支迄耳孙衍派，昭昭穆穆，秩然就序。其中行传、志序、碑文、诗颂，均仍前谱，不敢以己意而增减也。至编次不无错综，世传间新墨沈，则参前代之作者述者，酌而行之。猥云原原委委，比昔加详，庶几无负祖宗之事，并无负前人之作述云尔。第重修一举，其典甚钜，余敢自居于述哉。今既承前人之所作而继述之，继自今，孝子贤孙披阅家乘，于以继继绳绳，浸昌浸炽，递相续于无穷，是则余族之幸也。故曰：善作者必须善述，善述者尤须善继也。

明万历乙未秋月

十三世孙汝曾撰

三修原序

我族之肇始于古公之裔邕公，而汉晋唐宋簪组联络，无从枚举。有宋中兴，星奎水洛，濂溪先生得不傅之妙於遗经，作大极图说、易通等书，实为宋儒理学之宗。数傅至纪善公，宋孝宗淳熙间由道州令康乐，其子曰星公者因父卒署，遂家邑之城西田下，萬邑周姓实自公始。递傅至今已十五世。祖先之教泽，犹幸世守而勿替。洪永间，邑中登辟举者，后先接武。时先任邑令，后官按察副使我寿兴公其首荐也。厥后其孙子将公亦以副宪将军显著于朝。猗欤休哉，何其盛欤。今虽青矜廪贡代不乏人，而披阅家乘，追维祖烈，已有不胜怆然者，又况户族逃散，丁口遗失，其与谱者十之三，其不与谱者十之七。所可慨惜者，更何如耶。谟少而力学，长游黉序，讵于族谱之举而忽诸。但以老病衰残，自顾难胜兹任，而又不欲以敬宗收族之盛，自我诿其责也。乃择本年春月吉日，举行奠醊，以告于列祖之前。礼毕，于是执颖操觚，定其纲领，分其条目，共计书若干卷。越秋月而功告竣，中间更订甲午旧谱处颇多，要在与前言适合而止。睹斯谱之成也，窃幸以老病衰残之身，得与于敬宗收族之盛，岂非我宗祖之灵所为呵护而佑启之也哉。

明万历乙未秋月

十三世孙郡附生汝谟撰

原序

人皆为祖宗所由出也。祖宗以一人之身，传为千万人之身。其间支分派别，势处于散。散者不有谱以萃之，则如水之奔溃旁趋，莫知所往。贤者重为之慨惜而已。我族始祖星公自宋由楚迁万，籍隶西隅，四百余年，派衍支分，颇称蕃盛。忽遭乙酉火灾，祖址荒墟，业产消耗，遂无以联贯族属。厥后星散棋布，或徙居乡隅，或迁居他邑，居址不一。先世纵有收族深情，亦苦于散佚之难萃矣。今年春，承诸父命，搜集旧录，查对坟基，缘于先人世系事迹，编辑成轶。虽未能于各支各派序其世次，详其行实，而于水本嫡派，自鼻祖以今，昭昭穆穆，罔不秩然就序焉。则后之人因流以溯其源，复因以沿其流，将见按图考纪，虽奕世而遥，当亦如在同堂，则今日斯举可不谓承先启后之一助欤。

明天启壬戌冬月

十五世孙邑附生文献撰

四修原序

大极肇分，两仪定位，人位乎三才之中，所恃以超万物而立人极者，端自孝悌始。其道无惭，可以淑身，推而广之，可以化民成俗，则夫一本之谊，九族之亲，亦宜有道以维系其间。自宗法一废，恩义日衰，谱系不讲，伦理渐乖。无怪世次既远，生齿既繁，虽同本所出，而喜不相庆，忧不相吊，竟相视如秦越。甚或小加大，少陵长，干犯名义，无所不至，要皆无以管摄乎人心，启发其天良故耳。夫山发昆仑，水源星宿，人原宗祖，皆有所本。本之若忘，末因以溃。纵勳业烂然，君子谓其不知务善乎。老泉之言曰：路人者，其初兄弟也。兄弟者，其初一人之身，其可使源流泯没，无所识认乎？则谱系之不容不修也，明甚。余与周宗戚叨襟谊，适有业儒继昌庸心一本，笃志九族，孜孜重订谱牒，执帙来余相阅。余其喜能重本笃亲，而又难其事之不易胜任。盖以谱之为言普也，族之为言簇也，凡欲使涣者复聚，分者复合，上承先祖之徽烈，下作后裔之训典，倘非品粹精，识见卓越，素为人心所属，子姓所重者，虽欲为之，实有甚难。及按厥谱而后，知其才之足以胜任愉快焉。详其世系，得姓始自古公之裔邕公，楚成王封为周大夫以承祭祀，其后因以为氏。嗣而科名节义，炳炳蔚蔚，史不绝书。暨自星公继父志而隶万，本世德而作求，迄今椒聊蕃衍，世代英贤辈出，历历可数。兹所为谱，觉祖宗源流，隐晦显达，分支别派，昭穆齿序以及祭典文物，无不灿然若日月之经天，江河之布地，于以承先启后，功诚伟矣。抑余曾闻周氏诚为良族，孝友相承，乃族诚能重本笃亲，人人无异，则仁德致祥，天必降康，而富贵荣显，自与昔埒。余嘉其善而书以归之，亦以见一本之谊，九族之亲，触于人心之所同，然而不能自已也，是为序。

乾隆八年癸亥夏月

眷教弟邑西陈于唐顿首谨譔

四修原序

谱系之纂于公卿士大夫家也，肇于宋，而庐陵欧阳公为最著，眉山苏氏次之，后世之纂世系者率以欧苏家为宗。上世帝王各有世系，故五帝三王其传次皆有可考，而公卿士大夫之家多缺焉不详，后之览者无从考据焉。太史公司马迁修汉史，自麟经绝笔以下，别帝王为本纪，至公卿士大夫之后悉详其世家，附以传赞、官爵、传次，源源委委，此欧苏谱系之纂所由昉也。礼：祖有功而宗有德，故庙祧坛墠于明堂，而金枝玉叶谱为帝系者，要皆尊祖敬宗不忘所云尔。今夫车书一统，家庙之立，谱系之纂，上自王朝，下及公卿，士庶皆道一而风同，洵属郅隆之世，教化昌明，莫不尊尊而亲亲。吾万邑田下周氏，其发祥之始，肇于文林郎纪善公任康乐，而其子星公遂家居于此，迄今数朝，其间人文蔚起，孙枝竞秀，或以文学著，或以德义彰，或以节烈显，或以忠孝垂，其炳炳牒书者皆更仆未易数，岂非康望族哉？周氏之先固已纂辑世谱矣，今有内侄继昌潜心儒业，且喜尊祖敬宗，重本笃亲，乃因旧乘，复谋所以增修之书录草谱。与余言及厥事。予因慨然兴欢，曰：是诚尊尊亲亲，孝子慈孙之善举也。夫周公为古公之裔，受封于周，继承百世，今来裔不忘所自，而增参重订，继志述事，以光大乎前修，其浸昌浸炽又岂有艾欤。至若秦汉以迄唐宋，代有伟人，所纪者皆指不胜屈，所谓遥遥华胄等诸亲，尽不追可也。兹为序其迁万之始，居万之盛，因为溯其得姓受氏之原，知俾夫周氏为万邑望族者，其有自。且以卜神明之裔，其后必昌且大也。敬书以赠之。

乾隆八年癸亥夏月

愚壻郭世道薰沐谨撰

四修原序

从来一姓之内未有忘尊祖敬宗之心，敦本笃亲之谊，与长先幼后之伦而可以号故家，称巨族者也，而吾以为其事皆系于谱。何也？使其无之，则长幼不序，亲疏不辨，吉凶婚吊漠不相关，名为同族，实等途人耳。然后知谱所以清本源，明支派，而序昭穆者也。本源清而尊敬之心发于不自知，枝派明而敦笃之谊出于不容已，昭穆序而长先幼后之伦亦循而不紊，谱之所系洵重且大。以故世家巨族莫不亟亟于修辑也。况吾祖始自邕公，受封于周，因以为氏。暨星公派衍康乐，述今十余世，传次井然，非复加纂辑，将先祖之名讳德行，久而就湮，后世蔑由考，悉子孙之耻也。后裔之亲疏昭穆，紊淆莫辨，一族之怠也。矧际升平之泰运，承先人之遣泽，念兹木本水源如之，何其可缓耶。是以重修之举不能自已。予虽剪劣，不禁忘其固陋，于是操笔濡墨，取原谱而详参之。搜罗虽遗亡，较正错讹。凡先载于谱者，依旧而书。新载于谱者，据实而订。行辈未列者列之，年岁未纪者纪之，列其次第，清其先后，随其人定其诣，凭宗祖之灵爽作证，不敢妄为，不敢私意，不敢苟且，矢公矢慎，一德一心，底成厥事。向之所谓视同族如途人者，今则休戚相关，庆吊相及也。由是祖讳以之而彰，源流以之而清，行辈由此而列，昭穆由此而序。在我周氏之子若孙，一阅是谱即可知其某祖是为某孙之祖公也，某孙是为某祖之支下也，某祖又与某祖相亲者，某祖又与某相疏者也。然亲疏虽有远近之不同，要皆本于星公一身所发也。虽至百世之远，莫不了如指掌。嗣后有光前裕后者，起而继志述事，大修纂造，亦可谓仁人孝子庶几靡衰靡替，愈远愈昌矣。是为之序焉。

乾隆八年癸亥夏月

十九世孙继昌薰沐谨撰

五修原序

古者奠世系，序昭穆，以别亲疏之等，则有官以掌之。自赵宋欧阳永叔乃定族谱法，藏于家， 其间与眉山苏氏五世亲尽之说颇异，今所本多欧阳法。论者谓欧阳五代史接迹龙门班范而下未可同语，是能以良史才制家乖者也。然则周氏族谱之修顾不重哉。粤稽周氏肇自黄帝轩辕，而得其姓昉于邕公。邕公为周武王十八世孙，食采汝坟，以国号易姬姓为周，后之子孙因以周为姓。秦汉以还，或为绛侯，或为执金吾，历历可考。厥后周泰为都乡侯，周顗为军谘祭酒，周宏正为尚书仆射，至李唐时有翰林学士周墀迁江西观察使，以廉能清慎，拜义成节度使，再进同平章事。自墀历十四传至敦颐濂溪先生。先生兴教善俗，学征本源，著有大极图说及易通书等编，卒谥为道国公。自濂溪历五世至纪善，为康乐令，其子星以留任未旋，遂家于康乐田下，此万载有周氏之所基始也。夫由周星逮建，鼎心、远、巨川、寿兴、原惟、子将、本洪、正仪、正暄、正旸、正忠、正昱、正冕凡九世矣。今礼山固田下九世支祖正暄之嫡派也，与上坊冲、炊藜、羊塘等俱正暄后，而蒋家渡则正旸嫡派。他若宜春之紫草岭，本邑之西门等，皆属证派。生齿日繁，即谱系不可不修。田下族谱创于有明永乐甲申时则有若原惟，再修于成化甲午时则有若庆新、庆宁，三修于万历乙未时则有若汝谟、汝曾，四修于国朝乾隆癸亥时则有若继昌，于今系五修矣。既有垂绂、垂綍、垂绪诸公以倡其首，更有韡等以总其成。韡天性纯谨，嗜学益笃，而其尊祖敬宗收族之心尤为真挚，可不谓象贤崇德，后先济美者乎？且田下周姓不一，其他尚未可知，而惟礼山一支灵锺峯顶，代產伟人，无论有朋以前如寿兴之乐道好古，孝友宜家，抚河南则民皆乐业，任提刑则风尚清廉。即以今日在家之耆耇与游庠之秀士，罔非资忠履信，竞尚古风，酌雅稟经，尊崇实学者也，所谓楩楠豫章之材，騕□离群之枝，其在斯欤。惟望勤敦亲睦，广肆诗书，将夏瑚商琏皆为辉华廊庙之资，东箭南金悉属黼黻皇猷之选，其所以昌大家声者，正未有涯矣。然则周氏族谱之修顾不重哉。曙戚忝葭莩，谊为中表，亲同萝□，好并朱陈，而若兆蓉、若韡、若兆垣、若基南等又曾与予同学于一粟名山，大唐古刹者历有年所。夫是以知之甚悉，而见之甚真也。爰不揣愚蒙，聊抒夙闻，以识不朽。是为序。

清嘉庆十九年秋月

明经进士愚外孙郭大曙拜撰

五修原序

我族自　星公由湖抵万，卜宅城隅，迄今继继绳绳，相传二十有余世，亦可谓发祥绵远者矣。所惜者，派衍支分，居星人散，虽同本所出而喜不相庆，尤不相吊，甚或先世坵坟，碑残碣蚀，渐至遗忘。呜呼，此岂非谱之未修而尊祖敬宗收族之不讲也哉。予等叨承先世余荫，生长於斯，迄今又百余年，生齿之繁，日积日累，使听其散而无纪，聚而无序，将来源流汨没，支派保无紊淆耶。去年冬，爰与族众商曰：若吾家庙自前明煨烬，至今犹未恢复。斯役也，在后之贤子孙举废兴坠有厚望焉。乃若家乘不葺，久而易淆，后世将何以序昭穆而定宗派乎？佥以为韪。乃命次男韡等因前人之旧帙而增辑之，而補益之，则所以尊厥祖以敬厥宗，以收厥族者，虽不在而是，亦未始不在是也。兹谱告竣，族众促余作引以弁其首，余黯浅非能文者，因粗述数言，聊以塞责云。

清嘉庆十九年秋月

二十世孙国学生垂绂撰

五修原序

从来家之有谱，所以序昭穆，别亲疏，并详历代之人品，生娶之庐舍，殁葬之坟茔，使合族共知而各兴夫孝悌仁让之心也。然则谱之所系顾不重乎哉？溯惟吾宗，姓原古公，系出濂溪，五传至纪善公为康乐令，其子星公以留任未旋，遂立基于邑西田下，此吾族之所肇始也。数其谱牒，由明迄清，修之再三，迄今览其遗文，枝叶详明，长幼秩序，昭穆森然，前人尊祖敬宗之心恍然如昨也。传兹数十余年，荷庇荫之福，生齿之繁日积日累，使听其散而无纪，聚而无序，将来途人相视，而一本九族之义有茫然不知所自出者矣。族长日勋叔与余兄弟鳃鳃虑之，爰聚一族之少长进而谋曰：尔诸英畏亦知族谱之续宜亟亟乎？不续，昔之枝叶详明者今晦矣。不续，昔之长幼秩序者今紊矣。不续，昔之昭穆森然者今讹矣。承先世之余荫，听后裔之失次，祖宗有知，亦何乐有此子孙也。此予之所以慨然议续也。座上闻者，感悟于是，踊跃捐助，谋兴是举。凡总订纂辑编校诸役，俱于韡以责其兼职焉。兹幸首事斯举有志竟成，爰述其事以志不朽云。

清嘉庆十九年秋月

二十世孙职员垂绪撰

五修原序

吾族谱牒创自前明原惟公，嗣而庆新、庆宁二公更增其规，汝曾、汝谟二公复集其成，迄乾隆癸亥，继昌公毅然议续修之举，卒未果，乃将历代世系权书草牒以志之。今又七十余年矣，其间生齿之繁，散处之多，婚嫁殁葬之日积而日累，停书者殆以万计。诸父兄暨予大惧昭穆之紊与夫一切之散而无纪也，久欲谋而续修之。壬申岁，族房等促予因旧增新，编辑成帙。余以科举在即，不暇纂辑是诿，且恐仅仅录草，其事终不能成也。去年冬，询谋佥定，乃令各房齐集丁口，卜于本年四月初入局纂次。前者序之，后者续之，略者详之，疑者核之。迄七月吉日，付诸剞劂。阅八月中，装缮告竣。其中义例一本前次章程，间或窜易字句增补。原序传记，亦因时适宜，而于前人非敢有悖也。至此届校订检阅，余以一手一足之力，敢曰修辑已臻明备。第按厥谱图，上自始祖，下及今兹，中遡列祖之分支别派，昭穆秩序，有条不紊，差可幸告无罪焉。若夫祖先行状，前人已叙之详矣，余复何赘。余惟本亲亲尊祖敬宗收族之意，亟亟以修明为己任，庶后之人识水木之本源，兴似续之志意，不至遗忘，以坠家声，是则予之所厚望，而亦祖先在天之灵所默为鉴观者欤。

清嘉庆十九年秋月

二十一世嗣孙邑附生韡敬撰

六修原序

吾族谱之修距今六十年矣。此六十年中，正余父兄之世也，吾族方盛，吾家方隆，诗书之泽，文武之材，庠序之游，贤能之举，族之将大，理势则然。予于其时读书怀古，酾酒论文，倚乔木以长吟，登高山而远望，未有世情，且无家事，父兄过爱不吾禁也，其意气之盛不其壮哉。乃今潦倒半生，一无所就。顾瞻宗族老成无多，惟六兄步瀛与余寥寥几人，其感慨又何如也。前七月中元节，族人咸集，以为谱久不修，将缺畧遗忘而莫可纪，众推予纂辑之任，六兄亦以是为予责，固辞不获，乃分任众才，考其世系，详其生卒配葬，传其文章才艺，表其节义科名，旧者因之，新者续之，信者传之，疑者核之，误者正之，阙者补之，众之力也，予第总其成焉。谱垂成，将告于庙，乃谂于族曰：族谱之修，非徒纪世续而已，所以教孝弟也。老泉苏氏曰：观吾之谱，孝第之心可以油然而生矣。予之孝第何如而可以教人乎哉？虽然爱亲敬兄，人之良知良能也。触于谱而生，不必触于谱而亦生。凡我族人，诚因斯谱之成，各尽其子弟之分，各承其父兄之修于家，献于廷，忠君顺长，道不外是矣。贤才出，国将昌。子孙贤，族将大。此予父兄之志也，即凡为父兄之志也。予与族人共勉之而已。

清同治十二年癸酉孟冬月

二十一世孙国学生兆琳敬譔

七修原序

谱字从言从普，合亲疏远近，普而言之也。上自祖祢，旁及昆弟，下及孙曾，凡分支别派，左昭右穆，生殁婚葬，封典序传，一一期于无漏无讹而已。其事为甚巨，其功不可骤，而秉笔者尤非枟栎材所可胜其任也。我族自始祖星公田下开基以来，历数传而名宦辈出，文人蔚起。代明永乐甲申二年，六世祖原惟公始创辑谱系。成化甲午年，十世祖邑增生庆新公复二修之。万历乙未二十三年，十三世祖郡驸生汝谟公复三修之。迨至清代乾隆癸亥八年，十九世祖继昌公则又四修矣。嘉庆甲戌十九年，十九世祖日勋公，二十世祖垂绂垂绪两公则又五修矣。同治甲戌十三年，二十一世祖步瀛兆琳与二十三世祖再寅树北诸公则又六修矣。自甲戌距今四十有余年，阅时既久，子姓日繁，棋布星罗，未能遍识，不有谱以联之，则亲疏莫辨，尊卑失伦，势不至视族人如秦越人不止也，其敬宗收族之谓何？合族有感于此，故清明赴祠建议重修，并公推予为纂辑。时予任龙章学校校长，事物纷繁，不能兼领。且自忖枟栎材，学识简陋，性情疏慵，不能膺此辑订世系详加考核之任，再四避贤竟不蒙允。于是会议章程，遍发知单，各房世系，冠期汇聚。缘于暑假期内黾勉阅订，缺者为之补，乱者为之次，支派昭穆不敢有紊，生殁婚葬不敢有讹，封典序传不敢有误。既登者仍其旧，不没前人之长。未入者增其新，冀劝后人善。诹吉付梓开刷，两阅月而克告成功。所谓敬宗，敬于此矣。所谓收族，收于此矣。而千百世亲亲长长之道，胥于是乎在，岂非光前裕后之举哉。予独懈居纂辑之名，而未克尽纂辑之职，则亦何敢任纂辑之功，而淹各房伯叔祖父、兄弟叔侄之劳。总之，是谱之修，予不过得附骥尾，以侧其末而已。是为序。

时

民国四年岁次乙卯仲秋月　谷旦

中学毕业生二十四世嗣孙乃德 敬撰

田下祖居图说

洪惟我基祖星公卜居城西田下，不数传，人与文并茂，由是接屋连楹，聚鸡犬桑麻之盛半康乐矣。传次既久，支派蕃衍，居星人散，或有移居于各乡者，或有迁徙于他邑者，迄今世远年禋，而祖先遗迹尚留一线，亦可谓不幸中之一幸也。今照前谱，谨绘基图于左，庶后之人必有光大前业者。诗曰：子子孙孙，勿替引之。尚其念之哉。

田下周氏祖堂记

周氏自纪善宋孝宗淳熙间由道州令康乐，卒于官，子星以留任迁居，迄今凡十一叶。世积忠厚，习尚质素，治室不事壮丽，唯祀先聚族之地则致重焉。往祖堂四旁茅茨，制颇隘，然开创初礼意简古，亦袭而安之。既而生齿日盛，每冠婚丧祭，元旦寿节等会，少长咸集，至不能容。正德戊辰，族长周益等率子侄光耀光尧等扩址基新之，区画周至，缔造牢密，其方位一顺地势，不改旧迹，而奥窔必幽邃清静，足以妥先灵，凡陈列笾豆，升降进退，献酢交错之所，亦必绰有余裕。堂成，藏祖主于寝室，时祀不忒，事竣合族燕饮于堂，欢合而退。又书约训揭之壁间，教之以勤俭立门户，谦和处乡里，礼义廉耻正心术，而孝弟忠信之说尤拳拳焉。俾知爱亲为国，宜家保族以毋遏前人之光，业儒者奖劝以成其志，行之数十年，俗渐淳美，庶几诗礼之家矣。万历壬辰，予令万载之明年，奉令开征乡士，周汝曾给公尚义，率一族首先乐输，致予褒嘉。由是汝曾谒于予，每乘间叙家世所自及先人创垂之实，乞予言记祖堂，予未之逮也。越二年至其家坐于堂，诸父老子弟以次罗拜，咸知事上之敬。观堂制并阅谱牒，汝曾复以记请。余喜其家教之有素，将有光于斯堂也，遂志之。

明万历甲午季秋月　谷旦

知万载县事文林郎古吴钟万禄撰

籍贯记

我祖辟地西隅，所承里递有三。籍隶二图者乃八甲周兴也，籍隶一图者乃七甲周伏童也，籍隶四图者，乃十甲周吉也。嗣后三分为五，又有一图一甲周文，二图五甲周海之分。按八甲系巨川公子孙顶充，七甲系大川公子孙顶充，十甲系东川公子孙顶充。至于一甲，后为巨川公下良兴公子孙顶充，五甲后为巨川公下文兴、署兴二公子孙顶充。前人以其里递各殊，遂分彼此，不知里递虽殊，而本源则一，昧其本而忘其源，无怪离心离德。上而溯其祖考之所系，昧乎其莫之辨。下而稽乎支派之所分，盲乎其莫之察。是以至亲而或视为路人，甚至同区而有町畦之立，隔墙而有尔汝之分，无所不至。如是而欲尽其敦叙之道难矣，则甚矣谱之不可以已也。我族谱牒自永乐甲申已创，斯时一甲、五甲、七甲、十甲已分支别派，各自为族，所以与吾八甲概未合谱。迄今继继绳绳，所承里递俱照前充，故特笔之，以垂后世云。

明成化甲午冬月十世孙庆宁谨志

八隅会记

邑中西隅八甲二图原系周兴公顶立，里递起有八隅会，每年期届三月三十日，除用费有余，照股分领。及管理，依甲轮承。

凤真阁记

邑秉淳庞，洞洞属属咸建庙祀，而巍然璀璨甲胜康乐者，无逾凤真阁。阁创自嘉靖乙亥，缘宗先粮运入燕，圣首破浪跃舟，珍袭载归，梦卜兹土，因祀焉。时未显圣，兹土仅竹林一隙地，又曰阁，因改祀衍圣公。邑病疫，补建兹阁，民苏苏色喜，爰是鞠凶罔降，民年丰祈祷 响应，为一邑冠。乃岁复一岁，飘摇风雨，榱桷廷楹，殊失壮丽观。族祖雍九、德初谒祠下， 欷歔悲悼久之，于是酿金鸠工，庄黛施朱绘饰，税左右涂以松蝶，四阿涅以金粲。经始于崇祯丙子春月，工技争集，两月克竣，四顾间即不敢拟天外舒蜕，云中佩凤，然昂轩翚飞，陆陆离离，视之昔日益煌且都也。工讫，坊父执三十余人思垂不朽，再捐资购田若干亩，轮授承管，锱铢咸清，以完公余羡留捐香火所不逮。语曰：往者不至，来者不极。今兹贻谋之谷 无不祈年沉美矣，祈更有助高于高，益深于深者。方今中外多故，忠奸混迹，绿林奋击，万里朱殷，尤赖圣神之灵慰啼号而衣餐起疵，扎而康阜，麟凤霞炳，蛇豖霄遁，引其厘祉于一坊一邑者，上佐天子，下嘏元元，则神之获吾国者福孔皆也。

崇祯庚辰　秋月记

民国乙卯四年　　秋月再志律诗

袁郡卫堂上试馆记

联壁试馆乃吾族科举时文武生童应试所寓者也。境属袁郡宜邑署前卫堂上，缘基址系卫地。按咸丰初年，外姓原有屋宇，后被兵燹。咸丰九年，族乃商诸分邑袁姓共建上下二栋于此，建筑一用费，祠内捐钱七十千文，裕后堂捐钱十千文，绂、绪二公祭祖堂捐钱十千文，安后堂捐钱四十千文，步瀛捐钱六千文，蒸尝会捐钱十千文。我族一半，今发与周崇山住，批礼钱五十千文。又每年交租钱一十千文，又代席钱一千文。兹因谱镌刻，聊抒数语以志不朽。

置买礼山祠宇记

吾族祠宇迭遭变故。其始置于田下也，而有回禄之变。其继建于礼山之桥头也，而有蚁蚀之变。其后筑于礼山之挂舟山也，而复有回禄之变。吁，前代祖先竭其心力财力而悉付诸烬余，仅仅于田下留存数榻，殊可慨矣。虽历次欲集款鸠工建造新宇，而入不敷出，致阻进行。今德与兄弟辈玉孙、发修、启材及诸同族伯叔兄弟等，悯主牌无一定之灵寝，栋宇无确定之基础，公决承买礼山塘埁上锦璜公屋宇全栋，毬场余基，契约洋载共用去数百金。然此屋在礼山聚族处之中心点，今定为一族祖宗寝室，庶春露秋霜可告无感焉。

乙卯秋月　　乃德记

资料出处：民国三十年，礼山《万载田下周氏族谱》

九甲　龙卢易（本杨松，天启元年改）

卢易未书，俱丁单

十甲　郭联拱

三图　南浦坊、宋家坊

一甲　宋远诏

宗族组织概况：

与本图二甲瑞洪、三甲远泰、四甲远兴、五甲远庆、六甲宋敏、七甲宋朝、九甲宋政、十甲宋梅同大祠

二甲　宋瑞洪

三甲　宋远泰

四甲　宋远兴（本张鉴，康熙三年改）

五甲　宋远庆（本郭通孙，康熙五年改）

六甲　宋敏

七甲　宋朝

八甲　鲍继柏

九甲　宋政

十甲　宋崇梅（本作崇海，从乾隆册改）

四图　建安坊、仁寿坊

一甲　杨效

祠未书

二甲　晏应元

祠未书

三甲　邓贤

宗族组织概况：
与东都一图三甲邓继生同祠，光绪四年同续捐

四甲　李善庆

五甲　常自通

祠未书

六甲　陈刘保（本陈官保，后改）

宗族组织概况：
与十五都四图二甲陈应富，十六都六图九甲陈雪保共陈直大祠

七甲　彭未牙

八甲　蓝盛（欧阳曙改欧阳蓝，嘉庆元年再改）

族谱摘录：

蓝氏重修族谱序（萧鸾）

谱者何？谱其一本九族之昭穆也，谱其男婚女嫁之氏族也，谱其生年死月之异同也。谱法废，则以□为□，以卑为尊者有之，以亲为疏者有之，而且婚嫁无所稽，存亡无所考，而且迁也不知其所往，葬也不之其何山。因之小加大，少凌长，众暴寡，强役弱，悖礼乱……今观吾邑西□汝南堂之谱，不远引夫衣冠华胄，不侈谈夫文物声名，惟推本于承禧公，谓为来万之始祖，至今百余年，原原委委，一丝不乱。呜呼，可谓实录矣。自兹往，我知尊者尊，卑者卑，喜相庆，忧相恤，孝弟之心油然而生，长幼之节秩然不紊，共敦尊宗收族之情，永杜亢戾□凌之习，人心日淳，风俗日厚，则斯谱之功岂浅鲜哉。是为序。

皇清乾隆十四年己巳仲冬月 谷旦

姻教弟邑增生萧鸾 拜撰

蓝氏重修谱序（刘同善）

国家重熙累洽，休养生息，百数十年，生齿日蕃。族姓日盛而且人知礼乐，俗尚敦庞，建祠宇以祀其先，修谱牒以联其族，虽向未有成牒垂贻者，且为寻源穷委，循名核实，而创设焉，况有为之前者而不思继其后乎。自功令谕以修谱宜即所居之地肇起之叙为始祖，不得远援公侯世家，务浮名而忘真本，是以家谱之不免泛涉者，皆为改订，以昭实录。今逸士蓝公春碧以族重修谱牒属予叙言。予观其旧序，蓝氏自宋迄明，世居康城西隅，世有伟人，世系昭昭，固非妄引公侯世家者比也。前哲之述备矣，又何必琐言哉。夫修谱者钜典也，蓝族之为是义举，非多仁人君子襄其事，恶能原始要终，炳烺尽善哉。吾闻蓝族亦康城之盛族也，积之后者其流必光，将见秀者勤于诗书，朴者敦夫质行，四时殷荐，聚族合食，相勉以文章道义，知必有蓝珏正广之仕宦，连绵之称，继起于斯焉。其族之大而远也，宁有既乎。是为序。

皇清乾隆十四年己巳仲冬月 谷旦

眷教弟刘同善拜撰

序（蓝仲迹）

尝思大家巨族，莫不由根本深固而后枝叶茂盛，盖必其祖宗积累之勤，培植之厚也。然非有后子孙维持防范，则亦无以笃亲亲，明世系，序昭穆，以联而一之也。我族自明季之变，同遭兵燹，一时俱尽同宗共祖，莫不相视如途人伤已。幸我明祖珏公遗存阙谱，迨清士达公复搜罗采录，汇成草牒，将欲重修。至顺治三年，与西都一图十递同甲龙彭陈构讼，数载未能克果。今又百余年矣。戊辰冬，族众念与予为督，咸曰修谱之任，督可肩也。予无才，未敢允诺。越己巳秋月，众复嘱，予遂与各房房长集祠妥议，择吉告庙，偕仲诒春生秉笔，知者补之，不知者宁缺。因流溯源，字字确实。纂辑成帙，至冬月延梓立局，矢公矢慎，克观厥成。虽皆诸君子之力，而祖宗所以呵护而默启者，岂浅鲜哉。予虽未能阐扬先德，以裕后人。但既承族众选举，因即其事之颠末以志之云。

皇清乾隆十四年己巳仲冬月 谷旦

嗣孙仲迹敬撰

序（蓝仲诒）

圣王之道，莫先于睦族。睦族之理，莫大乎敦本。是谱也者，其为法至良，意至美也。我祖自文英公由西蜀至豫章，承禧公自豫章而来万，传至于今，数百有余年矣。族姓蕃衍，丁口日增。凡支分派别，非因旧帙而续编之，世远易湮，何以存之。人繁易漓，何以联之。喜有庆，忧有恤，何以触之。春有祀，秋有尝，何以感之。宗功祖德，何以承之。孝子慈孙，何以开之。然则谱之为义也，顾不重哉。缘于乾隆十四年秋，聚族商议，翕然有重修之志。择吉开局，因世次支派，其男婚女嫁，生年死月，以迄迁于何所，葬于何山，一一详注，俾昭如指掌，粲若列眉。况先世之遗风实迹，了然于目。而后代之班序名分，了然于心。亲其亲，长其长，恩联义洽，情笃谊周，则贻谋燕翼，洵收族之善物，而继往开来，实启后之良模，岂曰小补之哉。

皇清乾隆十四年己巳仲冬月 谷旦

嗣孙仲诒敬撰

序（蓝春生）

凡物之情，散之则其气日浮，而相戕相贼之机，伏聚之则其气日固，而相亲相卫之势成，于以见尊宗睦族之不可不亟讲也。我祖玉田公在唐之末，由西蜀迁豫章，亦阅有宋，我承禧公始自豫章来万，卜居于邑之西隅。迄今数十世矣。历年久远，子侄蕃多，爰于乾隆十三年冬，聚族而告之曰，吾先人之讳字行派，生配死葬，听其湮没可乎？曰不可。吾昆季孙子之远近亲疏，尊卑长幼，任其混淆可乎？曰不可。愿上治祖宗，非谱则昭穆罔辨。下治子孙，非谱则支派莫分。旁治兄弟，非谱则长幼无节。然则谱之修也，乌容已哉。又于乾隆十四年菊月择吉开局重修，凡明以上列祖之言行事实，生卒婚配，悉以详注于谱。虽各房所藏印本俱遭明季兵火，幸获士达公留有珏公遗谱残阙，重而纂之。以及家乘告竣，不揣冒昧，爰笔以书，未知可告无罪于先人，垂余庆于后世否。愿与诸君共裔之焉。

皇清乾隆十四年己巳仲冬月 谷旦

嗣孙春生敬撰

原序

礼云，尊祖以配天，亦以生成之德有等于天者也。庶人之分不能致其尊崇之礼，岂无水木本源之思乎。第流派分，枝繁叶茂，不加仰溯，曷知本深而源之远哉。粤稽我祖系出于楚，而由西蜀自文英公传生承禧公至万，世居西隅，一传再传，仍居西隅聚族，其钟灵毓秀者长矣。但年久易湮，先辈名讳尽悉。爰是会集编修，庶祖宗之名讳派系于以聿昭后代之尊卑确乎不爽。由是笃一本之谊，联同源之美，孝弟仁慈之心，油然勃发，睚眦诟谇之习浑然潜消。观于乡而知王道之易易，斯为吾族之幸，以特搦管而之序。

嗣孙士洪敬撰

辛日新

夫谱者，上述祖宗之渊源，下纪子孙之分派，一脉相传，其所由来也久矣。粤稽史书楚公子□封于蓝，谓之蓝尹。后以姓为氏，尹公仕楚，忠心报国，不避权贵，善劝子西，修德惟有御史之清风，实汝南堂之所由来也。由周而来，代有贤良才哲，历历可考。传至于唐，自玉田公在西蜀，游于豫章，传生文英公，后承禧公迁于万，卜西隅吉地而居焉。蓝氏家乘，实可稽矣。前辈望族，贤能群出，士林联集，不可胜计。迨至珏公拔群超举，历官县府学教，通判惠州广州，历代相传，瓜瓞绵绵，螽斯蛰蛰，实西隅之望族也。族虽有三房之分，且户丁繁衍，而恩联义洽，一脉相贯，谓非木本水源者乎？况昭为昭，穆为穆，尊卑上下，各得其所。垂□奕而不朽也明矣。予虽不敏，窃闻岳族修辑谱牒，岂无一言以记其事。冀尊族戚谊共襄盛举，庶尊族祖宗阴相点佑，俾后代子孙人文蔚起，而为蓝氏之光前裕后也。是为序。

忝门婿辛日新拜撰

里递案

顺治四年三月十三日

告状人蓝士达士洪，为指公剥诈事。缘民祖籍与龙彭陈四姓自古历今朋充西都一图十甲户名蓝龙彭陈，遭同甲豪棍龙化成等，欺民住乡远隔，历届查造编审黄册，串同书差重派剥诈，至去年奉宪清查通县钱粮，查西都四图八甲欧阳曙丁寡粮无分厘勺合，谕民递四姓朋充一户，且龙彭陈三姓钱粮不下百余，致将民户移顶西都四图八甲，与欧阳朋充。又遭龙化成等勒民出图规贿银六两三钱，现经周杰过付，始得稍安。今乘宪台届造编册，又起一层风波，恃强勒索，切民奉宪补顶衰甲，承充差徭，伊三姓充当一递，何得假公剥诈。为此匍叩青天乞拘恶党研讯究惩，安良肃法，感恩上告。

被告龙化成、九成，彭辣，陈文

见证周杰

十八日县宪杨批：侯差拘讯究

六月十八日

诉状人龙应科、彭述甠、陈文

为割籍漏造临编灭法事。版图历载定例难容漏没。哭民籍居西都一图十甲坊长，自前以来，一切编审黄册，经催应比以及铺毡结彩，迎春接诏，原系蓝龙彭陈四姓轮充，历届编审印册可稽矣。突有蓝士达等不守祖籍，又与西隅四图八甲欧阳曙朋充，且欧阳曙并非绝递，何得割漏原籍，移顶现有人充当之户，实属妄思图脱公费可知。今棍称奉前宪移补，捏民诈剥，有意钻顶脱漏版图，已可概见。诉叩宪台烛察究诬。上禀。

被告蓝士达、士洪、士通、周杰

二十三日县宪杨批：俟催集人证讯夺

顺治六年十月二十日

王宪堂断，审得蓝士达具控龙彭陈等指公剥诈，移顶递籍等情一案。庭讯查悉前情，蓝士达之祖原籍万邑西都一图十甲，四姓朋充，户名蓝龙彭陈。顺治三年二月，前县清查合邑户籍钱粮，查得西都一图十甲四姓充当一递，且龙彭陈钱粮尚多，而蓝姓粮少，惟西都四图八甲一递欧阳曙丁单，兼无钱粮，不能承充。前县将一图十甲蓝姓一户移改四图八甲，与欧阳曙朋充，致编册更改户名欧阳蓝，实属公允。嗣有龙彭陈三姓欲勒索蓝姓出图规银，控经前县。今查悉情形，蓝士达等所控三姓勒索出图规礼，事属有因，当将龙彭陈等薄责以儆。断令蓝士达等仍照西都四图八甲，与欧阳朋充，自后永不许再行滋事。取具两造，各结存案。此谕。

图簿序

邓峻业先生原序

西都四图，昔自康熙四十九年因上宪采买漕米，乡图混扳，构讼藩宪，八隅公议，每递敛银用费之余，各图分归。予等西都四图十递未分，起聚生息，已有百拾余两，后因人心不一，各姓均分之外，仅余些须之微。复于雍正十年十一月，志图复兴协力同心，订定五十一月望六日，十递会集，轮流发借，渐次生息，矢公矢慎，置买田业。凡我同人，务须竭力无私。至于田租，会日当众枭卖，所收银钱除公用外，余存放借，庶生生不息，将见由百而千，积少成多，图众子孙得以安享其成也。是为序。

源流序

夫人之初生，乃天地之气化，得以姓受氏，皆由木本水源。粤稽我姓由周以来，实出芋姓楚公子蓝□封蓝邑，后以邑为氏。□公数十传而居西蜀，嗣传玉田。玉田公于唐中和年间官由西蜀游至豫章，传文英文晋二公。晋公留侍筠阳，英公徙居袁州府康乐之城西焉。传至宋承禧公，隶籍万载县西都一图十甲，与龙彭陈朋充，户籍里名蓝龙彭陈。厥后子孙益盛，代有伟人。传至珏公，兄弟贡廪，身任仕宦，人材赫奕。迨明季兵燹，族皆迁乡星散，至国朝顺治三年，县宪查我族递四姓朋充一户，兼龙彭陈粮多人众，惟西都四图八甲欧阳曙丁寡粮尽，坊民公举我族朋充八甲欧阳曙衰户，改编册户名欧阳蓝。后因龙彭陈勒我族出户规银，控经县主杨宪。顺治六年，蒙县宪王审明，断令我族移充西都四图八甲差籍，永守勿替。愿族子孙孝友睦族，徇分耕读，以冀上进，世无忘焉。是为序。

嗣孙士达敬撰

资料出处：乾隆十四年《万载西隅蓝氏族谱》

九甲　彭敬

宗族组织概况：

与东都二图七甲彭希同祠

十甲　周吉

祠未书

田下街区历史建筑资料汇编

郭氏大祠

田下郭氏重建大祠记　宗大经星峤

宗之有祠曷昉乎？昉于河南程氏修譜略，謂家必有庙。子朱子撰家礼，謂庙非有赐不得立，乃名之曰祠堂。以古庙制严卿大夫三适士二官师一，非是不庙不祭，故士无田与庶人之荐俱限于制不可越，究无以伸报本追远之思。近遵程朱礼下达庶人通享四代，视古卿大夫有加隆焉。邑著姓各有祠，而祠之望推田下郭氏为最。祠旧有寢有堂有重门，无以异乎各著姓之为祠也，惟门外有坊，坊外有池，池外有桥，桥外有墙，规模宽敞，则大异乎各著姓之祠。夫亦可以妥先灵展孝思以而族子姓犹拳拳于为寢为堂为门之仍旧者无以异乎各著姓之祠而思拓而新之，尤审睬夫门外之坊，桥外之墙，昔之位置鲜惬也，更思迁建而式焕之，于是度祠基。基之隘于左者，康侯公子孙捐地尺有咫衺延以就墙之直，其隘于右者与宗国公墙屋相犄角，乃谋于其子孙为改修墙屋，易其地而规于正，族之人聚而懽然曰：是可鸠工矣。计善庆公资不足，爰据南轩、绿陰二公钱粟取材运石斲之砻之，峻其宇，延其桷，为崇为广，视昔有加已大异乎各著姓之祠矣。乃复撤桥畔之墙，竖以石坊，辟街道之门环以崇墉。於烁哉，美矣备矣，族之人以时讲礼于堂，修祀于寢，邑之往来瞻仰者佥曰田下郭氏祠洵甲乎各著姓之祠乎。穆穆乎敬宗收族其报本追远之思固有不失乎程朱之礼者，奚啻称祠之望为各著姓所推最已哉。是役也，始事于嘉庆九年七月二十三日，越十一年十二月工竣，费金计七千有奇。倡议修竖则有若岖、古、光笏、大吕、超俊、如云、如屏、如藩、樹芝、飞雄、拱、垣、文璘、爾元，提调则有若功岱、功吉，坐局尊房则有若岖、如峦、涛，师慧治刚，采购木石则有若如峤、功卫，监造出入则有若锦桃、大球、功劝、如口、廷才、步高，会计钱粟南轩公裔则有若拱宸、功曦，绿陰公裔则有若瑞仪、垣。矢共公慎，协力宗祠，是皆可嘉也，例得备书。

田下郭氏祠堂原记

我族自天成公辟地西隅，逾数传至南轩绿陰环碧公，人与文两盛，派分为三，三列为八，八衍为十有二房，由西城暨南郭，居联云聚，鸡犬桑麻之盛半康乐矣。人众不可无纪，嘉制祖思治地为祠，卜舍于今祠之故居者数十年，湫隘不当巨观，厥志未竟。岁丁卯五月，余补弟子员归，我父偕诸伯叔祖举酒话昔，喃喃往事，遂慨然有拓大之意，谋诸长老，商诸通族，咸喜动颜色，振衣思奋，虽下走儿童莫不欣为盛举也。量力捐助，计口纠财，未踰日累积近千，至其争先恐后之状若有神佑焉。爰相爾宅，爰采爾秀，嗣前人所未就，仍故居扩新舍，再三恳之族叔正初诸兄弟，而后成。然尚未备也，因陋就简，所缺良多。爰展土伐木，鸠工庀材，委族之精勤者轮董其事，朝夕治办，不转瞬门庑改观矣。计门之对为志喜堂，一楼横峙，而其间犬牙相错，终不得为完业，费多金购辛氏空址贸之，而后山环水抱灵聚秀钟奇吐光喷甲第人文之茂，上宏祖烈，下贻孙谋，猗欤盛矣，鲜有踰斯制者。构寝堂，镂金燦碧，以燕以宁，竖两廊饬阶砌玉，可登可降，备厨传具器用。勅书有阁，藏神有寢，会见有堂，贮积有库，种种规为罔所挂漏。基古而象新，地敞而观丽，方之前者湫隘不其壮且都哉。登斯堂也，则有作敬著肃，俨若以思者矣，则有型仁讲让，姻睦以和者矣，则有士淳民愿，乃心所事者矣。昔也涣，今易之以萃。昔也朴，今易之以华。昔也分为三为八为十二房，今则统同联异而靡不一也。稽工既疾，落成又速，非邀神佑曷克臻此。异日者，礼乐文章之富，蛟龙虬变之符，意者其

在斯乎？叔长春公走数百里，征文而颜之曰：有道洵令誉也，敢不书以备一览。十五世孙士选、士逵、士逢同撰

郭氏祠堂第一门记

祠宇之首有门第，由是而阶而两楹而堂而寝，类然也，尽其制则美，阙一则不足壮观。康城郭氏宗祠，前湫隘，经后人恢廓崇峻之，实甲于康城诸祠，惜其堂前横一第而止，无有复蔽者。夫宫室之制各有其分，不可为而为者越，可为而不为者亵，可为而不为则浅狭弗邃，非所以藩神居，且俾其祠之富美，人得窥其所藏，殊未满人意，后有见及者又苦于财不果。越康熙丙戌秋，郭君万冕等不畏难，不惜财，毅然首倡之约族之同志三十余人，各竭其囊之所有，卜日之吉，鸠工选材以为祖若宗，增远其门第，而穆邃其神寝，有不给，谋诸族，以族之余廪余橐补费百七八金，越几月而竣，迄今崔然而崇者复穆然而远，拓然而大者复渊然而深，纵有能窥者几不得其门而入，吁天下事何常之有，浅者见浅而深者异，迩者见迩而远者异，即一举措间而有以卜其人之底蕴，是役也，人谓诸君尊祖敬宗，壮厥观而不惜其私固然，然余窃叹诸君之绍承佑启，凡为后先计深远而臧且周者，于此可见。故因其继谱而乐为之记。若谓使后之族人按籍而考其事，因得以不没其名，此浅丈夫之所为是，岂诸君子之志，抑岂予之所推服于诸君子者哉。乡进士钤阳夏侯崙拜撰

田下郭氏重修祠堂记

族姓肇兴，虽由人杰。贤豪辈出，实本地灵。然非有钜笔写之则美而弗彰，彰而弗久，其与荒烟蔓草何殊，是故会稽兰亭以逸少之记而显，豫章滕阁以子安之序而传，彼昌黎之寝庙尚有藉于苏子瞻之碑也，严子陵之祠堂不重有赖于范希文之纪乎？矧吾族之祠堂其兴也有自，其建也有年，其成也有渐，其盛也有由，安可以不记。相其地势，介于西南月台右拱，梵刹之钟鼓遥闻，笔架左迎，虹桥之烟市如错，鹅峰耸翠，直整冠裳。绿水朝宗，横若襟带，汾阳之封虽远，绿陰之蔭犹存，桥梓翩翩隆于彦牖祖之时也，实自世祖而隆华鄂韡韡耀于志喜堂之日也，亦由田下而耀。第地势之形胜固佳，而祠制之规模未扩，则

诸美莫收犹或因之减色，幸我宗人克恢前绪，撤迁旧宇，大构新堂，经始于康熙丙戌，落成于乾隆庚申，以故夏屋渠渠牕檽璀璨崇墉，仡仡阀阅森罗非必求奇奇争造物，自能呈巧巧夺天工。南浦朝云频飞画栋东隅旭日早照朱扉且也池沼弓张垣墉屏列长桥卧波未云而龙，短栏横岸，不风而虎，风云欲际其会龙虎愿得相从今人之心不异古人之心则古人之局不诚扩于今人之局耶。自是气象聿新，耳目一焕，由唐甓而登阶，由登阶而升堂，由升堂而入室，既可见榱桷之轮奂。自正寝而降庭，自降庭而游庑，自游庑而出祊，又可知祖宗之谋猷。仰而瞻瑶阶三级，俯而瞰流水一灣，积厚流光，源且远矣。枝蕃叶茂，本蓁大乎。伯叔兄弟，百家之遥也，于此而萃其涣。春夏秋冬，四时之异也，于此而荐其馨。綏我思成，赉我思成，僾见而忾闻也。遗爾孝孙，赉爾孝孙，受禄而宜稼也。赫赫明明，不曰在旁则曰在上。蹌蹌跻跻，不曰乃造则曰乃依。昭明高朗，千古如一日也。对越骏奔，一日可百年也。猗欤盛哉，非我祖之厚德佑启，后人何以致此。是故游斯堂者睹今日祠宇之盛，宜思当年缔造之艰，溯祠基之辟，辟于嘉制祖也，而贸土乐助者有若而人，记祠宇之肇，肇于建侯公也，而革故鼎新者有若而人。至若求大木，择工师，辇奇石，凿清泉，董其役者复有若而人，乃知其兴也有自，其建也有年，其成也有渐，其盛也有由，立可久可大之规，非一手一足之烈，虽曰人事，岂非地灵欤。此古人所以有地灵人杰之说也，以斯人之代钟，卜斯堂之不朽，纵甚固陋，乌能已于一言。愚不自揣，因为芜言以纪之。十七世孙邑优廪生达撰

周文公祠

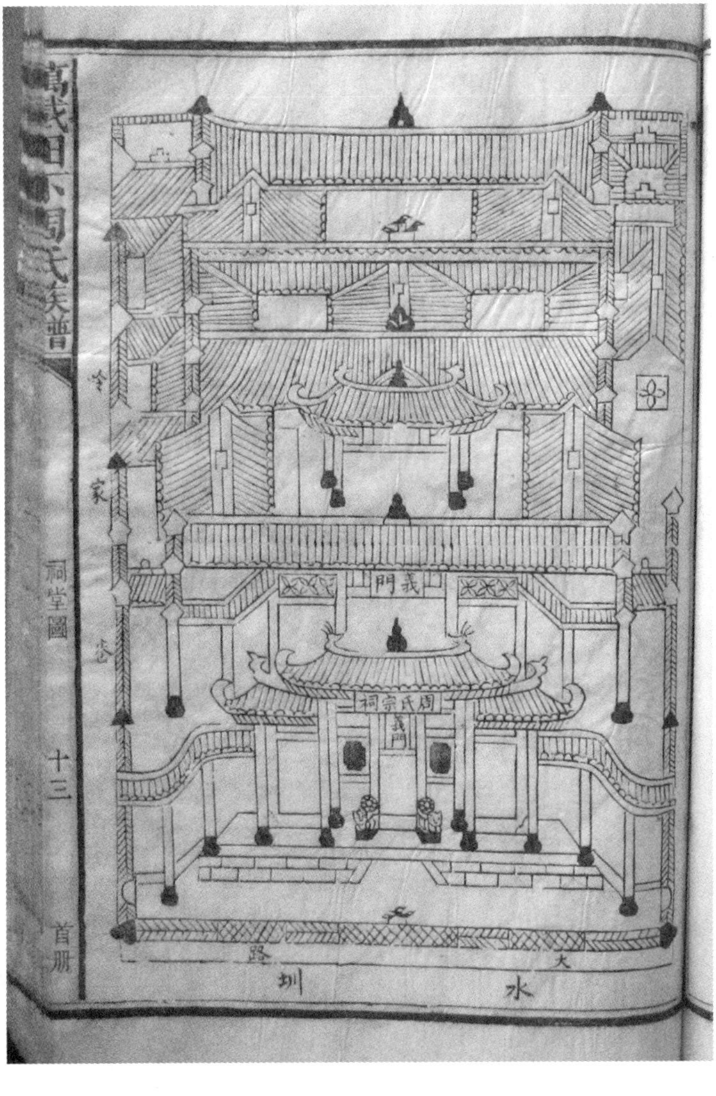

1、祠堂相关资料

祠堂记

祠堂之设，所以妥先灵而子孙所由报本追远者也。曲礼云：君子营宫室，宗庙为先，厩库为次，居室其后。吾鼻祖国宝公乃惟文公之子，旋公四世之孙。自宋由湘泽迁居万载，作室田下，建祠于古布政司地，亦犹行古君子之道也。第屡遭兵燹，庐舍邱墟，基址空存，即子孙类多迁徙他处，不能相聚，欲复先祖故地以建祠宇而不可得。雍正元年，合族敛银生息，于乾隆元年价买田下义门上栋基址，以为祠基。旋以功费浩大而止。至乾隆己卯，群动水源木本之思，所有乐助如景中一百两，敬淑、以功俱各五十两，其余参差不一。于是一切木料砖瓦磉石，凡应用之物，杂然备具。祠之成也，可计日而待矣。而议者以为族众所买祠基在上，广公子孙所管基址在前，祠兴而彼之住宅必相继而起，祠宇势必无余地，甚非计也。族诸公爰商诸广公子孙景中、君临等曰：祠宇地基在上，公等地基在前，规模恐不宏敞，与汝广公分下兑换可乎。景中等慨然应之曰：唯唯。他人之事尚当曲成其美，矧建祠系祖宗重地，而独吝惜之乎。遂度其四至横直丈尺，彼此均平，公同立约为据，然后大惬族人之愿。经始于乾隆己卯年月日，其间谋方向者、登山采买木石者，司银钱出入者，监工匠者，类皆矢公矢慎，不妄费钱财，不偏执己见。自正厅及两廊，义门狮石营鼓，石门围墙，皆次第建立。越数年而始成，然寝堂与门楼未立，族众仍隐憾在心。乾隆庚戌，各支子孙乐助银两，竖造寝堂，广公子孙乐助寝堂地基，寝堂已焕然维新。乾隆乙卯，合族又复乐助竖造门楼，建立尽美公六世同居义门坊表，又岿然耸峙，共计三千余金。此其事，康伯父实斋公于嘉庆戊午辑纂谱系，记之甚详。然门楼虽建，而立向与祠堂相左，地势又低塌，不足以壮观瞻。嘉庆乙丑冬祭后，管理祠事联科、仪祖、能裕、逢年商之合族开捐，移正甃砌磉石，培高基址，并修葺祠宇，增添椽瓦。又左边添横屋数间，费用数百金。迄今规模宏整，体势高轩。窃幸祖宗之凭依有所，子孙之报本有地，子孙之力固不可殁，实祖宗之灵有以默佑于其间也。族众前后屡次公议，凡有乐助钱银地基者，均分别配祔祀之，愿后之人随时修理，以无忽先灵重地。斯为之前者有人，为之后者，人有子孙之所以报本追远者，不益征其不匮矣乎。是为记。

道光八年二月　嗣孙治康记

续造田下祠堂记

我族之有田下祠堂也，创祠基于乾隆丙辰，修祠宇于乾隆乙卯。厥后庚戌岁，赖各支乐助，竖造寝堂。乙卯年竖造门楼，并建立尽美公六世同居义门坊表。然门楼虽建，立向尚与祠堂相左。嘉庆乙丑，合族复开捐，移正门楼字向。百余年来，竭虑殚精，经营劳瘁，此其事先伯祖实斋公暨先君子于戊子春所作祠记已详言及之。但祠堂地势低洼，迩年来山涨暴发，动逾寻丈。龙河堰、双虹桥下流沙淤，竹山洞口诸水悉汇于南门关外，而邑南田下几不免有庐舍湮没之虞。族众于戊子冬杪商议积赀为改造祠堂计，所为抱此隐忧而有志未逮者盖已多历年所矣。道光辛丑冬，族尊长繡圃公倡议先建寝堂，因将九年所创旧祠上栋墙后园基及田下各家所助园土为之量其丈尺，备其畚挶，且厚葺墙垣，培高基址。维时经理祠事子骏兄偕益祖叔、瑜珠兄及各房房长，俱踊跃赞襄。繡圃公倡捐钱二百千。尧七公祠捐钱叁百千，又助杉木大柱二支，今为中栋前檄。存蹟祠捐钱贰百千，又助槠木檄柱一对，今为寝堂前檄。广生公支捐钱六十千文。其余乐助，多寡不一，另录载后。经始于壬寅正月，迄冬月始告竣。寝堂既庆落成，而树赞弟即于癸卯科旋登乡榜，此亦可见我族人文蔚起之先兆矣。方寝堂工役之初兴也，繡圃公以耄耋之年坐祠监督，谓祠堂中栋即可接踵而起。旋以公费不足而止。越二年，繡圃公殁，而子骏兄、民育兄毅然以承先志为念，乃商之房长启持公、友松公暨瑜珠兄、绍连兄，即于甲寅年夏月，旧寝堂移作旁屋，并即折卸中栋二门。即于乙卯年春月兴工，度之筑之，百堵皆兴。寝堂墙外，另辟客厅一所。两旁开天井，堂中隔以屏门。体势轩昂，规模宏倘。且添修站亭，上护雕槛。自两廊以及二门，次第修举，庖湢悉具。塈茨丹雘，耳目改观。斯亦可见孝思之不匮矣。然以迩年来，贼氛不靖，遂至梓材朴斵，未竟厥功。越岁己未，族众复开捐配祔享祀，即将门楼折卸，重兴土木。铃铎簷牙，钩心斗角。前列石柱之巍峨，上崇义门之坊表。锦水龙山，悠然如入怀抱。狮楼凤阁，屹立犹见典型。墙宇重峻，门第增光，而祠宇于是遹观厥成矣。抑又闻之，革之极曰文炳文蔚，鼎之极曰金铉玉铉。贲饰肇人文之盛，萃涣占假庙之诚。前之人肯堂而肯构，后之人美奂而美轮。继自今祖宗之凭依得所，子孙之祀事孔明，于以卜簪缨之盛，昌炽之隆，殆亦若斯堂之甲第蝉联，知必方兴而未艾也。后之人，抚此几筵榱桷，孝弟慈爱之心油然而生，所为骏奔走而严对越者，安待不弥增其秋霜春露之怵惕也乎。

同治元年壬戌十一月　吉日

嗣孙树楷谨记

添修围墙记

我族田下祠堂自乾隆己卯以迄同治壬戌，上下贰百年间，次第修举，已极美备矣。但门楼外止有大路，并无余基，规模似歉宏敞。于是同治十三年，诸公商买郭姓附祠门外余基直下五丈，横十一丈为外围墙地步。彼时公财不足，事乃中止，而该地砂石等污，连年堆积门外，几为所蔽，若不速行平去，殊为有心祖宗者所不忍也。时值光绪丁酉修辑家乘，房长首士即以此事商之合族诸公，皆以平去砂石，添修围墙为急务。至钱数不足，设法开捐。议定，即行卜吉鸠工，门楼外特起砖墙，前向见以花眼，左右设立大门，墙外仍留大路，规模顿换，气象更新。从此丁财鼎盛，科甲蝉联，其基此也乎。

光绪二十三年丁酉月　谷旦

嗣孙永清谨记

2、明代义士与清代义门

义士记

尝闻周急是崇，著在论语，指囷相赠，传于史篇。迨此义不明，往往拥守自私，人世不得叨其铢粒，则轻财乐施，慷慨好义，岂非所谓贤豪者耶。我族祖仲信公，乐善不倦，前明景泰四年，输粟一千二百石助赈，声闻于朝，旌表义士，竖立狮石营鼓，诚可彪炳当时，照耀后世矣。第当甲寅之变，庐舍荒墟，门前狮石虽屹立依然，而剥残已甚，盖其房址屋基自明万历三十三年，除门楼属公管外，余屋分管于各房，不复合而竖造，至弃为空土。乾隆己卯，合族念其为祖居遗基，乃价买助驳，复其半址，鸠工庀材， 创修祠宇，重建义门，狮石营鼓焕然一新，诚以前人有一事之美，子孙必不可听其湮没，况此为先世承恩之所在，先朝典礼所隆之旧境，而祖德所攸关乎，建为宗室，可见行于一时者，复传于后世，使子孙仿其乐善好施之意踵而行之，则义厚之垂于来叶者，真未有艾也。因援笔而为之记。裔孙光大、继盛敬撰

义门录

诰封

礼部谨题：为题请旌表事：该臣等议得定例，内载民有累世同居，和睦无间者，建坊里门，题名忠义孝悌祠内等语。今据江抚伊星阿疏称：万载县民周继德六世同居，一门敦睦，取具册结，题请旌表前来。查与定例相符，应如所题，准其旌表。恭候命下之日，令该抚转饬该地方官给银三十两，听本家自行建坊。其忠义孝悌祠内题名之处，照定例遵行。乾隆四十九年十二月十八日谨题。

本月十九日奉旨：依议，钦此钦遵。

序

家道之昌盛，莫不借祖父之懿行，以敦其源。假任其湮没，后嗣固无由而知，更何以动其勖勉继续之思乎。我家自高祖文远公生四子，先曾祖以功行二，当分财之际，兄弟较量肥瘠多寡，曾祖独置若罔闻，田庐器物，听各公自择后，始取其余，与汉汝南薛孟尝隐相符合。而先祖律声公兄弟又甘心安受赞襄，以成厥美，此皆吾族前辈常津津乐道者也。厥后，敬庵公兄弟三人，益明大义。当子侄侍侧时，常以前美为训，同爨相勖。雍正庚戌，二伯壁一公谢世矣。乾隆壬午，敬庵伯又不禄。惟家父岿然独存，而志操益坚。岁在癸卯，合邑绅士先生以六世同居公举具呈当事，诸公均不惜奖劝之力。甲辰冬，叼蒙圣恩，旌表义门，曼乎尚已。夫莫为之前，虽美弗彰。莫为之后，虽盛弗传。兹谨将抚宪大人题本，并合邑先生公呈事实，及列亲友所赠诗文联匾，一体付梓，非夸张盛美也，无非欲祖父之懿行流传不没，俾后嗣子孙得以触目惊心，顾名思义，庶义门之声称，谦让之家风，不无小补云。

乾隆五十九年岁次甲寅孟冬月　金华谨志

具禀呈进士陈池凤，举人辛廷芝、辛文彬、辛从益，贡生郭定邦、辛学诚、辛邦佐，廪生张启图、辛炳昭、李荣陛，增生辛学精、汪崇祈、朱逢泰，附生龙步青、辛邦仁、李贻棠等，为秉公举义，颁详请题，以奖善良，以广甄事。窃惟帝德诞敷翔洽，大和弥宇宙，皇仁广被渐摩，至治遍海隅。讲睦姻以敦淳俗，自古为昭，表宅里而树风声，于今尤盛。当久道化成之日，偏方隅下邑之家，雍睦成风，族邻矜式，用胪实事，以备缕呈。今有邑耆周继德同居六世，共口百余，士农工商各安本业，男妇内外各守正经，率孝友以传家，勤俭示后。循诗书以报国，输课争先。婚教惟称有无，俗习之华靡不染。衣食亦给身口，彼此之温饱无分。世世无尤，人人式好。盖由伊祖爰试兄弟分财，取瘠让肥，未遂合爨初心。因之伊父志垣兄弟合爨，刻意承志，不存分财琐见。迩来内有兄嫂成青节，已荣坊表沐皇恩外，有子侄入黉宫，多叨作养，登秀士。继德现年七十八岁，追念父母兄弟，宛乎孺子之容。孙曾聚首百余人，大凡坐立进退，居然世家之法在。周氏世笃恩义，而学校有善当扬。计百余年以来，熙熙攘攘，总百余人之集，雅雅鱼鱼，兹盖我国家累洽重熙，美俗之陶成有自。伏遇我皇上登三咸五，大泽之下沛无垠。生等据所见闻，仰希申报上宪，赐之题请，用增一邑之光，观感而兴，匪独一门之庆。声传万载，风动四方，为此具由，伏乞廉察。

乾隆四十八年十一月　　日呈

事实

一 周继德家自祖爰试勤修本业，传生二子，长志垣，次志翰。志垣子二，长继谟，次继德。志翰子一继烈。至继谟得年六十一岁，妻汤氏，现年八十岁，有子七人，长列文庠，余俱向义。孙二十七人，曾孙九人。继德现七十八岁，妻龙氏，现七十岁，有子五人，长次俱列文庠。孙十一人，曾孙二人。岁时伏腊，追念父母兄弟，时现赤子之心，邑人高其行谊，屡举乡饮不就。长子金华蒙前学宪谢准举优行注册。继烈得年二十五岁，妻辛氏，早寡，现年七十四岁，乾隆四十三年蒙详请题旌表。子一，孙七，曾孙二。迄今六世同居共爨，内外肃雍，家范之修，合邑共仰。

一 周继德家无厚产，相率勤俭，秀则士，朴则农，服贾治生，上供国课，争先输将，下分衣食，内外一体。男婚女嫁，度德量力，不论财物。宴会亲朋，惟长辈相陪。余只蔬食菜羹，粗充身口，不饥不寒，日夕供业，无有游惰。

一 周继德家循礼名分，父坐子立，兄先弟后，厅堂之内不闻妇女声，门庭整肃翼翼焉。每食，内外分设广席，尊卑长幼，依次序坐，必有仪节。其年未十岁者，另设小桌，亦分序列，教以揖让。有一未至，俱不先食，雍令宜人，见者心折，闻者道服。

一 周继德家择男妇性行之当者，分理内外，每事必禀命家长而后行。凡资财出入，无私货，无私蓄，无私假。与往来赠答，一秉公慎。至戚内问，虽老妇必麾门而与之言，族长为之矜式。

一 周继德家自祖父由县城迁居本邑十二都一图黄茅乡，大小惟务家修子弟，非祭祖、醮墓、应试、完粮不入城市，遇乡里是非，力为排息。至修学宫，建宗祠，一遇盛举，不遗余力。而修学宫，尤倾囊以助。前邑宰张给有“辉光辟雍”之额焉。

乾隆四十八年十一月

3、部分传记节载

始祖允斋公传

公讳国宝，字席珍，号允斋，生于元天历戊辰八月十五辰。幼即颖悟过人，入小学，师友咸器重之。及舞勺，潜心经史，所学日进，屡试不售。公因叹曰，予之不获寸进者，厄于数也。年近四旬，即不复以功名为念。至延师课子，备极殷勤，提命间无非孝弟诸大端。且好善乐施，指不胜屈，而不欲人见其惠。前明洪武己酉，邑侯赵举为约正，诚以公之品端行洁足以树仪型于一邑一乡，而乡邑之人咸信而矜式之也。卒年六十二岁。今子姓蕃衍，簪缨冠带，世代蝉联，忠孝节义，前后辉映，棋布于城隅、黄茆、高城、株潭、后塘、田心、宜邑各等处，几有千烟，皆公为之鼻祖，而支流派衍者也，非公之盛德有以佑启于无穷乎。语云：根之深者实遂，源之远者流长。吾始祖固长发其祥矣。尤望我后人凛遵祠约，饬纪敦伦，于以绳绳继继，粲然礼乐衣冠之选，斯我始祖之肇基垂绪也，为弗替矣。

仲信公传

公讳仲信，庆一公三子也。其他不可知，观其好善乐施则固一斑可窥全豹矣。有明景泰三年，自冬及春，凝雪连月，积尸满野。公输粟一千二百石助赈，邑侯梁公申文于朝，以义士竖立石狮营鼓，旌表门闾，事载县志。配宋氏。生子三，次子冕，邑庠。孙十一，长名辅，邑庠。其余类多迁徙他处，无可稽考。而近存可稽者，寄居宜阳金瑞地方，但衰微寥落，硕果蒙泉，未必不在于是。至流寓他所者，应未可以限量矣。

绍南公暨宋孺人合传

公讳德馨，字绍南，号三峰，慎所公三子也。生平喜恬静，好读书，师资贤友，名著康城，虽髫年游黉，而志坚气锐，学问日进，惜棘闱屡荐不售。后由城南寄居黄茅以终，迄今虎形前后左右山场，及北江后龙山绵延数里，上自白竹岭，下至迴龙庵，皆其手创者。嘉庆道光间，又续买田业千数百把。道光戊戌己亥，于周陂市创立祠宇，享祀有赖。配宋氏，和柔温恭，克娴内则，孝顺翁姑，相夫教子，贤德最著。子三曰祯曰祥曰祉。子孙蕃盛，孝友传家，簪缨相继，公为之鼻祖也，非其盛德，曷克臻此。

瑞祥公传

公讳曰祯，字瑞祥，行天八，绍南公长子也。公性渊默，对父兄循循雅饬，且以忠厚传家，一切世务概置不问，惟以诗书为根本，礼义为大闲。合门之内，融融洩洩。甲寅寇变，举家避难，绝意儒业，惜未遂其志。乡邻有斗，为之排解，毫无偏狥，人咸悦服。今虽百数十年之远，芳规芳躅犹得闻之前辈，以为后人称述，愿后人寻绎之而毋忘先绪焉。

文远公暨陈孺人合传

公讳谟，字文远，瑞祥公长子也。天性敏捷，长于幹济，凡排难解纷，稍涉不平，壮胆激发，惟理是秉，故不侔烦言，两造无不允服。迨甲寅兵燹，戊午大饥，兼家遭回禄，叠逢奇变，百端交集，公经营筹画，仍得安堵无虞，虽家无厚产而培植后人教读婚配，无不曲至。公寿登七十有五，其居家常以忠厚垂训，勿令刻薄立心，行事必出于至正而无偏，尤为不失乃父家风云。配陈氏，温恭淑慎，宜室宜家，以康熙戊子卒，寿八十有三。生子四，爰谦、爰试、爰训、爰诲，俱克绳祖武，迄今后裔繁盛，试公之后孝友传家，荣膺旌表六世同居义门，人文蔚兴，皆公暨孺人厚德之所贻也。

以功公暨江孺人合传

公讳爰试，字以功，文远公仲子也。为人谦让，秉性醇谨，且独能任父兄忧。甲寅寇变，田业荒芜，逋粮者十有八九，兄弟四人，公独以一身承其乏，不辞劳瘁，亦绝不居功。后兄弟分爨，凡田产什物，毫不计较，有汉薛包田地取其荒顿，器物取其枟败之风焉。德配江氏，娴于姆训，称贤内助。生子二，长志垣，次志翰。江卒时，公年二十五，义不续娶。后孙曾云礽，六世同居，公其鼻祖也。乾隆甲辰旌表义门，已祀公于忠义孝悌祠内。现在公之后裔蕃衍，人文炳蔚，自道光癸卯以来，每岁于存祠冬祭后二日，即于祖堂举行禋祀，所有试费游泮贡举科甲，酌给花红程仪。历年维持置买宜邑观前田千数百金，添置庄屋，开垦收租，又买石脑背冲田及周桥店业亦数百金，千秋俎豆，其食报正自无穷。

律声公暨潘孺人合传

公讳志垣，字律声，行立六，以功公长子也。生平忠厚俭勤，不事浮华，不喜竞争，忍让以处世，孝友以训家。诗书励后，家人恪遵规范，莫敢荒游。当父手分爨时，或以田产肥瘠为计，公微应之曰：田产与兄弟，孰可无而复有，孰可有而不可无。业无论肥瘠，皆先人所遗，本宜共守弗替。既不能共守，将析而守之，则肥瘠悉可守之业，不才父子愿居最瘠者。是真克承乃父谦让淳谨之风者已。母卒时，公仅九岁，其弟宗臣公方五岁，屡牵弟枕尸恸哭，吊者咸异之。是秋寇变，惟祖母是依。及祖母卒，哀毁几绝，以五十八终。配潘孺人，赋性柔嘉，内助勤俭。乾隆辛巳寿八十，惟时其子若孙蜚声黉序者已数人，本邑儒学鲁老夫子鸿特亲诣贺寿，赠额曰德门礼宗，寿诗一首附录传后。其他尚多，聊录此概之焉。

恭祝周母潘大孺人八十荣寿 万载儒学教谕鲁鸿

我生初见百年人，夫人鹤发萱堂春。欣逢慈宁上寿日，瑶池赐宴光枫宸。令子贤声冠乡里，怡怡色养真堪喜。板舆花间潘怀县，斑衣膝下老莱子。含饴啖蔗乐未央，龙孙骥子尽腾骧。青云坐致鸾书下，笑看麻姑鬓未霜。昔人瑶席三千客，今日三千客瑶席。愿将客筹添寿筹，蟠桃着子定可得。

宗臣公暨陈孺人合传

公讳志翰，字宗臣，行立八，以功公之幼子也。兄弟二人，母殁时公五岁，其兄律声公九岁。公少颖悟，尤珍爱于祖父母，且为伯叔所器重，天性豪迈，资质旷达。奈家不中赀，致未终读书之愿。然力敦孝弟，奉兄如父，并且无间于同堂弟兄。持身朴实，族里仰其气度焉。配陈孺人，柔顺淑嘉，克娴阃礼，每以归嫔未得养姑为恨，而事翁维谨，奉祖翁姑咸得其欢，妯娌二人辑睦特甚。惜年不永，殁以二十五岁。维时公年三十有四，遂不欲复娶。兄律声公劝之为嗣续计，意坚不回，且曰：诸侄秀粹纯朴，谅足兴门第而光前人。承先人祀，侄犹子也，何在亲育。公之达识可概想已。卒不续娶。兄殁，公行年五十有四，致哀如丧父，率子侄丧葬如礼。由是以一身经理家政，规范后嗣秀读朴耕，督课有方，雍睦一堂。继兄而专任劳悴者二十余年，以七十三岁终。其善承父兄志而得贻谋之本也，可卜其继世子孙振振蔚起，簪缨代兴，食报于弗替已。

功盛公暨节孝辛孺人传

公讳继烈，字功盛，宗臣公之子也。幼即勤谨，不苟嚬笑，极得父兄欢心。及诵读，亲族咸称有载道器。年二十五，抱病在床，辛孺人奉事汤药未尝少离。卒之日，辛哀戚甚，死而复苏，积数次，厥姑潘泣谕之曰，尔夫之逝，我等苦楚，情不自禁。但媳年止二十一，幸怀妊在身，勉强保重而得嗣息，则尔夫虽逝，尚有不与俱逝者。万一有失，后悔无及。未几，果生子金瑚。柏舟自矢之死靡他。乾隆丁酉，奉旨旌表，给银建坊，卒年九十五岁。子名列成均，五十早逝。孙五，长淑仁，膺从九。次淑德，以国子生遵例捐授候补道库大使。淑芬、淑文。淑彬，国学，捐助大祠祭产千金，三区义塾千金。孙曾林立，树华、树丰荣膺岁荐，现在名列庠序者八人，捐职捐监指不胜屈。郁郁彬彬，孺人之福报岂有既耶。

浑园公暨龙孺人传

公名继德，字尽美，律声公季子也。家贫服贾，治生走江湖者数十年，未暇潜心经书，而诸同人因其忠厚浑朴，为取其名曰尽美。视兄犹父，凡有美事即奉承不遑。辛未岁荒，往省买米以应粜，即此可例其余。原谱载邑廪有虞先生赠律声公传云：季公尽美，直率朴实，以勤俭佐兄成家。谅哉。至好善乐施，助修桥梁，岁以为常。而贫困称贷者不苛其偿，可无论已。至亲族来存问者，不计贫富，必询其休咎，勉其勤劳，更为之诵劝世文、孝义歌等书，娓娓动人，屡举乡饮不就。乾隆癸卯，邑绅士以六世同居秉公举义具题，甲辰特降纶音旌表义门，题名忠义孝悌祠内。寝疾之日，遗命以惇行古礼毋得宰割毋作佛事。抱病数月，不肯服药，享年八十七。孺人龙氏，温恭淑慎，未及事翁而得姑欢心。待夫君以敬，处妯娌以和，以七十六终。子五，长优增生，次钦赐副贡。孙曾林立，治康，增广生。逢昀，邑庠。曾孙，树楷恩贡生，树赞，癸卯举人。公之福报正未有艾。又公之后裔五房竝出谷石，起立祭扫会，置买观音岩冲内庄田数百把，收租颇裕，游泮贡举均给花红。三区义塾，捐立牌位，附记于此。亦可见公之享祀为有资矣。

彭希载祠

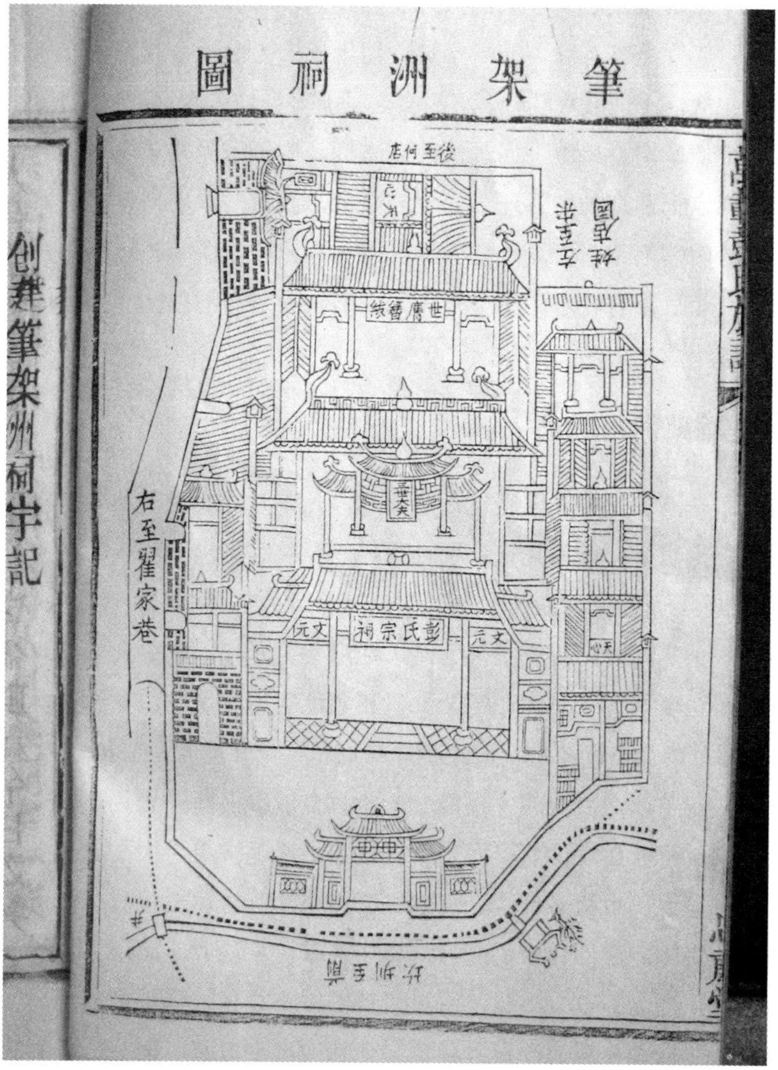

祠堂图考

原夫蒸尝之地，必得龙脉清真，斯上以妥先祖之灵，下以联子姓之好。前明初，其祠宇无可稽考。万历丙申建于仁寿坊内，厄经回禄。入本朝康熙壬申，淳房世守公倡建于小北门外，以此奖入配祀。其时赞助者能房宽吉公，祥房效古公，后又得世守公之三子逯古公董建寝堂，始三进完备。群才效力，父子继承，举百年至艰至巨之兴，毅然振兴而创建之，卓哉树不朽之基已。由是祖先凭依有所，族姓燕喜有地，亦云幸矣。然规模未为鼎峙，且形势非风龙所钟，阅前哲之纪载，迁祠夙有叮咛。喜事会之适宜，得地方今惬愿。道光六年丙戌，始创买明德坊辛增寿屋上下四进，改立宗祠，诹于道光八年戊子十一月廿四日始自小北郭老祠恭迎神主乔迁于笔架洲新祠，我祖乃永安斯寝矣。龙山耸脉，锦水作朝。曜昭笔架，文澜旋绕而潆洄。秀挹鹅峰，翠嶂嵯峨而排列。谋长于明德新居，俎豆馨香较进。济美乎大夫，旧族衣冠有耀如初。规模已立，而完美特当有志于承先启后。

创建笔架洲祠宇记

自三宗之制创于殷，七庙之设建于周，凡赐姓受氏者莫不各有宗庙焉。良以宗庙者，祖宗所藉以为凭依，子孙所赖以荐馨香者也。我族宗庙明万历间不戒于火。康熙壬午年，淳世守公与能觉吉公及我祥之效古公，遵宗祏藏主之制，倡建石室于小北门外，规模不甚壮丽，地形不甚开拓，族中人咸有思迁之举。道光六年，适辛姓有屋一廛在笔架洲，相其地势居城之中，龙脉起伏，迎送而可观印堂，外内端方而不邪。对案则龙昂虎伏，奇峰挺秀，左右前后沙水劃然。猗欤盛哉，诚发族之巨观哉。爰修二千八百金成事而新迁焉。虽二十数年中未常迁地为良，德业昌炽于前，而自今以往定卜凤毛济美，人文蔚起于后。夫满而必倾者，势也。否极必泰者，理也。吾族至今其否可云极矣。倘后之子孙振兴有志，廻将倒之澜，作中流之柱，转焕新猷，堂构共宗庙傍立，其义塾储男钱以裕公用，延名师以培人材，将见家诗书，户礼乐，房房鼎盛，人皆邹鲁，器尽珪璋，昔日之盛转为今日之兴矣，愈非敢挥毫以炫。诸公特以创建祠宇，一族盛举，不荣不一言以详巅末。又况家兄玉堂索稿甚迫，因不揣谫劣以记。当年亲兄珍亭与诸先生倡首创建之善，乔迁之美，与夫改旧祠为店基，欲铢积寸累，光大宗族之至意云尔。

时

咸丰元年季冬月上澣日 谷旦

祥经愈撰

重新祠堂记

宗庙之设由来尚矣，前哲详之悉矣。然考当日之记载，明万历年间建于小北门城内，人文发越，于斯为盛。迨国朝康熙壬午，淳房之世守公偕各房诸公，因被回禄，移建于小北门外。虽毅然振兴，三进完备，龙脉未获清真，衣冠渐少济楚。虽运会使然，抑钟毓之不灵也。迨道光六年创买笔架洲辛姓屋宇，改为宗祠，历数十余年，栋折榱崩。同治十二年春，族众商谋所以毁旧而更新之。幸先年勉房之观廷，能房之福珍等统各房议冬至停祀，以故载房之锡璜得以存积生息千余金，一面排抖各房房分钱拾千文，一面邀请祥房之增瑞及炳出乡竭力劝捐，每位配享订议钱伍拾千文，减作双八折，仅得钱卅贰吊，如在生监者，亦又作九扣。祔享订议钱伍千文，减作双八折，仅得钱叁吊贰百，如在生监者亦作九扣。祠中支持进出，从不与食用者则有载房之锡龄，别号寿亭者。此四人均蒙奖配。夫是以人皆乐从，工各奏能，享钱不待追取。起于癸酉之秋，成于甲戌之冬，不惟宗庙壮奕奕之观，亦且左旁及寝堂后之燕居为栈为铺，俱臻美备。通共用过钱叁千多金，识者知非樽節合宜不至此。先灵其永妥矣。后裔将隆盛乎。乃迄今七年，芹香未采于泮水，蕊榜未见其花开，岂大器之晚成。然郁久必达，后之贤子令孙，建坊立业，正未有艾也。彭半县之谣不难复闻于当世矣。炳也不文，以实纪之，共识所由来欤。

时

光绪六年岁次庚辰　谷旦

十七世嗣孙炳荣谨撰

陈达公祠

达公祠记

明德坊达公祠，其先欲报堂也。道光丙申各支子孙追念我祖我父恩勤创守，欲藉血食以图报，取小雅欲报之德诗意，踊跃捐输享钱三百余金，购得辛姓明屋，聊为改换颜曰欲报堂。夫各欲报其父，推父之心追而上之，未有不欲报其祖，又推祖父之心上之，远而及之未有不欲报其祖父之所自出。达公非其分支鼻祖乎。往者我祖以恩勤育子，子复有子，孙又生孙，代嬗至今数百余丁，共祖之然，且遗业不少，即如创买深塘各处田产，后嗣又变卖桃江口等处田坵共计租六十余石，除拨学谷三十石，余作祭扫之资。虽曰变更，要皆守我祖成业，为其子孙者欲报不待言矣。戊申欲报堂被洪水冲塌，于是大报之欲以起，慨然复行捐输享钱，更造寝室，修理堂房各屋，规模视昔高廠，额改达公祠，真足以妥先灵而庇后嗣。祠既成，议将达公各处业产概归祠管理，俾见达公祠犹见欲报堂焉。不复存欲报堂，达公祠之意见也。惟彭家园租谷二石系先欲报堂享资所余，毋庸泯没，既归入祠，仍另簿另管，另行生息以待公用，其前创建欲报堂首事，利川、新和、龙科、文凤、国宝，其后改建达公祠首事文凤、国器、元和、元庆、元春、学吉。美哉扩欲报之孝思，成我公之家庙，行见享祀不忒，子孙蕃昌，诚盛举也。其原委不可不诏方来爰，乐为之记。

咸丰三年二月 谷旦

曾孙履亨敬撰

鲍五甲祠

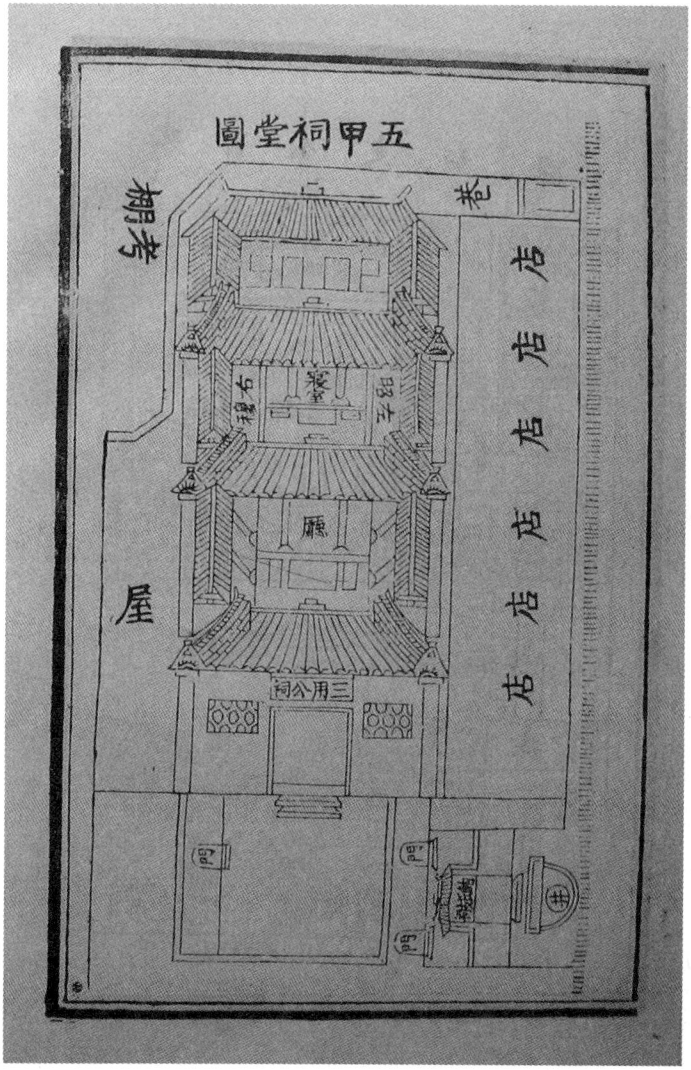

鲍五甲三公支祠记

当览都邑世家巨族，大宗小宗分建祠宇，以隆祀事，不一而足，非源远流长根深叶茂，能有此欤？我族自元及今，家万数百年，派衍廿余世，祖庙迁建西城，支分四房，籍隶两甲。长敬芳为八甲，其次祥用、均用、廷用同系五甲，承祖合管西关外石板塅田一百六十把，至今数百余年。思先泽之遗留，幸世守之弗替，支派历有攸分，支祠未获创建，报答之心殊难忘也。厥后贤能辈出，矢公矢慎，勤俭节省，陆续增置石板塅、茵果桥、枫林头、仓前、石古岸、南窑等处庄田数千把，及买管明德坊店屋基土，并经国众管屋业祀奉三公牌位，以图扩建支祠。由是渐积饶裕，凡奖助捐输经营创造俱有所措。道光己丑，族有改建大祠之议，而公财不敷，惟虑难观厥成，我三房商助千七百缗以倡，族督叙堂公裕后会复捐钱六百千文，合族欢欣，各解囊相助，因撤全旧而焕一新焉。尔乃先公后私，议新支祠情不容缓。越己亥，遂鸠工庀材，辛丑告竣。后为寝室，左右昭穆对列为三，中厅堂轩昂直下两厢，前大门，外毬场，横界屏墙，右入旁室，左达街衢，横竖门楼，石额鲍氏支祠，并砌井前月池，更汲云集接新。合市店房，巍焕蝉联。大宗小宗，辉煌掩映，亦颇壮丽。虽未能与世家巨族相颉颃，而因源溯流，由根而叶，城西鲍氏亦足征其由来者远矣。兹际辑修家乘，爰述其始末以记之。

附五甲祠产事略　嘉庆二十五年

我族世居城西，籍隶西都一图，分编两甲，长房为八甲，我次房、三房、五房同系五甲，册载里名禄奉。承祖历管西关外五里亭石板塅田产一百六十把，永为祭扫当差之资。厥后贤能辈出，矢公矢慎，节俭生息，由是积渐饶裕，陆续增置各处庄田数千把，明德坊店基若干间，并买本支经国众管屋业上下二栋，前后左右毬场在内，以待日后扩建支祠。至今不仅祭祀有资，而一切考试获选盘费花红皆有备焉。时或大祠使用不敷，即捐垫之，故备志之家乘，以彰先泽之遗留，以昭后人敬承经理之公慎焉。

张爵公祠

原序

盖闻祖宗树德，庆衍螽斯，奕葉报功，礼隆禋祀，故衣冠望族，类皆修祖庙，荐馨香。宗公列祖，宗庙享之，子孙保之，百事寝昌，基诸此耳。吾侪服先食旧，图报罔极，霜零露濡，能无凄怆怵阳之感乎？忆我房祖谷崖公，谊笃孔怀，让兄乔居之地。志好恬淡，乐逸下陂之原。痛父疾，祷赎以身。悯暴尸，频助其榇。传曰，仁人之利，天道运行。非虚语也。乃者遐想发祥七百有余岁矣，椒聊蕃硕，星棋布散遐迩，世远年深，下溪故物无稽，迁其地者各祖支祖，分其派者各葺支谱，谊罕亲亲，礼荒庆恤。房祖专祀阙如，代多贤达未为谋及，岂力之绵耶？抑时之艰耶。抑亦显晦盖有数耶。宣圣云，天降时雨，山川出云。嗜欲将至，有开必先。家国一理，事可相推。同治五年，公英灵默相后裔，入文泮五，武庠二。余志切敬宗，情殷收族，爰鹊跃赴郡，与各支新进及老生等谋立专祠报德。同有此志，订五月八日抵北新魁祠，会集五千公支下筹商捐享集费，不拘支派分迁，额多寡惟凭捐数优劣。裁经理，知笺布告，捐者云集，获输白金万有余缗。是年冬，创置田地数千有奇。越明年丁卯，又增益之，明禋则有赖矣。岁戊辰，相阴阳，卜形胜，得佳址于锦衣，承龙山之脉络，顶坎面离，前迎天溪秀水，后绕紫盖名山，雁塔峙于左，屏山卫乎右，洵古阳乐钟灵胜地也。既获亿载之鸿基，遂度宏观而大启。四月六日，土木并兴。五月念八，寝室扇架。六月念六辰时，官厅竖柱梁。十二月初二良臣，迎祖登位，肇举祀典。次年己巳起站亭，饰丹垩。至庚午五月完工。解合既固，白盛亦坚。输奂堂皇，观瞻颇壮也。尊崇幽雅，先灵允慰矣。自是文物衣冠，蝉联鹊起。蒸蒸日上，飞黄腾达，讵有艾耶。噫，阙典初补，清庙于穆。族聚人和，蔼蔼如也。相与刊刷主册，综纪配祔芳名，用光祀典。暂录裕后箴规，维厥宗风一堂萃顺，交相鼓舞，佥曰尽美矣。……

同治十年辛未蒲月　裔务堂熙等撰

郭南轩公祠

田下郭南轩公祠堂记　二十三世嗣孙郡优廪生序

事有为前人所缘起而后人必拓而大之，事有为前志所未逮而后人必继而述之，要在审时度势，土木工兴不伤财不病众，以报本反始之心尽尊祖敬宗之道，而后散者可一其归，涣者可使之萃，其在易曰王假有庙，子程子修大礼略曰家必有庙，庙必有主。子朱子撰家礼以庙非有赐不敢立，乃立祠堂。祠之为言祀也，则我祖南轩公之专祀又乌容已者乎？先是道光初元，诸前辈即有建祠之议，义井基址梁材悉南轩公众所留遗，亦既缔造美完矣。嗣以其湫隘非巨观也，因颜之曰寵公祠。寵公者，我十世支祖，凡七寵也。七寵合食于一祠，盖自此始，其费皆取给于众。后又经营醵金，襄成盛美，创腴产，绵蒸尝，岁时祭祀，颁胙燕毛，煌煌乎鉅典哉。无何栋宇渐就倾圮，族议遂有爽垲之更。是时南轩公众赀财饶裕，寵祠租息出入有余，兼筹续捐以济不足，乃择地于大祠之右。祠右旧为届侯公屋，商于其子孙，易以寵公祠宇，仍备价千金，爰相爾宅，爰构爾材，求木运石，选择工师，撤旧而鼎新之，时在同治壬申十一年也。越光绪丙子而工竣，峻其宇，宏其规，寝室三金碧辉煌，藏器有库，会见有堂，观瞻有阁，登降有阶，绕以两廊，列以东西厢，壮以头二门墙，庖湢之所，门子之居，悉具焉。巍乎焕乎，雕梁刻桷，洵备极精工矣。乃集子姓于堂曰：七寵公祠，前人所缘起也。南轩公祠，前志所未逮也。今既拓而大之，敢不继而述之哉。以寵公溯而上焉，南轩实为其曾祖。由始祖推而下焉，南轩公实我大房祖，其专祀也宜。矧十世祖如然公有祠，达公有祠，烈公亦有建祠，训公祠，华公附之，安知英贤二公不即继起而并立祠乎？顾或（2a）者谓南轩公之专祀，礼也。而寵公合祀已久，传不云乎，有其举之莫敢废也，曰乃所以不废寵公也，分两祠则用必繁，用繁而度支必绌，顾此失彼，顾彼失此，则分祀寵公而孝享不笃，何如专祀南轩公而合享尽诚也。且寵公之孙皆其孙，即寵公之财皆其财，既非二本，又何疑于分合之迹耶？而南轩公慰矣。寵公亦慰矣。佥曰：唯唯。于是诹吉告庙，迎主而崇奉焉。自八世至十一世皆得请进配食。及有科名宦达者，配祔如例，其余配祔各助香火赀有差，且援朱子旁亲无后者得以其班祔，不可谓非一时之盛举也。抑余闻是役也，共费金一万七千有奇，得捐享金六千四百有奇，除捐仍实费一万有奇。夫此万有奇者，自有之而自用之，犹可纾也，不得已半出于称贷而财已伤矣。土木之兴，顾如是之可惧乎哉。虽然尊祖敬宗大典也，报本反始同情也。祠建矣，神妥矣，祀事孔明，尤期相引于弗替矣。夫生财有道不外开源节流两端，自今董事者苟能调剂于其间，筹善后之策以清积歉，则源自开，省不急之费而力维持，则流以节。将昔之分储各足者不且后之合置有余乎，安见古今人之不相及也。于以隆祀典，展孝思，祖宗在天之灵实式凴之。吾知祭必受福，诗所谓孔惠孔时，惟其尽之。子子孙孙，弗替引之也，则继述之善必有攸归者矣。

郭绿阴公祠

田下郭绿陰祠堂记　二十世嗣孙恩贡生会畴

古者卿大夫家礼得立庙，所谓卿大夫三适士二官师一者是也。厥后严于制礼不容越。子朱子撰家礼谓非有赐不得立庙，则人之欲展孝思所以报本追远之心不滋歉欤，虽然庙不可骤立而祠堂之兴有不能自已者，则吾绿陰公之专祠其宜崇祀也由来久矣。夫孝弟之心有所观感则油然而易生，有所率循，愈怦然而难已。公之伯兄南轩公已于大祠右侧创建专祠，巍然在望，况公于前朝登甲科列清要，炳炳乎功绩昭垂，崇祀乡贤，于此不专而祀之，据之仁孝之思，有恧然而难安者，于是集支众而谋之曰，公与伯兄当日兄弟怡怡，比翼齐飞。今伯兄有祠而我公无祠，可乎？众闻，咸有奋志，但祠赀仅可敷每年支给，不敢擅兴土木。乃共商酬款，定以章程，画以规制，即于南轩公祠上首基址相连，恰有旷地，且前原为司寇第故址，为公旧产，虽其中间有归本支后嗣者，悉将地基捐享。爰是询谋佥同，协心合力，公议配食者酌以百金为率，祔食以一十二金为率，不伦科名，无分宦达，配祔悉如所议画一，无有低昂。旋见踊跃捐输，不数月得捐资一万一千有奇。维时求木于千里外，踩石于深山中，不辞劳瘁，不惮攀跻，所获皆轮囷材，所运皆坚结石。由是选工择匠，备极能手。诹吉兴工，见夫栋宇崔崇，有焕乎其峻起者，寝室之翼翼也。宽宏开敞，有深邃而穆远者中堂之冠冕也，而且绕以两廊，竖以站亭，围以二门以及屏门窗棂榱楹宲桷，无不雕剞极其精细，点缀穷其璀璨，洵恢恢乎一时之巨丽矣。又于左廊外为庖湢所，其下相连，筑室数楹，为祭祀栖息之居。又其下余土一片，周以砖墙，留为止公祠。门外余基尚广，其绸缪之密如此。是役也，经始于同治甲戌年，越二年丙子而落成，统计实费一万有奇。登斯堂者，孝思不由此展乎？向之观感而动念者，今则彼此而并峙矣。向之率徇而勉从者，今则后先而如一矣。所以报本者在是，所以追远者亦在是，则虽祠也不于庙而有加隆哉，行见人文炳蔚，灵聚秀钟，共睹盛举，永奠灵长，上为烈祖光，下贻孙子谋，不皆有赖于祖灵之呵护，众志之竟成也夫。然犹有待者，前有头门之建，后有燕惠堂之造，一时隘于赀尚未竣事，其栋梁木料俱已裁成，悉备藏之祠内，竖造兴工不能不有望于后之能者。

碑刻资料

城　区

城隍庙捐款碑

碑刻一

大桥

	泉源号	□□号	长发祥	以上各捐钱八千文		
	中和号	兆兴盛	以上各捐钱六千文			
成美号	恒吉号	兆大生	立成号	恒源号	兆泰芳	
			以上各捐钱五千文			
有兴茂	和合号	仁和堂	李同丰	以上各捐钱叁千文		
洪昌号	包方米	允聚□	聚大行	三吉福	一言堂	
元吉号	及时行	大顺号	郭用行	怡生和	晋豫泰	
辛嗣斋	茂金行	松茂行	辛文元	以上各捐钱贰千文		
日升砧	忠信堂	聚源号	正和斋	兆生号	九芝堂	
崇大号	允泰茂	祥泰茂	天兴楼	恒裕祥	集兴祥	
源顺号	同仁和	兆兴酒	福茂兴	聚福斋	福春斋	
吉昌行	瑞丰行	李其先	和大砧	王华馨	钟晋益	

集福祥　源昌号　元和行　洪源号　辛守铨　长源茂

财兴行　朱柏盛　邓考祥　萃升恒　利大茂　杨福元

长兴斋　　　　　　　　以上各捐钱壹千文

株市

兴善典　　捐钱拾贰千文

源隆号　元茂号　全美号　恒昌号　龙文□

信昌号　瑞和祥　　　　以上各捐钱四千文

元丰号　源生号　　以上各捐钱叁千文

元春染　鼎大号　凤吉栈　黄涌发　允源号　信顺号

以上各捐钱贰千文

万茂福　正兴福　源大号　祥泰斋　以仁堂　裕兴号

永兴行　存诚堂　周乾大　鸿春福　祥兴斋　祥福斋

万益染　集成染　源丰盛　同大兴　涌凤号　涌和祥

吴涌聚　汤宏大栈　汤三阳　味丰斋　贞元号　福兴砧

一言堂　恒兴号　铨茂生　福昌仁　允盛福　原美祥

仁兴栈　德顺线　同兴斋　逢发号　有兴砧　忠信行

广丰栈　和顺栈　同和胜　原丰钱　隆兴号　铨源号

福茂庄　裕源号　新生和　长复兴　　以上各捐钱壹千文

卢家洲

信孚号　　捐钱八千文

元兴号　和兴栈　　以上各捐钱六千文

隆兴号　　捐钱四千文　　茂德堂　　捐钱叁千文

天寿堂　聚星栈　益泰福　生盛号　吉春栈　正利和

瑞大栈　　以上各捐钱贰千文

洪福楼　双凤斋　生寿堂　同盛堂　范先之　三盛号

福昌生　福星斋　同善福　　以上各捐钱壹千文

罗陂头　　同丰盛　　捐钱六千文

箕市

王崇茂　　捐钱拾千文

陈洪启　伍秋妹　各捐钱四千文

宋怀□　捐钱贰千文　　郭茂元　永和栈　辛秋发

吴文龙　周□云　龙珠妹　崇福栈　钟义发　以上捐钱壹千文

怀旧乡

南田獅嵒修路碑

01 周富發捐錢貳拾千文　王恒瑞捐钱拾千文　　恒昌隆捐钱五千文　王任妹　以　王沛众捐钱二千文

02 王煜林捐錢貳拾千文　王承裕堂捐钱拾千文　□安福捐钱五千文　王任苟　郭锁保捐钱二千文

03 王達人公捐錢廿千文　王永年堂捐钱拾千文　仁蔚祥捐钱五千文　王贵□　鲍庶牙捐钱二千文

04 王□五祠捐錢廿千文　王远山祠捐钱拾五千文　永康福捐钱五千文　□锡茂　上　王流妹　以　郭石明　以

05 王泰祠捐錢貳拾千文　袁发众捐钱拾千文　济生益捐钱五千文　王安庆　　王高庆　　　曾牛古

06 王武興祠捐錢廿四千文　张荣书捐钱拾千文　谢贡大捐钱五千文　王增庆　　王靠牙　　　朱海牙

07 王伯公祠捐錢卅千文　辛荣贵捐钱拾千文　杨文徽捐钱五千文　王毛毛　各　王珠妹　上　张石风　上

08 張榮盛捐錢四拾千文　辛述轩捐钱拾千文　□炳坤捐钱五千文　王石牙　　王和庆　　　叶贱妹

09 蕃衍堂捐錢四拾千文　云瑞厂捐钱拾六千文　陈炳秀捐钱五千文　王炳妹　　王祥□　　　陈炳牙

10 因心堂捐錢四拾千文　□盛□捐钱六千文　王崑山捐钱五千文　王苟牙　捐　王炳生　各　谢石隆　各

11 王福懋捐錢六拾千文　合盛□捐钱六千文　辛志妹捐钱五千四百文

王所寿　　王壮牯　　　王珠仔

12 王雲峰捐錢壹百吊文　王河妹捐钱六千文　余初晖捐钱四千文　王金苟　　王□生　　　谢细牙

13 王占魁捐錢壹百吊文　王□秋捐钱六千文　王学□捐钱四千文　□元启　钱　张池牙　捐　王三妹　捐

14 陳竹軒捐錢六拾千文　王海公祠捐钱六千文　王永林众捐钱四千文　陈细妹　　王富兴　　　袁任仔

15 王斐公祠捐錢拾五千文　王厚康堂捐钱六千文　张崇志堂捐钱四千文　张焕财　　　鲍光和　　　王团妹

16 王汉公祠捐錢拾五千文　王务本堂捐钱六千文　王华轩捐钱三千文　邓作猷　二　王任兴　钱　潘细苟　钱

17 王際興公捐錢拾五千文　王层一公捐钱六千文　王昌友公捐钱三千文　刘和克　　　闻新伢　　　王桂槐

18 王外妹捐錢拾五千文　王炘科捐钱五千文　王冬妹捐钱三千文　陈发牙　　王玉牙　　　杨三牙

19 王康□捐錢拾五千文　王风亭公捐钱五千文　张□生捐钱三千文　王柱坤　千　闻锦江　一　王细妹　一

20 王昌祿公捐錢拾贰千文　王步庆捐钱五千文　王秉刚公捐捐钱三千文　王柱培　　　王正妹　　　张梅生

21 王路妹衆捐錢拾贰千文　王恒望捐钱五千文　□外梓捐钱三千文　王福祥　文　张羊福　　　王能成

22 王廷試公捐錢拾千文　王财先捐钱五千文　邓锁寿捐钱三千文　致壹学校 王初发　千　张庚牙　千

23 王克輝公捐錢拾千文　王元殿捐钱五千文　王清瑞捐钱二千文　李启珍　　郭照妹

24 王四達公捐錢拾千文　王□□捐钱五千文　□□□捐钱二千文　王□鸡　正　王牛仔　文　　　　文

25 民國辛酉十年秋月吉修立

万载乡

南岭汤氏祠堂碑刻

01 我族从前未有总祠久欲立之而未得其地甲寅冬爰卜是处随

02 量乐助勉力共建此祠今将头首与乐助之名勒石以垂不朽

03 一祠堂并两边横屋地基及前左右空基得买日跻回藻之田契

04 　二帋下房庭陞收存

05 一祠堂后空土得买于天子孙之园契一帋上房承阀收存

06 一祠堂后空土原系生成日后修造祠宇切莫锄乞恐伤龙脉

07 　　　　　　　　　　　　　　　　承阀　回浚记

08 首士承阀　回晧　承文　回文回珮　庭陞　连发回琅承衢

09 　　乐助开后

10 慧琛公享堂五十千文

11 慧昂公享堂

12 成光公　　三共五十千文

13 巽乔公

14 日跻贰十贰千文　承瑾壹千四百文　承彬　各　奇观

15 回昭贰十千文　　章子　各壹　　　承钢　八　回阁

16 德懋六千文　　　承良　　千　　　回星　　　回池

17 承文六千四百文　回澣　　贰　　　回澍　百

18 回晤七千文　　　回济　　百　　　选美　文

19 四鏃五千文　　　承□　　文　　　回河　各

20 庭梧五千文　　　承槐　各壹　　　回鸿　六

21 承尹四千文　承礼　　　周子
22 承阅四千文　承铭　　　光大
23 遗祥叁千文　回洁　　　占秋　百
24 承阀叁千文　承翼　　　庭茗　文
25 承云贰千四百文　承衢　千　回朝　各
26 上发贰千四百文　承□　　　回映
27 回潜贰千四百文　庭万　　　俊子
28 回浚叁千贰百文　德曙　　　承楷
29 回明贰千文　德华　　　承得　四
30 回汶贰千文　德备　文　承哲
31 承椿贰千文　回珮　各八　自修
32 文光贰千文　国显　　　承玙
33 回霈贰千文　能修　　　承景　百
34 回瑯壹千六百文　回琼　百　承贤
35 回霦壹千六百文　庭藏　　　兴怀
36 旭光壹千六百文　回玙　　　回清
37 回琅壹千六百文　培先　文　接传　文
38 开祖　德极　八百文
39 兼金
40 乾隆六十年岁次乙卯合族公立

潭埠池溪沙江桥傩神庙碑刻

01 今将起立安民堂轮流每会承年芳名开列于后
02 首会　贰会　三会　四会　五会　六会　七会　八会
03 仁和号　多恢　翟声祚　科云　凌云　风云　载昌　翟声来
04 丁应旺　丕承　声秦　宗茂　谦云　锦川　腾蛟　为成
05 庆□　宗源　丁兰亭　仁和号　考云　伯贤　宗清　月发
06 树承　恒发　福云　秀云　寿承　维周　风发　欧阳

定吉

07　秀云　启云　多融　辰云　石苟　芳国　宗辉　丁焕云
08　□云　　伯贤　宗汉　科云　载锡　多吉　庆瑜
09　多坤　梅承　春云　信承　细武　庆长　兰亭　元兴
10　崇发　义承　庆炼　宗池　廷宽　年祥　义科　多薰
11　立贵　庆云　庆荣　翟声春　利士　增启　舒云　宗松
12　贵保　多咏　学云　汪子风　庆玲　智承　员士　庆祥
13　黄苟　怀仁　增陞　丁兰亭　信初　多佑　多祯　万吉
14　得鐀　彩亭　西牙　石苟　维周　增妹　禾妹　芳国
15　多□　松成　会云　社祥　欧阳映慥　庆蛟　翟桂庭　锦川
16　石苟　翟扬昇　辉承　长发　汪元厚　翟声传　□仪　增珍
17　翟声任　丁芳国　宗明　万盛　翟声彩　扬财　汪子风　福承
18　多洽
19　光绪拾叁年秋菊月上浣日

株潭包公殿碑刻

01　今将鲁班仙师新建庙宇神龛像捐名进出胪列于后
02　首士丁和林　阳旬斯　老首士　孙允隆　姚贞文
03　姚贞文　吴佛牙　孙清绍　黄财发　龙江文
04　姚贞文捐钱玖千文　汪家禄　各　龙高安　各　邓德盛
05　龙江文捐钱捌千文　陈任苟　阳连兴　五百　吴石春
06　孙允龙　钱四千文　徐扬铭　吴石妹　文　德本
07　丁和林　钱四千文　张洪清　陈坤寿六百文　张贱妹
08　阳旬斯　钱四千文　金寿　赖鹤妹　各　王庆发　捐
09　吴任妹　钱四千文　戴长牙　李福大　郭叫鸡
10　黄道祥　钱四千文　罗任隆　捐　赖仁发　捐　仁兴栈
11　卓发兴　钱叁千文　茶妹　丁宗长　德顺线
12　常锦源　贰千四百文　汤竹林堂　钱　德泰染　钱

13 傅寿堂 贰千文 甘辅国 刘仕章 铨源号

14 永敬堂 贰千文 杨顺兴 黄发先 肆 广丰栈

15 刘邦训 贰千文 黄子龙 罗淑忠 德丰盛

16 韩广盛 杨春湖 彭光礼 佰 同兴斋 贰

17 杨宗桃各捐钱壹千四百文 辛和牙 全有号

18 吴程牙 各 刘仕喜 各 龙石苟 钱 宝隆茂

19 有兴砧 孙大珠 捐 成祥 李文伦 百

20 瑞和祥 韩世发 钱 茂发 文

21 恒昌号 茂林 炳珠 叶生保 各

22 黄涌发 刘春和 壹 任连 鲍寿生 捐

23 一言堂 捐 云牙 千 常黑苟 孙允富 钱

24 龙仕福 黄妹 文 丁增和 龙仕经

25 仕礼 常锦风 各 桥妹 陆 叁 文

26 年和 甘冬苟 捐 外苟 百 韩□□□□

27 李花苟 刘衡禄 钱 禾妹

28 长庆 吴玉柱捌百 万祥

29 懋森 刘观连 文 庆妹

30 丁庆隆 杨春肇 柒百文谢锁生

31 祥发 隆兴号 各 黄宏成

32 黄石苟 原丰钱 捐 辛启忠 百 用付数开载于后

33 逢发号 唐新元 刘石珍 一付帮做庙宇钱捌拾千文正

34 彭外和 辛荣增 钱 元风 一付做神龛台钱肆拾四千壹
佰文

35 月有 赖包妹 隆发 一付犒兵用资并置庙内用物
钱共壹千叁百文

36 汤家寿 韩联吉 陆 观星 一付修神像钱捌仟文正

37 阳盛财 高羊妹 孙焕冬 一付五次斋缘酒席钱拾陆仟
叁百文

38　辛风元　　　文世堂　百　　珠妹　　一付上年月息并□上碑钱共拾贰仟六百文

39　　发科　　　谢有发　　　　石妹　　大共付出钱壹百捌十贰千三百文

40　刘仕焕　　　彭福培　文　张荣傅　文　除进虚欠钱伍拾捌仟叁百五十文

41　以上共收捐钱壹百贰拾叁仟玖佰伍拾文正

42　厘毫会帮进钱伍拾捌仟叁百五拾文

43　皇清光绪庚子贰拾陆年蒲月吉日

进城乡

白水六一桥碑刻

千百年必不毁之成功亦无
相袭之陈迹时势有不同
势为之不必功之尽己出亦
必功之不己出要蕲至于毁不终
而已矣我白水之有六一桥也创
始于前明嘉靖丁酉我祖
太平府大守　澄公之所
独建也厥后三次重修均
赖我族六支子孙之力而
记所云翼以两栏者阙焉越今嘉
庆辛酉仲夏又被洪波激荡　宗祠
□市之神祠荡然桥则护墩有二
俱经阳侯扫去无存桥遭
震撼危石欲坠岌岌乎不
可以□神祠之易为功者
虽经修完族方改建祠宇
大□给族人值此三年连荒
□百物力几何又重困之
心悯焉爰引以为己任伐
石购灰鸠工甃治仍前三

孔复其护墩改填桥面更
□两岸务俾较前坚石砥
□更翼以两栏兴工于□
□□五至十月告竣约费
□□者复完用纪其实以
□劳者量度而为之□
前有记载于□□
云　欧阳韶梁重修
岁次癸亥孟冬月吉立

欧桂西乡

白良范塘万寿宫碑刻

站亭乐助碑

01　　辛兆庆　上□寺　各　龚大清二百四十　辛定元　　廖廷玉　巫全云　各　袁映凤　各

02　　孙报祖　诸天会　　助　辛卓成　各　　　学元　各　孙毛寿　各　　允福　助　曾□保

03　　辛特迁　下塭十一　　和大　二　　　龙子　　　瑞明　李定延　　　志文　八

04　化　孙定元　真君会　钱　许文略　　　　廷彦　钱　　奇风　言牙　一　龚毛姑　十

05　首　辛廷发　上堬十二　　凌朝伦　百　　　正国　一　　朝选　四子　百　邱上明　文

06　　秦如珍　真君会　一　大西坑炭众　　龙拱辰　　　后六　助　龚元兴　　　孙世美　各

07　　廖德荣　廖姓　　千　辛文科　共　　　人中　　　毛二　德兴　文　　毛牙

08　　鲍兰桂　真君会　　　鲍兰桂　钱　　孙发子　百　　月明　孙连科　各　辛云宗　六

09　下堬禁鸭　孙君实　文　廖明牙　八　　　发科　　王风孙　应□　　廖三禾　十

10　会钱贰拾　　世发六百　张崇发　百　　宋秋祥　　　惟龙

钱　　正牙　助　罗贵生

11　　千文　　来风　各　廖廷瑞　各　　孙圣安　贰　辛美珍
朝方　　王宝

12　许四十八肆千　刘贞元四百　张基寿　助　　秦其清　　崇兴
张明贵　　范五姑　文

13　福寿六四二千四百　鲍科元　各　辛惟成　　郑金山　十　郑长子
一　初英　钱　下塅闹灯会二百

14　厚富大保　张锡富　三　孙朝达　钱　　其坤　　龙步川
毛苓　　王四妹一百廿十文

15　　会一千贰　　善庆　百　　世秀　一　　吴连福　文　晏靠子
辛洪逵　八　鲍兰桂钱三百

16　东坑庵初三日　凌朝品　　辛彩玉　百　　龚逵兴　　廖崇德
百　文标　　秦朝牙钱一百六十

17　三官会一千二　厚富七人　潘文辉　六　　辛云□　各　曹金葵
王元兴　十　如珍各

18　初四三官会一千二真君会三百八十辛殿元　　长妹　一　黄廷文
龙锦云　　辛特迁钱

19　孙耀堂一千二百刘时洪各二　孙应成　十　　定升　百　宋谟风
文　郑崇登　文　廷发一百

20　关圣会一千　　章宝百四　小西坑炭众　文　廖云子　　郭龙生
谢彩玉　　兆庆廿

21　嘉庆十九年吉立

茭湖上坪甘泉茶会碑

01　　甘泉茶会乐助芳名列后　　江丰仁　　永与路人　钟骑永

02　三圣神会助地基一所　张宗殿　　丰礼　　黎三员　　李和宗

03　　又助钱一千文　　观能　　文胜　各　　鸾员　各　郭发案　各

04　　仁里会助钱五千文　　考能　　应瞵　　钟玉鉴

05 张发□助钱四千文　祥玉　□寿　玉铨

06 萧维仁助钱贰千文　黄云鹤　助　□旺　助　玉铿　助　助

07 郭海腾助钱贰千文　作龙　叶文连　王朝英

08 黄云鹏助钱贰千文　清元　钱　钟盛毓　钱　朝瑞　钱　钱

09 蓝媚川　彭潜扬　杨宗利

10 易发旺　一　韩□□　一　□云鸿　一　五

11 萧维盛　曾家□　□廷□

12 长成　千　廖□廷　千　曾□□　千　百

13 曾万珠　□倍

14 万秀　郭秀□　文　文　文

15 风菊　文　赖二□

16 道光贰拾年冬月立起凉亭用费贰拾六千四百四拾文正　吉立

欧桂东乡

黎源忠义祠碑刻

序

粤稽在昔吾鄉黎源有古神歐陽金甲將軍者，不知始自何朝，而神像塑焉。傳至先皇康熙盛世，神像猶存，但香火落寞，祭祀不行。爰於康熙五十八年，有縣東裏民易連也，目睹心傷，不無慮焉。因邀集有志之士，捐資樂助，集腋成裘，創立田產以為千年香火之資。厥後田產既制，神聖之香火亦已無虞。奈一時罔顧出入之□，或捐修，或助立廟宇。又因乾隆二十三年加陞餘租，以至度用不繼，遂將神田典當，墜風如斯，不幾神會將衰，禋祀難□也。忍坐視先人創立之始，急宜挽將墜之勢於今。爰隨邀本會之人，將前之未行樂助者，今複募其捐金以贖還田產。使將衰者而不衰，難長者可複長，則神聖可享千秋之血食，閭閻庶沾萬古之洪庥矣。今茲謹擇吉日，將所買各處田產土名界至，並樂助姓名，一一誌載於碑，以為萬古不朽雲。沐澤弟子龍殿玉同合會人等，是撰為序。

計開捐資姓名於後

易連也：谷十石　　鄧爾生：二石

龍魁春、陶惟先、藍渭濱、王田生、袁師臣、龍芝蘭、黃漢益、張佛生、龍伯子、陳充公、黃漢忠、李仕華、鐘貴賢、曾以秀、楊廣士、余友生、陶士連、陳輝玉、鐘成章、曾輝煌：以上各一石

葉介山、袁明德、黃兆祥、江文明：五斗

以上康熙五十八年樂助

龍殿玉：一石　　林榮義：一石　　李茂善：一石　　龍佑德：一石

藍德柱：一石　　龍輝遠：一石

鐘春發：六斗

黃德盛、龍天祥、龍克遠、龍學□、範文義、陳輝瑞、王秀懷、潘德昌、吳文性、易田豐、張廷論、藍廷有、潘必玉、範文政、楊廷輝：各五斗

曾瑞鳳：五斗；華偉順：一石；羅清貴：五斗；黃玉璉：六斗；王功榮：六斗。共五十三名。

乾隆二十八年

計開價買各處田產土名於後

雍正元年九月初二，買徐君美黎源下村潭家壟山一嶂、屯田一處，彭下屯田五坵，摟下屋宇、魚塘、菜園基土、屋後竹山一嶂、門首田一坵。

雍正六年六月廿八日，買楊夥興黎源下村周家門首民田一坵，江隴裏民田一處。

雍正十一年九月十六，買龍伯子黎源下村西坑上塅上□坑民田一處。

乾隆八年九月初六，買劉奇山黎源下村潭家壟桐柱堝屯田一處，山一片。

乾隆九年九月十四，買黃玉瑞、玉珍黎源下青草蕪屯田一處，茶山一片。

乾隆十七年九月十八，買陳昌明兄弟黎源哨前江背南山下民田一處一坵。

乾隆十九年十二月初四，買黃玉瑞黎源下村黃背堝屯田二處、塘一處三坵。

乾隆二十年九月廿二日，買袁日昇、恒茂黎源哨前營房門首屯田一坵。

乾隆二十八年季夏月吉日龍殿玉同合會眾姓等立碑記